U0645699

Rural China:
An International Journal of History and Social Science

黄 宗 智
——主编

中国乡村研究

第十六辑

GUANGXI NORMAL UNIVERSITY PRESS
广西师范大学出版社
·桂林·

ZHONGGUO XIANGCUN YANJIU

图书在版编目（CIP）数据

中国乡村研究. 第十六辑 / 黄宗智主编. --桂林：
广西师范大学出版社，2021.6
　ISBN 978-7-5598-3832-2

Ⅰ．①中… Ⅱ．①黄… Ⅲ．①农村－问题－研
究－中国 Ⅳ．①F32

中国版本图书馆 CIP 数据核字（2021）第 099169 号

广西师范大学出版社出版发行

（广西桂林市五里店路 9 号　邮政编码：541004）
　网址：http://www.bbtpress.com
出版人：黄轩庄
全国新华书店经销
湖南省众鑫印务有限公司印刷
（长沙县榔梨街道梨江大道 20 号　邮政编码：410000）
开本：720 mm × 1 000 mm　1/16
印张：20.5　　　字数：260 千
2021 年 6 月第 1 版　　2021 年 6 月第 1 次印刷
定价：82.00 元

如发现印装质量问题，影响阅读，请与出版社发行部门联系调换。

《中国乡村研究》编辑委员会

主办单位
中国人民大学历史与社会高等研究所

主编
黄宗智：中国人民大学法学院、历史与社会高等研究所，美国加利福尼亚大学洛杉矶校区历史系

副主编
Kathryn Bernhardt, History, University of California, Los Angeles

编委会
董磊明：农村社会学，北京师范大学

贺雪峰：农村社会学，武汉大学

刘　昶：历史学，华东师范大学

渠桂萍：中国近现代乡村社会史，华南师范大学

王跃生：人口学，中国社会科学院

吴重庆：民间宗教，中山大学

吴　毅：农村社会学，华中科技大学

夏明方：历史学，中国人民大学

应　星：社会学，清华大学

张　静：政治社会学，北京大学

张小军：人类学，清华大学

张玉林：乡村社会与环境问题，南京大学

赵晓力：法学，清华大学

赵旭东：人类学、法学，中国人民大学

Andreas, Joel. Sociology, Johns Hopkins University

Chan, Jenny. Sociology, The Hong Kong Polytechnic University

Day, Alexander. History, Occidental College

Dubois, Thomas. History, Beijing Normal University

Harrell, Stevan. Anthropology and Environmental and Forest Sciences, University of Washington

Isett, Christopher. History, University of Minnesota

Judd, Ellen R.. Anthropology, University of Manitoba

Lee, Ching-kwan. Sociology, University of California, Los Angeles

Li Huaiyin. History, University of Texas, Austin

Li Lianjiang. Government and Public Administration, The Chinese University of Hong Kong

Murphy, Rachel. Sociology, University of Oxford

O' Brien, Kevin. Political Science, University of California, Berkeley

Peng Yusheng. Sociology and Economics, Brooklyn College

Pun Ngai. Sociology, The Hong Kong Polytechnic University

Reed, Bradly W.. History, University of Virginia

Shue, Vivienne. Politics and Society, University of Oxford

Unger, Jonathan. Political and Social Change, Australian National University

Whiting, Susan. Political Science, University of Washington

Wu Jieh-min. Sociology, Academia Sinica, Taiwan

Zhang, Qian Forrest. Sociology, Singapore Management University

协调编辑

张家炎：肯尼索州立大学历史与哲学系

执行编辑

陈柏峰：法学、社会学、政治学，中南财经政法大学法学院

高　原：经济史与经济理论，中国人民大学

黄家亮：社会学、人类学、法学，中国人民大学社会与人口学院社会学系

李放春：历史学，重庆大学人文社会科学高等研究院

彭玉生：Sociology and Economics, Brooklyn College

尤陈俊：法学、历史学、人类学，中国人民大学法学院

投稿邮箱

ruralchinastudies@gmail.com

目　录

Contents

Region: Mechanisms and Effects Land Reform

Tenancy and Employment Relationships in the Republic of China

Jiayan Zhang Discourse, Reality and Rural Society: the Case of Tenancy and Employment Relationships in the Early Twentieth-Century Jianghan Plain

Capitalism in Chinese Agriculture

Weigang Gong,Burak Gurel Project-Based State Intervention and Agrarian Change in Contemporary China: The Case of Rice Production in Pingwan County, Hunan

Taiwan's Peasant Economy

Shou-li Yeh The Birth of the Annual Grafting Pear: Peasant Household Economy and Agricultural Technological Innovations in Dongshi, Taiwan

探寻没有股市霸权的市场经济发展道路
——兼及中国乡村振兴问题

黄宗智(中国人民大学法学院、美国加利福尼亚大学洛杉矶校区历史系)

内容摘要:本文通过对资本主义历史的简要论析来说明其从重商主义到古典工业资本主义、到福利化的资本主义、再到股市化与虚拟化的资本主义的历史演变过程,借此来说明如今西方股市霸权的实质。这一切不能仅凭人们普遍将市场经济、资本主义和私有产权混合为同一事物的意识形态来认识和思考。我们需要拆开其三个方面,尤其需要将平等互利的市场经济对发展的动力从资本主义的其他方面单独拧出来认识。然后对比中国的不同的市场经济历史,说明中国在近三个世纪的城乡不平等和国际关系不平等下的单向市场的历史背景,从此基点出发来认识中国新近的"一带一路"倡议中关于中国与后发展国家间的更符合亚当·斯密原来设想的平等互利贸易关系的远瞻愿想和综合视野。最后,提出借助同一思路来设想乡村振兴的发展道路。

关键词:重商资本主义 工业资本主义和帝国主义 福利国家 股市霸权下的新自由资本主义 城乡单向贸易 乡村振兴的道路

人们相当普遍地将市场经济、资本主义和私有产权混合为同一事物来认识和思考,三者甚至已经成为互相通用的词。但从中西方近三个多世纪以来的历史实际来看,我们十分需要拆开这三者来认识和理解其间的不同关系和演变。

历史上有各种不同的市场经济:它的生产和交易主体不一定是简单

的个人或私有资本主义企业单位,也可以是国家或某种半国家半企业的组织。在所有权层面上,过去左右之间的论争和分歧一直认为由于所有权决定分配,私有和公有只可能是对立的,非此即彼。但实际上,资本主义的起源说明,重商国家在早期资本主义的发展中起到了关键作用,其后的帝国主义国家在资本主义的发展中也同样如此。再其后的福利化的历史实际还证明,国家还可以起到关键的再分配作用,可以抑制完全为私人资本营利的制度的极端倾向,能够拯救摇摇欲坠的资本主义经济,不一定会像纯粹的私有资本主义那样无限逐利。而在其后兴起的由高度证券化和全球化的新信息产业支撑、由新型股票市场支配的资本主义,则又同样是一个国家推动的霸权产物,虽然其"游戏规则"和之前的资本主义体系有一定的不同。

同时,中国的历史经验更证明,其帝国晚期、近代和现代的市场经济体系并非平等互利的交易,而是不平等的输出和榨取,城镇对农村榨取的市场经济和帝国主义侵略下的市场经济便是如此。而当前的中国经验更证明,平等互利的交易/交换可以不仅是由私有资本(公司)推动的,而且可以是由国家(包括不同层级的地方政府)推动的。

坚决地将目前中国混合私有与公有的体系称作简单的二元对立的"社会主义"或"资本主义"体系之一,只可能自我矛盾,因为中国的实际明显结合两者;同样,坚决地将资本主义和社会主义的不同锁定于私有制和公有制的不同,只可能将中国目前"公有 + 私有"的实际所有制体系——在国内非农生产总值中,私有企业和国有企业比例约 6∶4——推向不符实际的单元化建构。我们需要的是更为符合实际的概括和探索。

经典自由主义理论认为,唯有以个别私人为主体的市场经济才可能推动资源的最优配置。但这个原则似是而非,超个人范围的国家间的平等交易也能够达到高效的资源配置,成为发展的关键动力,在全球化的贸易中尤其如此。本文的目的在于探寻一个能以平等互利的交换为动力的体系,而不是纯粹由私人资本逐利机制推动和控制的体系,更不是在股市霸权下无限逐利或投机赌博的体系。

一、资本主义的四大历史阶段

在西方,资本主义体系的历史经历了四个主要阶段。

首先是 16 世纪到 18 世纪重商主义的资本主义(mercantilist capitalism)时期。其主体是来自新兴民族国家间的竞争与战争的重商主义:国家通过给予半官方的大公司垄断权力而积极支持其向海外发展,以便争得更多金银和殖民地、半殖民地来攫取更多的自然资源,为的是与其他民族国家竞争和战争。

之后是工业资本主义(industrial capitalism)的兴起。这是古典自由主义和古典马克思主义理论分析的重点。它的主体是新兴制造业的蓬勃发展,尤其是棉纺织工业、烟草业、橡胶业以及后来的汽车业等,通过从海外攫取原材料和输出制造业产品(大多仅为当地比较富裕的阶层购买)来营利。同时,那样的资本主义是伴随帝国主义—殖民主义国家而来的,两者密不可分。

在 1929—1933 年的经济大衰退之后,工业资本主义进入福利化时期:在美国罗斯福总统领导的"新政"下,美国采纳了保护劳工的法律,建立了社会福利制度,提高了富人的税率而重构了原来的纯逐利性资本主义,赋予其新的生命力。这是一个新兴的结合劳工福利与资本主义的体系。此期内收入分配相对比较均衡,美国社会最富裕的 1% 人群所占的总财富从之前(1910 年) 的 45% 降到 1970 年的不到 30% ,在欧洲其同比则从 63% 降到不到 20% 。(Piketty,2014:349,图 10.6)

在 1970 年代的资本主义滞涨危机之后,伴随后工业资本主义(post-industrial capitalism)而兴起的新金融化资本霸权的体系,逐渐占据了越来越大的比例。伴随信息产业的兴起,金融证券市场尤其是股票市场完全转化了旧式资本主义,使其从以资本家为主体的体系,转化为以证券化和半衍生化、虚拟化的股票市场为主体的体系。同时,其又比之前更完全地确立了基于古典和新自由主义经济理论的全球化贸易法规。由两者的悖论结合而形成了一个新兴的股票市场霸权下的资本主义体系。其间,美国社会最富裕的1%人群的财富从1970年的不到30%扩增到2010年的34%,在欧洲同比则从不到20%扩增到24%。(同上)

(一)从重商资本主义到工业资本主义+帝国主义

纵观西方的资本主义经济的发展历史,相当规模的国际贸易起码可以追溯到重商时期。从16到18世纪,由于新的民族国家的兴起、竞争与战争,国家给予选定的商业公司垄断经营的权力,并与之结合来积累财富,用于国家军力的建设。大英帝国1600年给予东印度公司贸易垄断权便是典型,使其成为一个半国家(一度拥有26万人的军队)半企业型的实体,并在1757年占领了印度次大陆。那是市场经济和资本主义发展的重要起始阶段,当然也是后来的帝国主义的先声。1858年,大英帝国政府直接接管了东印度公司的管辖地。

相对重商主义,亚当·斯密在1776年提出了极其关键的两个洞见。首先,用形式化的表达来说的话,即如果甲地由于其资源禀赋上的比较优势,能够以乙地的一半的成本来生产A产品,而乙地同样可以以一半的成本来生产B产品,那么自由交易对双方都是有利的。多边的贸易更是如此。借此洞见,斯密对之前的"重商主义"提出了犀利的批评,呼吁要建立没有国家干预的自由贸易,包括不同国家之间以及城乡和不同地区之间的自由贸易。[Smith,1976(1776)]而重商主义理论则认为,贸易逆差的国家会受损,而顺差的国家则受益(由于获得更多财富,能够建立强大的军队),因此必须凭借国家的(贸易)保护主义来促使贸易逆差最小化、顺差最大化——亦即在美国特朗普总统领导下的反全球化的新重商主义的核心观点。那无疑是失之片面的。

　　斯密进而构建了其第二洞见:那样的自由贸易会促进经济整体中的分工,进而导致生产效率的巨大提高。他开宗明义地举例说明:由单一个人来生产,可能一天都完成不了一枚(大头)针;但如果由 10 个人来对 18 个生产环节进行分工生产,一天能够制造足足 48000 枚针。这是后来全面兴起的现代制造业的原始实例和表达。[Smith,1976(1763):8—9]

　　由此,斯密构建了一整套将资本主义理想化和单元化的经典自由主义理论。他针对重商主义而争论,认为真正的"国家的财富"必定来自没有国家"干预"的自由市场经济和私有制造业企业。市场竞争这只"看不见的手"是进行资源配置的最优机制,不可让国家进行干预。[Smith,1976(1776)]这套思路由后来的经济学形式化为:唯有自由市场中价格主导下的私有企业竞争才可能导致资源的最佳配置。斯密当时的目的是想凭借这样的理想化建构来为新兴的资产阶级从国王和贵族手中争得更多的权利,摆脱其对贸易和经济的霸权,让自由市场经济取代重商主义市场经济。这套理想化建构和意识形态成为之后占据霸权地位的古典(和新古典)自由主义经济理论的核心。

　　斯密没有认真考虑到的是,工业资本主义将会在 19 世纪伴随帝国主义和殖民主义的全面推广而蓬勃"发展",两者实际上成为不可分割的孪生体系。在那样的历史实际下,斯密的自由主义经济理论一再成为帝国主义的意识形态和借口。对此,中国便在其近代历史中有切身的体会。鸦片战争的起源来自英国商团(从印度)走私偷运鸦片进入中国,被林则徐搜缴焚烧后,英国则用捍卫自由平等贸易的说辞来"惩罚"、侵略中国。其自由贸易的借口是如此的"崇高",在一个多世纪之后,仍然主导着在美国被认为是最好的关于中国的学术研究——例见"哈佛(费正清)学派"的张馨保(Chang,1964)的研究,其将鸦片战争的起源追溯到"文明的冲突"而不是鸦片的偷运和禁止;亦见同一思路的徐中约(Hsü,1960)的专著,其将总理衙门的建立论析为"中国之进入国际大家庭",并以此为全书的标题。这方面,在西方 19 世纪中期的论析中,马克思至为清晰地认识到"自由贸易"背后的帝国主义的丑恶面。（Marx, 1858）而作品写成于其前的 18 世纪后期的斯密则基本没有考虑到工业资本主义与帝国主义、殖民主义的紧密结合。当然，也没有考虑到在制造业中的雇主和工人间几乎不可避免的利益冲突——后者毋庸说，乃是马克思主义阶级论的洞见核心。

也就是说，工业资本主义虽然被自由主义建构为一个国家"干预"最小化、完全自由的市场经济，实际上是个凭借国家的权力、对外的侵略和占据来获得超等利益，并以此来发展自我的体系。这是重商主义的资本主义和其后的帝国主义国家的资本主义所说明的历史实际。从发展中国家的视角来认识的话，资本主义和帝国主义的侵略，两者是密不可分的统一体。它的实际明显不符合自由主义将一切贸易设定为自由平等互利的市场经济的自我建构。

（二）从福利化资本主义到后工业资本主义

在 1929 到 1933 年的经济大萧条后，为了重新振兴资本主义，西方国家相当普遍采纳了将资本主义经济福利化的制度。美国在罗斯福总统领导的"新政"下，采纳了新的劳动法律，给予工人组织工会、保证其进行集体谈判和罢工的法律权利。同时，国家设定了新的福利制度，给予职工们退休福利和基本医疗等社会保障，亦即所谓的"福利国家"（welfare state）的兴起。那些福利国家所代表的古典资本主义在危急情况下对工人做出的妥协、让步，也促使私营企业设立了职工福利的体系。当然，还促成了相对比较公平的社会分配。它给予了资本主义新的生命力，并给予了英语"自由主义"（liberalism）一词新的福利化含义，与其原来的古典自由主义截然不同。在 1980 年代之后的新保守主义极盛时期中，美国广泛将"自由主义的"［liberal（"the L word"）］一词当作批评"左派的"民主党的福利化主张的贬义词来使用。［因此才会有卷土重来的"新自由主义"(neoliberalism)一词的兴起。]

除了坚决拼合市场经济和资本主义的自由主义—新自由主义理论，人们还相当普遍地将资本主义+市场经济的根本设定为私有产权，认为有了私有产权才会有营利的动力，才会推动无限的创业和贸易/市场交易。"自由(私有)企业经济"(free enterprise economy)甚至成为与资本主义通用的词。那是后来的"制度经济学"所关注的要点。而反对资本主义的社会主义思想则几乎认为，要破除资本主义的无限逐利弊端，必须推翻私有产权，以公有产权来替代。那种思路的至为完整和透彻的表达无疑是经典马克思主义，其要求以公有制的社会主义革命来替代资本主义。在那样的二元对立意识形态的历史背景下，资本主义+(自由)市场经济+私有产权被对立双方共同设定为同一事物的必备条件。并且，双方都将这三者等同，甚至简单认定，资本主义即市场经济、私有产权，三者紧密不可分，甚至乃是同一事物，这再次加强了三者成为通用词的大趋势。

其后，福利化(国家的)资本主义在 1970 年代出现了"滞涨"(stagflation)的经济危机，再次促使人们对资本主义的重新思考，并一反过去的福利化大趋势，迈向了所谓的"新自由主义"。其先声来自芝加哥自由主义经济学派的主要人物之一弗里德曼(Milton Friedman)，他在1970 年的宣言中，重申了原来的资本主义+自由市场经济+无为国家的意识形态。在该篇文章中，他将后来的新自由主义意识形态表达得淋漓尽致。针对福利国家的社会责任理论，他宣称"企业的社会责任是满足其股东们"，"一个企业的最重大责任是满足其股东们的愿望"。在他看来，其中的逻辑至为简单明了：股东们乃是一个企业的真正所有者，经理们仅是受其委托办事的人。而且，后者最明白的是做生意，而不是如何造福社会，让他们试图那么做，只会导致散漫的、混乱的、目标不清不楚的花费，何况花的不是其自身的，而是股东们的钱。那只可能导致不负责任的胡作非为。实际上，企业利润最大化便是一个企业所能做的最大的社会贡献，也是自由市场经济的至为根本的运作机制。那些没有认识到这套逻辑的经营者则不过是"在近几十年来一直在不知不觉中受到那些削弱自由社会基础的思想势力摆布的傀儡"。这是针对之前的福利经济思想的支持者凯恩斯等人的批评（更不用说进步人士和真正的左派马克思主义人士了），所表达的是至为纯粹的古典自由主义的资本主义意识形态。（Friedman，1970）这套理论后来被英国的撒切尔（Margaret Thatcher）首相（1979—1990）和美国的里根总统（1981—1989）采纳为主导意识形态，组成了卷土重来的"新自由主义"（之所以说"新"，是因为其不再是"旧"福利化的自由主义的意思）和"新保守主义"。

（三）当前的股市霸权下的资本主义体系

新自由主义意识形态加上新信息产业的兴起以及全球化的大潮流，导致一个与之前不同的新型资本主义体系的形成。在之前几十年的福利化资本主义体系下，一个企业需要照顾工人、社区、福利、环境等其他的经济"参与体"（即与其有权益关系者）（stakeholders）。那样的考量如今已经几乎被弗里德曼"股东第一"的规则所压倒，福利已经不再是企业管理者所关心的问题。"资本"本身的含义，则不再是原来的企业家们的资金和其投资建立的实体性厂房、机器和其他设备、原料等，而是越来越体现为一种席卷全球资本主义体系的实际+虚拟的股票市场上的股价。正是后者，如今已经成为董事会评估管理人员的至为关键的标准，因此，也是他们至为关注的重点。如此的一个体系，我们可以称作为股市霸权的体系，其主体不再是个别的资本家，而是一个经过证券化和虚拟化的股票交易所和市场。

它趋向一种与之前不同的新型资本主义游戏规则：如今，资本主义经济的主体已经不单是个别的资本家/企业所有者的公司或个人，而是一个去人性化的、全球化的、经过股票化和虚拟化的股市，由一定程度上脱离实体经济的股市来左右产业公司的行为和决策。弗里德曼的"股东第一"（shareholder primacy），原来甚至被其理想化为"股东民主"（shareholder democracy）的制度，如今的含义已经不再是单一企业公司的实体经济利润，而是其在全球的金融市场上与霸权股市上的股价和股值。

在那样的体系之下，资本不再是通过产业经营的收入超过工资支出而来的"剩余价值"的积累，并借此来扩大再生产，也不是通过简单地向银行贷款或出售债券而来的资金，更不是关注职工福利的资金，而主要是面对全球化股票交易所而"上市"出售股票融资而来。一家公司已经不再是个别资本家所有的公司，经过在巨型股票市场卖出股票给千千万万投资方——不再仅仅是资本家们，也吸收包括来自诸如中产阶层职工们的退休基金等——它已经成为股票市场霸权下的资本主义企业。

而公司对其的责任主要是股票市值的增高。但这些所谓的"股东"，即弗里德曼原来论析的企业所有者，实际上并不像真的所有者那样参与公司的管理，他们的发言权十分有限，主要关心的不是个别企业的实际经营，而是其股票在巨大金融市场中的股值。股票增值的话，股东也许会购买更多；下跌的话，股东说不定会卖掉那些股票——其行为已经远远脱离公司的实际经营。如果说这是一个民主的股东制度，那么其民主仅体现于股票买卖行为的投票。

在这种制度下，难怪公司管理人员会那么关心公司的股票市价，从而导致所谓的"股东至上"（shareholder supremacy）的普遍管理规则，实际上则是股值至上，即企业的行为越来越由其股价的升降来决定。如今，跨国公司的贪婪行为已经不是少部分企业家或公司管理人员决定，而是已经成为全球化的股票市场整体的运作逻辑。一个（上市）公司在股市上的股值，才是主宰公司管理人员行为的真正的"老板"。一个公司的股价和总股值则主要取决于其营业的利润率：一般来说，公司的利润率越高，其股价对收益的比率（price earnings ratio）也越高。这是因为，股票评估专业人士一般都会根据一个公司近年的利润率来预测其前景,由此直接影响购买股票者的抉择,进而影响公司的股价。

苹果公司作为近年来全球股值最大的上市公司,便是很好的例子。它通过中国台湾的富士康公司来雇佣超过百万的中国廉价劳动力,为其在中国,特别是在郑州和深圳,进行手机零件的生产和装配。如今,仅郑州富士康厂的 35 万员工便生产了苹果公司 iPhone 总数的一半。如此,苹果公司可以凭借富士康公司所能接受的较低利润率——一般约 7%——来降低其产品的劳动成本,而中国地方政府则为了属地的发展为其提供各种各样的激励,包括免税或减税、基础设施、贷款、低成本劳动力以及就地过关等特权。苹果公司自身主要集中于生产—销售过程中利润率最高——不止 30%——的设计和销售两端。凭此,苹果公司即便在全球手机销售的总数量上仅占 12%,但却占据了全球智能手机行业高达 90% 的利润,获得了令几乎所有上市公司羡慕的高利润率和股值(Barboza,2018),成为投资股票市场的人们心目中普遍最想拥有的股票。[①] 它展示的是当今全球化经济规则下典型的赢家实例,说明的是如今股市运作的最基本逻辑和游戏规则。

正因为如此,它被绝大多数的股票分析专家评为最好的股票之一,能够让购买者获得较高额的回报,由此成为众多基金和千千万万私人投资者最想拥有的股票之一,转而促使其股价持续上升。如今,这种股价变动已不是任何个人或少部分人或公司恶意为之的后果,而被视作是符合超巨型股票市场无可辩驳的制度化基本运作规则和逻辑的正常现象。在这样的制度中,追求利润最大化(和尽可能压低劳动力成本)乃是理所必然的事。(黄宗智,2017)而苹果公司的成功实例,则对其他所有大公司都构成了一种巨大的压力,并由此确立了新的游戏规则。

如此的股市运作规则被新自由主义经济学理论理想化为至为典范

---

① 当然,此中原因也包括其在爱尔兰设立公司总部来避免或减轻美国的税额等促进利润率最大化的手段。其高超的销售和服务手段当然也是其成功的重要因素。

性的纯竞争性的自由市场经济,认为其乃最符合斯密原先所设想的众多理性经济人,一个个在没有任何政府约束下自由追求其自身利益最大化的典范。因此,其只可能带来资源的最佳配置和国家财富的最大化。

虽然如此,面对那些意识形态所引起的诸多实际问题,2019 年 8 月 19 日,由 192 位美国大公司执行总裁组成的"商业圆桌"(Business Roundtable)组织发表了由其中 181 位总裁署名的声明,一反其 1997 年以来明文定下的总原则,即公司应该"以其(股票)拥有者的回报为主要目的"(简称"股东第一"),宣称公司还应该考虑到客户、员工、供货商、所在社区等的利益。(Washington Post, 2019;Business Roundtable,2019)其中署名者包括苹果公司的总裁。

但那样的改革谈何容易。一个公司要将其部分利润更多地用于职工待遇,或职工福利,或所在社区的发展,或环境保护,除非能够由此提高生产效率,否则立刻便会影响到其利润和利润率,也因此影响到其股票在金融市场上的评估,并反映到投资者购买股票与否的决定上。那样的行为不是一个公司的管理层所能轻易做得到的。显然,真正的改革需要重构如今已经根深蒂固的基本游戏规则,可以说几乎难比登天。只要目前这种结构的股票市场霸权依然存在,只要资本的营利性和追求最高利润的股票市场的游戏规则仍然被认为是无可辩驳的绝对规则乃至真理,便不大可能会导致改革。这也是本文所称"股市霸权下的资本主义/市场经济"的主要含义。

这个股票市场的运作逻辑和古典的资本主义十分不同。如今股票市场的股东们主要属于两种类型:一种主要是谋求长期增值的投资基金(也包括个人),一种是牟取暴利的投机赌徒或基金。前者的主要目的是要求资产伴随实体经济整体增长而增值,一般会购入反映全股票市场组成的股票,借助多元化的投资组合来降低风险,追求的是较低比例的增值。其投资对象主要是全经济、全市场。为适应那样的需求,已经出现了众多反映全股市的指数基金金融产品[如标普 500(S&P 500)指数,直接反映 500 强公司股值的动态；或罗素（Russel）2000/3000 指数，基本反映全股市的动向]。其预期的增值一般是平均 5%—8% 的年增值。[同时，还会投资一定比例的债券（bonds），一般是 7∶3 的股票对债券比例，对冲成为一种保险行为——因为股市下跌的话，简单的债券相对比较能够保值。但股票占据的乃是金融市场的大头。]

赌博类型的基金和投资者则可以用小额资金以现时股价来购买未来（譬如，三个月后）某股票的选择购买权合同（stock option）。保守的话，那可以是一种保险、对冲（hedging）行为，以防到时要购买的股票价格激烈上升。但它更可以是投机行为。赌博者如果估计股价正在上升，可以凭小额的资金以今天的价格来购买（未来）相当大量的、增值了的股票的选择权，即"看涨期权"（call option）。投资者可以凭借高达 40 倍的"杠杆作用"——如以 0.5 美元一股的价格来购买一个价值 20 美元股票的选择购买权合同，即仅用 50 美元来购买 100 股 20 美元/股、价值 2000 美元市价的股票的看涨期权——来牟取暴利。股价到期如果上升 1 美元 1 股的话，便可以凭借 50 美元的"投资"收回 100 美元（当然，可以购买数千或更多股的看涨期权），在短期中将其所投资金增加一倍（当然，如果该股票的价格下跌，其所购买的先时价格购买权便一文不值）。投资者也可以采用相反的策略——预期股票价格下跌。那同样既可以是一种对冲保险行为，防范股票的严重下跌，但同样可以成为赌博行为——称作"看跌期权"（put option），若该股票的市价真的下跌的话，便可以同样凭借杠杆作用来获得同等的收益。（Royal，2019）

这种"衍生的""虚拟的"金融产品[即股票期货合约（stock futures）]花样众多，而且自身已经成为一种可以买卖的金融工具，它们与具有某公司的一份所有权的"真"股票不同，仅是一种隔了一个层次，经过重构/虚拟的金融工具。（笔者一位亲人半个世纪以来便是一位对冲专家。）如今，如此的合同所控制的股票选择性购买权的总额已经达到不可思议之数（640 万亿美元，实际资金投入则约 12 万亿美元，即仅占大约 2%），亦即将近 20 万亿美元的国内生产总值的 32 倍(3200%)。(Maverick, 2020)它说明的是,如今的股市已经在很大程度上类似于一个巨大赌场。正是其高度杠杆化的赌博行为促使股票市场的总值波动幅度远远超过实体经济的波动幅度。

2007—2009 年的金融海啸主要源自金融市场中杠杆化的衍生资本的暴跌。之前,房地产市场经历了长期的增值,使人们觉得这种趋势几乎会无限期延续,而且基于房产的按揭贷款,似乎是"绝对安全"的一种投资行为。之前的商业银行主要是凭借使用客户的存款来进行房产贷款,安于较低的回报率。但是,从 1990 年代开始,商业银行伴随一切"金融化"、股市化的大潮流,首先是越来越多地投入"次级"按揭(sub-primemortgage),即为没有达到标准要求(譬如,笔者在 1967 年买房的按揭便规定,贷款人的月收入须达到 4 倍于按揭月付)的房产购买者办理贷款,为的是收取略高的利息。在房屋价值持续上涨的环境中,有不少次级按揭的房主实际上不是在使用稳定的收入来支付其按揭月付,而是仅仅凭借其房屋的可预期增值来贷款支撑其月付(这是笔者另一位亲人在 1990 年代的经历)。在美国国家政策要求尽可能家家有房产的大政治目标下,不仅是一般私营银行,包括美国联邦政府下属的两大按揭基金组织(Freddie Mac、Fanny Mae)也大规模参与了如此的行为。更有进者,在全经济体高度"金融化"(主要指股票化和虚拟化)的大潮流下,商业银行还发明了将众多按揭捆绑起来,同时纳入达标和不达标的按揭,借此来组成貌似十分可靠、低风险的基于住房抵押贷款的新型衍生、虚拟证券/股票(mortgage backed securities,MBS),将其投入股市销售。在新自由主义意识形态的主导和推动下,即便美国联邦政府下属的上述两大按揭基金,也一度购买了市场上所有新 MBS 的足足 40%。(Calabria, 2011:11)在房价持续上升的大环境下,这股潮流汹涌澎湃,渗透全金融市场。伴之而来的是旧式的存款放贷银行的根本性转型,它们成为虚拟金融工具的"杜撰者",而金融界的人员则成为所有行业中薪酬最高者。

这一切的结果是,股市的市值越来越超过实体经济。

但到 2006 年,由于供求关系的演变,长期上涨的房产市价开始下降,促使越来越多的次级按揭拥有者不再能够维持其月付,失去其按揭能力,逐步造成被捆绑起来的衍生 MBS 金融工具中的多米诺骨牌效应,进而促使全金融市场严重下跌,不少金融机构破产,最终导致大规模的"金融海啸"。

虽然如此,伴随不少国家的政府大规模的救急投入,经济逐渐恢复。几年之后,股市和虚拟化(虽然经过一定程度的改制,提高房贷的条件要求)的股票市场,逐步再次进入长期的"牛市",直到当前新冠肺炎疫情所带来的冲击。但是,股市总体无疑将会依旧伴随不可避免的经济周期的上下波动而变,由于其已经深深地陷入杠杆化衍生资本的赌博行为中,迟早必定会再次导致金融危机。

回顾近几十年股票市场的性质和运作方式,显然已经和弗里德曼1970 年写的那篇文章十分不同。他所特别强调的所有者与企业管理层之间的委托—代理关系和意识,一定程度上已经不复存在,大多数的证券投资者将股票市场视作一种去人性、去公司管理层的实际运作的纯股票交易或游戏场所,仅依照高度数据化的专家评估信息和股票本身的市值历时变化图表来做出选择,凭借的主要是对全市场运作的一种公式化投资——最典型的乃是众多规模巨大的指数基金,以反映全股市动向为主的基金证券——而不是依据个别公司的评估来选择其投资目标。这是主流,已和1970 年代的股票投资模式十分不同,反映的是新的游戏规则、新的对电子化数据的高度依赖、新的简便和大众化的电子交易方式(即便是一般的职工个人,也可以直接在网上凭借低廉的收费而买入和卖出股票)。其中,占据霸权地位的不再是大资本家,而是股票市场整体,包括其虚拟的赌博部分。

之前弗里德曼所谓的"股东至上"和"股东民主"实际上已经成为一个半虚拟化的"股市至上"和"股市霸权",主角不再是个别的人性化股东。如今，真正占据霸权的已经不再是"股东"，而是抽象化和虚拟化的金融工具。资本主义已经成为一个实际上是"股票至上"和"股市至上"的体系。

至于投资者，已经不局限于少量的富人，也包括了通过诸多退休基金投资的众多领薪的中产阶级人员。我们如果用"赌场"的比喻来认识当前的这个金融市场，那么大多数投资者的对象已经不再是场内某一种或几种游戏中的赌博，而是超巨型大赌场本身的市值的持续扩增。唯有投资者中的赌博者才会聚焦于其中某种游戏，并采用杠杆作用来进行赌博，而占据全球经济霸权的实际上已经成为超巨型的股票市场和"赌馆"。

正是以上的悖论结合实际——即高度古典个人自由主义化理念和超巨型股票市场霸权实际的悖论二元合一，也包括资本主义与国家参与的复杂关系和历史——才是资本主义历史的去意识形态化、去理想化、去抽象化的实际。

同时，在全球化的今天，国家作为贸易主体的角色尤其重要。发展中国家的私营公司无法与发达国家掌控巨大股票资金的跨国公司竞争，只可能以国家为主体或借助国家的力量来参与全球化市场的竞争，并在这种竞争压力中试图争得一席之地。国有企业或国家机构+公有或私有的资本是主要的可行方案。中国便是最大的实例。

但是，古典自由主义和新自由主义理论，源自对重商主义的批评，一直特别强调"无为的、放任的"（laissez faire）国家，原先为的是要从国家和贵族那里争得更多的自主权，更多的营利权利。上面我们已经看到，后重商主义实际上是伴随殖民主义和帝国主义而兴起的，依赖正在扩充的国家权力为其争得自然资源、开辟市场（主要是当地的富裕阶层，多与一般人民无关）、护卫特权，却偏偏被后来的自由主义和新自由主义经济学——凭借亚当·斯密的古典自由主义理论——将资本主义—市场经济—私有产权的体系在理论上设定为完全独立于国家权力的一个体系，提出充满误导性的无为国家乃是其必备条件的理论和意识形态。那样的建构一方面成为一种自我辩护,掩盖国家、资本主义和帝国主义——殖民主义强势扩张的历史实际;另一方面,也起到限制国家对资本主义经济的约束权力,争得在国内外更宽阔的活动空间。而且,在有意无意之中,还成为一个能够压制发展中国家国力建设空间的意识形态,捍卫其自身既是强势的也是被限定的国家权力的优势。其中实际,必须通过貌似相互矛盾、不可能并存的悖论结合来认识和理解。(黄宗智,2019)

三、市场经济在中国的过去和现在

从"士、农、工、商"这个中国自战国时期以来的社会等级的表述和划分便可以看到,商人和商品经济在中国早已存在,虽然长期被视作逐利的社会末端的等级和现象,区别于具有较崇高道德理念的儒家"士"阶层。而农业则在中国越来越沉重的人多地少"基本国情"之下,其商品化在明清时期主要体现为棉花、棉纱、棉布经济的大规模兴起,伴之而来的是越来越劳动密集化的小农户生产,以及边际劳动日报酬的递减(纺纱占据花—纱—布生产中的约4/7的劳动量,而其每劳动日的报酬才是水稻的1/3),亦即笔者长期以来突出的"内卷化"和"内卷型商品化"。在中国越来越沉重的人多地少"基本国情"压力之下,在18世纪以来的三个多世纪中,越来越显著地呈现为近现代的"城乡差别",最终成为现代中国革命最关注的问题之一。

在那样的客观大环境中,除了上述资本主义两面性的悖论实际和其与简单的市场经济理论的不同,我们还需要认识到,即便是斯密指出的比较普适的平等互利贸易基本原则,也有一定的局限。在斯密《国富论》发表的1776年,英国已经经历了将近一个世纪(18世纪)的"农业革命",其间,农村人民的收入提高了大约一倍。同时,制造业初步兴起,尤其是棉纺织工业。两者的结合使斯密看到的,不仅是国际间的、承继重

商主义时期的贸易兴起,而且还是城乡之间贸易的兴起。农业革命期间
农村收入的提高,促使农村不仅为城市提供更多的食物和原料,而且还
从城市购买越来越多的商品,一定程度上体现了斯密所洞察的(自由)市
场经济对经济整体所起的正面动力,使其设想了城乡互动的、螺旋式上
升的国民经济贸易和财富发展的模式。

(一)18世纪英国市场 vs.18—20世纪中叶中国畸形单向市场

将18世纪的英国和18、19世纪乃至20世纪上半叶的中国进行比
较,我们可以认识到,斯密所看到的和理想化的城乡双向贸易并没有在
中国实现。迟至1930年代,中国基本的城乡关系仍然主要来自"城乡差
别"的而不是"平等互利"的交换。笔者长期以来已经详细论证,中国当
时的城乡贸易主要是单向的:农村主要为城镇提供食品,尤其是高档细
粮(白米、面粉)和肉禽鱼,农村本身则消费"粗粮"(玉米、红薯等)远多
于"细粮",而且极少消费肉禽鱼。同时,其生产的优质棉花、棉纱、棉布
(以及几乎全部蚕丝)则"出口"城镇,农民自身的穿着限于低质的棉布,
没有丝绸。[黄宗智,2014,第一卷(1986)、第二卷(1992)]

当然,农村与农村间也有一定数量的贸易,主要由有余粮的农民和
有余布的农民的交换组成,其达到全国的商品总量的足足66.9%。正如
一整代的优秀中国经济史学家们所证实的,那种"贸易"乃是村庄参与市
场经济的大宗。(许涤新、吴承明主编,1985)而那样的农民粮棉交换主
要是一种生存性而非营利性的贸易。[黄宗智,2014,第二卷(1992):尤
见77—79]在普遍的城乡差别之中,最突出和明显的是食物和衣着的差
别。优质粮食和肉禽鱼主要由城镇消费,农村较少;优质棉布,更不用说
丝绸,同样主要由城镇消费,农村极少。

这一切可见于1930年代的满铁调查人员所仔细记录的华北和江南
两地三个村庄的商品行为。满铁的追踪调查,仔细记录了每一个农户在

城镇所销售和购买的每项商品。其材料证明,其中最大的一项乃是粮食和棉花、棉纱。其卖出和买进的粮食,平均起来,达到其总产出的不止一半的价值。其卖出或买进的棉花和棉纱则平均达到其自身消费总量的大约一半。农户一般极少购买现成衣着,一般都是自种棉花,自纺棉纱,自制衣着,或用粮食与花—纱—布小农交换后自制衣着。在华北,基本没有农户购买现成衣着;在收入较高的江南,其所购买的现成服装仅占到其总消费量的 6% 。农民从城镇购买的产品主要是小宗的传统加工产品,如糖、盐、食油、酱油、火油等,在其总购买产品价值中仅占 10%—20% 。长江三角洲的农户平均收入相对高于华北,农村人民还会从城镇购买很少量的烟草、酒、草帽(以及新型的火柴),但也仅此而已。[黄宗智,2014,第二卷(1992):81—85,尤见表 6.2、6.3、6.4、6.6]

　　与此不同,研究英格兰的经济史学家们,通过大量的 18 世纪农村遗嘱资料证明,当时的农户相当广泛地从城镇购置了镜子、油画、书籍、钟表、台布及银器等。(Weatherhill,1993:尤见 219—220,表 10.2 及 10.4)那样的物品说明的是更多、更广泛的双向城乡贸易:农村为城镇提供食品,城镇则为农村提供上述制造品。(黄宗智,2002:165)正是那样的交换,组成了斯密所论析的城乡平等互利交易的根据,进而导致社会分工以及制造业生产和劳动生产率的显著提高。但在中国的"畸形"单向市场中则没有。

　　也就是说,中国同时期的"市场化"城乡贸易与斯密所看到和概括的 18 世纪英国十分不同:它没有像英国那样由农村从城市买入众多的城镇产品,因此形成一个双向的市场,由双方不同的比较优势推动比较平等互利的双向贸易,亦即斯密概括为螺旋式经济发展动力的"市场经济"。中国的城乡贸易主要是单向的,主要由农村输出优质粮食、棉花、棉纱(和蚕丝)给城镇。其所说明的,是乡村在人口压力下的贫穷和劣势地位,亦即现代中国革命所要求克服的"三大差别"(即"城乡差别""工农差别"以及脑力和体力劳动的差别)的主要内容。相对于英国及斯密古典自由主义建构来说,它固然是个"畸形市场",但我们如果从人多地少的中国的视角来看,畸形的乃是资本主义经济早发展的18世纪的英国。

毋庸说,在今天的中国,城乡差别虽然在革命之后改革之前的计划经济期间,已经有一定程度的减缩,但仍然非常鲜明,而其基本商品结构中,仍然可见对当时人民生活至为关键的粮票和布票。而城乡间的差别,则仍然可见于今天的城市和农村相互区别的户籍制度,也可见于巨大规模的、主要由农民工组成的廉价"非正规经济"中的务工群体。如果对比大城市中(可能占到城市10%以上人口的)有房有车却有稳定职业的群体,以及已经与国际城市中产阶级高度相似的"中产阶级",其间的差别非常鲜明。

(二)城市与农村的平等互利的市场

笔者在这里要再次(另见黄宗智,2020b)提倡中国应借助最近十年来形成的综合中西的超越性视野、具有远大目光的"一带一路"倡议,并用同样的思路来推进今后的乡村振兴。中国的城乡贸易可以同样以基础设施为主,借此来推进城市与农村间的平等互利贸易和市场经济的发展。我们可以将农村比拟为"一带一路"倡议中的东南亚、中亚、非洲等的发展中国家,亦即将农村比拟为需要大规模投入基础设施建设的发展中国家,以此推动城乡和不同地区间的平等互利贸易。其目的是推进农业的进一步发展和现代化,也是为了打开城镇产品在农村的销路;建设更大、更蓬勃的市场,既是为了带动农村的经济发展,也是为城镇产业创建更庞大、更可持续的国内需求和市场。

笔者已经详细论证,从1980年以来中国农业已经经历了一个"隐性的农业革命",主要是从低值农产品(尤其是粮食)越来越多地转入高附加值农产品的生产——菜果、肉禽鱼、蛋奶,如今已经占到总耕地面积的约1/3,农业生产总值的2/3。其生产主体一直都是小农户,即经营一到五亩的拱棚蔬菜，一两亩的果园，十来亩的种养结合农场等。之前，中国农业通过使用良种和化肥而提高了产量（一如 1960 年代以后的发展中国家的"绿色革命"那样），但中国近四十年来（改革期间）的农业革命动力则十分不同，是由农业和人们的消费习惯的改变所导致的结构性变化——从 8∶1∶1 的粮食、肉食、菜果，转向类似城市以及中国台湾、香港等地区中产阶级的 4∶3∶3 的消费比例，由此大规模提高了对高附加值农产品的市场需求。这个"隐性的""新农业"革命（由于其性质、动力、规模都迥异于之前的农业变化，还没有被许多观察者所认识到），已经导致了农村人民农业收入一定程度的提高。（黄宗智，2010、2016）

但是，我们如果将中国的新农业与美国类似的高附加值农业进行对比，便可以看到其宽广的进一步发展的空间。如今美国的高附加值农业（主要是菜果—坚果—浆果和花卉）的耕地面积仅占总耕地面积的 3.6%，但其产值则达到全美国农业总产值的 36.8%（1980 年才 26.2%），即不止 10 倍（1022%）于其所使用的耕地面积所占比例。（黄宗智，2020a：331；Macdonald et al.，2013：表 1）而中国 2010 年的菜果所占耕地面积是 18.9%，其所占产值为 26.7%，仅比其所使用的耕地面积比例高出不到半倍，仅 141%（黄宗智，2016：表 4，15），明显还具有巨大的发展空间。

此外，美国的高附加值农业还包括相当数量的有机农业，共 1.4 万户，占全国 9 亿英亩（54 亿华亩）耕地面积的约 1%（900 万英亩，5400 万华亩），即高附加值农地的四分之一强（27.8%），其产值从 2011 年到 2016 年已经增长了不止一倍，达到 76 亿美元。（Bialikand Walker，2019）中国的有机农业目前已经发展到占全球有机农业的 6%，但相比美国的 47% 和欧盟的 37%，还相差很远。伴随中国城市中产阶级健康意识的提升，当然也具有较大的发展空间。（刘石，2018）

同时，农村经济的蓬勃发展将意味着人数庞大的农民的收入提高以及伴之而来的对城镇产品的需求。根据最新（2016 年）的第三次全国农业普查数据，目前农民用智能手机上网的普及率是 48%，用电脑上网的才 32%,拥有小汽车的仅 24.8%(相对美国的每 100 人拥有 77 辆汽车,中国同比仅拥有 11 辆)。这些商品在中国农村还有巨大的发展空间(第三次全国农业普查主要数据公报,2018:表 4-7)。由于中国农村人口数量巨大,其市场潜力远远超过中亚和东南亚的任何一国。另外,目前仍然只有不到一半(47.5%)的行政村具有超过 50 平方米的商店或超市(同上:表 3-6),而且在所有的行政村中,仅 25.1%具有电子商务配送站点(同上:表 3-2)。电子商业当然也有很大的发展空间。

自然村,区别于行政村,则又是另一回事。根据 2016 年的较叫靠的数据,中国有 261.7 万个自然村(亦即村小组所在地),52.6 万个行政村(亦即村委会所在地),亦即平均 4.8 个自然村组成 1 个行政村。一般村委所在地的行政村已经通水泥路面(80.9%)或柏油路面(8.6%)或沙石路面(6.7%),但它们距离自然村则还有一定路程。最小的距离在 5 公里之内(90%),但也有远达 6—10 公里的(6.6%)和 10—20 公里的(2%)。目前仅 25.1%行政村具有电子商务配送站点,显然还连接不上大部分的自然村。这方面当然也有较大的发展空间。也就是说,目前农村自然村的基础设施条件离一个真正具有现代化的交通和交易网络连接的社会仍然较远。一定程度上,大部分的自然村与全国市场的交通连接尚缺其"最后一公里"。

此中的部分原因是,中国政府过去对待农民的基本态度是由政府和资本来带动农村经济的发展,其关注点主要止于自然村之上的乡镇,最多达到政党—国家统治组织的最底层的行政村,基本是个由上而下的体系。实际上,国家一直没有将农户自身视作一个能动主体,没有能够动员自然村社会的一般农民来参与发展,也因此没有能够真正渗透最基层的自然村。但我们可以想象,国家如果能够更大规模地投入基础设施建设,将自然村全都纳入现代化交通和贸易的网络(一村一路?),其将会赋予农村农户,尤其是新农业的农户更便利、更完全地参与城乡贸易的条件。在遇到类似新冠疫情冲击的情况之下,也更能够减少或解决由于距离过远

而在全球化产业链和供应链中出现的"脱钩"问题。（黄宗智,2020b）

国家如果能够同时为农村建设新型现代化的物流网络,由农民自身组织合作社参与其中,尤其是生鲜产品的冷冻链和快速运输,并辅之以由国家建立的现代化的服务性批发市场(而不是目前的部门营利性批发市场),借以让农户获得其产品收入的更高比例(而不是像目前那样,要么让中间商,也包括千千万万的小商小贩攫取其大部分利益,要么依赖低效的供销社),将会相当程度提高农民的生活水平和购买力。那样的变化将既能推进农村与城市间的平等互利交易,也能推进农业和农村的进一步现代化和发展;既能为城市制造产业和信息产业拓展极其宽广和可持续的国内市场,也能为农村产品创建更多更高效率的物流体系。这是20世纪便进入发达国家和地区行列的"东亚"(指日本、韩国、中国台湾)模式。（黄宗智,2018）那是真正达到亚当·斯密所理想化的英国的平等互利城乡贸易市场经济,也是真正能够凭借城乡平等互利的贸易来推动经济发展的实例。

在当前无情的超巨型股票市场的霸权逻辑支配下,资金贫乏的多数发展中国家的发展前景无疑是不太乐观的;对劳动工人,当然肯定也是无情的;对社会和自然环境当然也一样;对农村和农民就更不用说了。同时,它是一个凭借美国军事霸权(在全球有约800处军事基地,军事开销远远超过其他国家)和通过美元、世界银行、国际货币组织来护卫的超巨型金融市场—股票市场霸权,它更是把英美古典和新自由主义建构及话语作为其霸权意识形态来护卫的体系。

我们下一步要问的是,有没有可能改变这个局面？要改变的话,需要通过什么样的不同远瞻性愿景来设想未来可能的世界？什么样的具体措施、什么样的操作方案？拆开了我们对资本主义、市场经济和国家角色的理解之后,我们能否得出一个不同于如今大资本股市霸权下的市场经济设想,包括其与不同的产权制度和不同类型的国家、社会和文化的结合？

四、新的远瞻性愿想

笔者已经在关于"一带一路"的另文中指出(黄宗智,2020b),中国在过去将近两个世纪之中,一直陷于近现代几乎所有发展中国家的基本困境:西方发达国家对中国来说,既是可恨的敌人也是令人羡慕的现代化典范。因此,中国一直陷于一种基本分裂的思想状态:要么过度拒绝西方,要么过度模仿西方;要么盲目信赖西方单一的理想化的古典自由主义和新自由主义,要么相反地只拥抱经典马克思主义,完全拒绝资本主义、私有产权以及不"干预"市场的政府体系;要么拥抱新自由主义的资本股市霸权,要么完全拒绝那样的理念而拥抱推翻资本主义体系的社会主义。双方分别将其对手推向极端,用冷战式思维将其认识和理解为二元对立、非此即彼的抉择。

我们可以回想,清代政府和知识分子主要从维护传统的角度来应对西方,在迫不得已下方才做出让步,有限地接纳西方,先是武器,而后是"洋务"实业,而后是立宪政体,而后是"赛(赛因斯)先生"与"德(德谟克拉西)先生",逐步走到"全盘西化"的极端。其后,面对20世纪的西方帝国主义和日本军国主义,部分人士则走上完全拒绝西方资本主义模式、完全拥抱反资本主义的马克思主义立场,最终导致完全计划化的经济体系和完全排外的"文化大革命"的极端。此后,随之而来的是改革、与国际接轨、大规模引进国际资本,并带有一切要以模仿美国为最优抉择的又一极端的强烈倾向。譬如,在农村政策方面,试图建立不符合中国实际的美国式的资本至上的"专业合作社",以及美国式的主要依赖资本投入和扶持、补贴规模化大农场——"龙头企业""大户"及成规模的"家庭农场"等,忽视了小农的主体性参与。

但是,在近十来年中,伴随中国悖论的(别的不说,仅共产党领导下的市场经济改革,便足够悖论了)举世瞩目的经济发展,中国逐步开始形成一种更为自信的思路，朝向更为宽广的综合中西的视野，并初步形成一种具有超越中西对立、市场经济和私有化与计划经济和公有化对立的非此即彼的选择，开启了超越性、远瞻性的愿景，并试图提出符合中国自身实际需要的发展方向的愿景，具有目光远大的综合中西的优点。

笔者已经撰文另述，新近的"一带一路"倡议和"愿想"①，正是具有那样的远见和宽广视野的初步尝试。它的愿想是超越目前超巨型（股市）资本霸权下的经济体系的设想，它提出的道路不同于资本主义历史中的方向——不是以建立霸权为主要目标，也不是以私有产权和凭借逐利价值观来推动经济发展，而是在更为宽阔的国际之间，也包括民间企业之间进行平等互利的交易。伴随这个基本设想而来的是迥异于霸权资本所追逐的单一营利最大化、股值最大化，以及占据/拥有供资本逐利使用的自然资源的目标。它是一个具备更长远目光的视野：为发展中国家提供贷款和资助来建设平等互利的市场所需的基础设施——现代化交通、能源和电子网络的连接，为的是长远发展的平等互利交易和市场经济。当然，部分也是为中国自身的基础设施产业（所具备的剩余产能）提供出路，并展示了对其自身这方面的"价廉物美"的自信，认为完全可以在世贸组织设定的平等互利、自由交易的规则下和其他国家竞争，为目的国提供具有市场竞争力的优越条件。其综合性设想则是一个没有股票资本霸权的共同发展的愿想。（黄宗智，2020b）

固然，在实际操作中，难免会有偏差。譬如，被缅甸廉价劳动力和有利投资条件吸引的长三角棉纺织私营企业，难免会违反对方的客观环境所要求的劳动保护和工资条件，导致对方工会的抗议、罢工和示威，最终只能妥协。又如在马来西亚欠发达的东部的铁路建设中，遇到其总理人选的更替，只能与新任总理马哈蒂尔重新谈判，重订基础设施建设条件。再如在印度尼西亚高铁建设过程中，遇到的"征地"情况远比中国困难，

---

① "愿想"是笔者新造的用词，目的是要比之前使用的"远瞻（性）愿景"和"远见""设想"等更简白精准地表达英语用词 vision 这方面的含义。（较详细的讨论见黄宗智，2020b）

其必须面对当地更稳固的私有产权,与当地政府合作妥协处理。事实是,在目前的(比之前要高度新自由主义法规化的)世界贸易条件下,只能通过交涉、谈判来适应当地客观情况,与帝国主义时期的西方凭强势支配发展中国家十分不同。(黄宗智,2020b)

即便是相对较为贫穷的非洲国家,一如李静君(Lee,2018)经过详细的实地调查,在关于中国对非洲投资的研究近作中所证实的,投资于赞比亚铜矿的中国国有企业,也展示了与西方私营资本主义企业不同的行为。它更多关注长期的发展和两国之间的关系,更多使用长期的和有劳动法保护的正规工人而不是临时工,更多地向所在国家的要求和当地劳动人民的诉求妥协,更展示了非单一霸权股市资本下的行动倾向。这里我们可以进一步指出,这是因为,在李静君说明的不同政策战略之外,我们还要认识到,相比去人性化的全球股票市场的资本霸权游戏规则下的私营企业,中国和其国有企业会更多考虑与所在地国家及人民的平等互利的长远目标。

如此,在"王道"的"仁"价值观(相对于霸道,或"理性"的无限"逐利"价值观)的主导下,中国对外发展贸易和经济关系的"一带一路"举措不可简单视作霸道权术的运作,更不能简单等同于西方自身历史中的帝国主义和殖民主义,或将其定义为如今受超巨型股票市场霸权支配的资本主义,而应当将其认识、理解为一个还在形成过程中的、有可能平衡甚或改组全球经济运作逻辑的远瞻性方针和政策。

参考文献:

Bialik, Kristen and Kristi Walker. 2019. "Organic Farming is on the rise in the U. S. ," https://www.pewresearch.org/fact-tank/2019/01/10/organic-farming-is-on-the-rise-in-the-u-s/.

Barboza, David. 2016. "How China Built 'iPhone City' With Billions in Perks for Apple's Partner, " *The New York Times*, Dec. 29, https://www.nytimes.com/2016/12/

29/technology/apple‑iphone‑china‑foxconn.html.

Business Roundtable 2019 "Statement on the Purpose of a Corporation, " https://opportunity. businessroundtable.org/ourcommitment.

Calabria, Mark. 2011. "Fanny, Freddie and the Sub-prime Mortgage Market, " *Cato Institute Briefing Papers*, no. 120, 1－16. https://www.cato.org/sites/cato.org/files/pubs/pdf/bp120.pdf, accessed May 1, 2020.

Chang, Hsin-pao (张馨保). 1964. *Commissioner Lin and the Opium War.* Cambridge, Mass.: Harvard University Press.

Friedman, Milton. 1970. "The Social Responsibility of Business is to Increase Its Profits." *The New York Times,* Sept. 13. http://www.umich.edu/~thecore/doc/Friedman.pdf, accessed May 17, 2020.

Hsü, Immanuel C. Y. (徐中约). 1960. *China's Entrance into the Family of Nations: The Diplomatic Phase, 1858－1880.* Cambridge, Mass.: Harvard University Press.

Lee, Ching Kwan. 2018. *The Specter of Global China. Politics, Labor, and Foreign Investment in Africa.* Chicago: University of Chicago Press.

Macdonald, James M., Penni Korb and Robert A. Hoppe. 2013. "Farm Size and the Organization of U. S. Crop Farming, " https://www.ers.usda.gov/webdocs/publications/45108/39359_err152.pdf?v=6445.7.

Marx, Karl. 1858. "Karl Marx in New York Daily Tribune, Articles on China, 1853－1860, " Sept. 20, 1858. https://www.marxists.org/archive/marx/works/1858/09/20.htm.

Maverick, J. B.. 2020. "How Big is theDerivativesMarket?" https://www.investopedia.com/ask/answers/052715/how‑big‑derivatives‑market.asp.

Piketty, Thomas C.. 2014. *Capital in the Twenty-first Century,* translated by Arthur Goldhammer. Cambridge, Mass.: Harvard University Press.

Royal, James. 2019. "Call Options, "https://www.bankrate.com/investing/what‑are‑call‑options‑learn‑basics‑buying‑selling/ accessed May 19, 2020.

Smith, Adam. 1976 [1776]. *An Inquiry in the Nature and Causes of the Wealth of*

Nations. Chicago: University of Chicago Press.

Washington Post. 2019. "Group of top CEOs says maximizingshareholder profits no longer can be the primary goal of corporations," August 19. https://www.washingtonpost.com/business/2019/08/19/lobbying-group-powerful-ceos-is-rethinking-how-it-defines-corporations-purpose.

Weatherill, Lorna. 1993. "The Meaning of Consumer Behavior in late Seventeenth-and Early Eighteenth-Century England," *Consumption and the World of Goods*, edited by John Brewer and Roy Porter, New York and London: Routledge.

第三次全国农业普查主要数据公报(2018):表4-7《农户主要耐用消费品拥有量》,http://www.stats.gov.cn/tjsj/zxfb/201807/t20180717_1610260.html(2019年查阅)。

黄宗智(2020a):《中国的新型小农经济:实践与理论》。桂林:广西师范大学出版社。

黄宗智(2020b):《中国的新综合性视野和远瞻性愿景:"一带一路"倡议与亚投行》。《学术月刊》第7期,第93—104页。

黄宗智(2019):《国家—市场—社会:中西国力现代化路径的不同》。《探索与争鸣》第11期,第42—56页。

黄宗智(2018):《怎样推进中国农产品纵向一体化物流的发展?——美国、中国和"东亚模式"的比较》。《开放时代》第1期,第151—165页。

黄宗智(2017):《中国的非正规经济再思考:一个来自社会经济史与法律史视角的导论》。《开放时代》第2期,第153—163页。

黄宗智(2016):《中国的隐性农业革命(1980—2010)——一个历史和比较的视野》。《开放时代》第2期,第11—35页。

黄宗智(2014):《明清以来的乡村社会经济变迁:历史、理论与现实》,第一卷《华北的小农经济与社会变迁》(1986),第二卷《长江三角洲的小农家庭与乡村发展》(1992),第三卷《超越左右:从实践历史探寻中国农村发展出路》(2009)。北京:法律出版社。

黄宗智(2010):《中国的隐性农业革命》。北京:法律出版社。

黄宗智(2002):《发展还是内卷? 十八世纪英国与中国——评彭慕兰〈大分

岔:欧洲、中国及现代世界经济的发展〉》。《历史研究》第 4 期,第 149—176 页。

刘石(2018):《中国有机农业发展的纠结》,http://blog.sina.com.cn/s/blog_5a3c6ad90102zhxx.html。

徐涤新、吴承明主编(1985):《中国资本主义发展史》第一卷《中国资本主义的萌芽》。北京:人民出版社。

Abstract: This article presents a simplified analysis of the history of capitalism, from its mercantilist to its classical liberal phase, then to social welfarist capitalism, and finally to a financialized and virtualized capitalism, to highlight the reality today of the hegemony of the stock market. These changes cannot be grasped through common conceptions that collapse the three dimensions of market economy, capitalism, and private ownership into a single, ideologized entity. We need to separate out the three dimensions, especially that of equal and mutually beneficial trade as a dynamic for economic development, from the others in order to grasp its full meaning. We can then compare it to China's very different history of market economy, to bring out the historical reality since about 1700 of unequal, unidirectional trade between city and countryside within China, and later also between foreign (imperialist) countries and China from the mid-19th century on. From such a perspective, we can better appreciate the full implications of China's most recent vision in its "belt and road" initiative for development through equal trade between China and other developing countries — a vision that actually accords well with Adam Smith's original one of equal and mutually beneficial trade between town and country, and also among nations. Finally, the article turns to explore a similar perspective for envisioning the revitalization of rural China.

Key words: mercantilist capitalism, industrial capitalism and imperialism, welfarist capitalism, neoliberal capitalism under the hegemony of the stock market, unidirectional urban-rural trade, revitalization of rural China

中国乡村振兴：历史回顾与前瞻愿想

黄宗智(中国人民大学法学院、美国加利福尼亚大学洛杉矶校区历史系)

内容摘要：本文聚焦于中共中央、国务院最近印发的《乡村振兴战略规划》，既指出其令人振奋的一面，也指出一些其所忽视的问题，从既是历史回顾也是前瞻愿想的角度来提出一些建设性的思考。文章对比中国与西方(特别是美国的乡村)间相关的经济、社会和法律历史的异同，特别突出中国乡村小农、社区、产权体系与合作传统在过去和现在的作用。据此，提出一些仍然被忽视的关于全球经济和法律的看法。最后，进入关于双方现今和未来趋向的论析和愿想的讨论。

关键词：小农经济和小农社区　相关产权法律和规则　合作社传统东亚模式　股市霸权下的资本主义

回顾中国数百年来的农村社会经济史，将其与西方，特别是美国的经验对比，我们既可以看到许多根本性的不同，也可以看到诸多可以借鉴西方的先例之处，尤其是中国在近 40 多年来引进了西方全球化的市场经济和伴之而来的法律体系的方方面面。本文的目的在借助历史和比较视野来探寻一条既有中国特殊性的，也是高度现代化的中国乡村振兴的道路，试图提出一些符合中国实际的前瞻性愿想和对发展道路的思考。它无疑既非纯粹是传统中国式的道路，也非完全模仿西方的道路，而是一个综合两者的超越性道路。

2018 年以来，乡村振兴已经成为国家的一个"战略规划"，要求在 2050 年达到全面更新中国乡村，彻底解决"三农问题"，并且中央明确指出，要"坚持农民主体地位，充分尊重农民意愿，切实发挥农民在乡村振兴中的主体作用，调动亿万农民的阶级性、主动性、创造性"，给予了中国小农前所未见的关注。（中共中央、国务院，2018，《乡村振兴战略规划（2018—2022 年）》：第二篇、第二节）特别使人振奋的是，曾经的将农村主要视作廉价劳动力的来源、将农民和农民工视作招引全球资本的筹码等（"非正规经济"——黄宗智，2020c），有可能将会逐步成为过去，国家有可能将迈向其长期以来一再明确申明的"共同致富"的目标。

本文既特别关注中国农村过去和现在与西方的不同，又关注应该借鉴西方的理论和实践的方方面面，以此来设想一个扎根于中国基本实际的道路和前瞻性愿想，重点在连接经验实际与新理论概括，探寻综合中西的超越性发展道路。毋庸说，也将针对一些学术界长期以来悬而未决的问题提出一些看法。

一、历史回顾

长期以来，在人多地少的基本国情之下，中国形成了稳定的以小规模家庭农场为主的农村经济，其也是以小农户紧密聚居的社区为主的农村社会体系。村庄多是亲族聚居的小社区，即便不是，也会借助拟亲族关系来组合其社区。那样的社会组织是与儒家道德理念紧密结合的，讲究的是人与人之间的和睦关系，以及"己所不欲，勿施于人"的"仁"的道德理念。两者的结合进而促成比较独特的社区调解惯习，形成一个庞大的"非正式"正义体系，与官方衙门执行的正规正义体系并存。而且经过两者间的互动，更形成了一个比较独特的非正规与正规两大体系互动组合的中间领域（笔者称作"第三领域"）。[黄宗智，2014a（2001）]此体系仍然存在，可见于如今社会纠纷处理中的三分天下的局面：在每年总数约 2500 万起的（有记录的）纠纷之中，有 2/5（约 1000 万）的纠纷是调解结案的。其中，将近 50% 仍然是通过社区调解结案的，15% 是经法院调解结案的,35%是由结合两者的第三领域体系(如基层司法服务单位、消费者协会和公安局)调解结案的。[①] (黄宗智,2016b:11,表1;亦见黄宗智,2020b)

"新大陆"的美国(以及大部分西方国家)则十分不同,在其相对地广人稀的基本国情之下,根本就没有类似中国这样小规模的农户农场,并且由于其农户农场间距离较远,也没有可能形成紧密聚居的村庄社区,更没有中国的主导性儒家道德理念。因此,也不可能形成像中国这样以社区为主的调解互让的非正式正义体系。西方的司法体系基本以官方的正式法庭和法律为主,谈不上类似中国这种程度的讲究人际亲和关系的调解制度,当然也更谈不上在其与正式法庭体系之间形成的半正式、半非正式的第三领域。[详细论证见黄宗智,2016b;亦见黄宗智2014b,第一卷(2001)、第三卷(2009):尤见第2章;黄宗智,2020b]

以上的基本差别更导致两国之间十分不同的农村土地所有制。中国固然长期以来一直都有相当稳定的土地(以家族为主的)"私有"产权(并且获得正式和非正式正义体系的认可和维护),但同时也具有相当稳定的社区所有财产,包括村庄的灌溉水道、水井、山地、山坡、林木、水面、(亲族或村庄的)坟地和祠堂、寺庙,以及20世纪初期以来的村办学校等。以上的传统可以视作中国建立革命根据地和建国初期所普遍确立的村庄合作与集体所有体系的部分历史根源。相对来说,中国农村会更容易接受社区共同所有的制度,此点与美国有一定的不同。

在改革时期大规模引进西方法律和法理之前,那样的产权制度也许可以被视作一种不成文的"普通规则",虽然未经逻辑化和法典化,但在民间仍然得到较普遍的认可和遵循。这里笔者有意避免英美传统"普通法"的表述和概括,因为后者多依据法庭判案的先例,不符合中国的历史实际。笔者也有意避免"习惯法"的表述,因为它混淆了被正规法律接纳的习惯(如诸子均分财产)与被其拒绝(如田面权)的习惯或不置可否的

---

① 2005—2009年的平均数据。

习惯(如亲邻优先购买权)。笔者还有意避免"乡规民约"的表述,因为它多未经成文或制订。笔者这里要表达的乃是人们认为是当然如此但又多未曾制订或成文的规则,但在民间实际上是得到广泛认可和遵循的,被认为当然应该如此。如此的普通规则可以视作中国农村社区的特点之一,即乃是源自其悠久的紧密聚居历史实际的一种未经成文表达的普通规则。那样的传统也是建立革命根据地和改革之前中国的合作化与集体化所依赖的部分历史根源。

二、革命时期边区的互助与合作

在革命时期,根据地的乡村相当普遍以村庄社区为单位来进行生产资料合作化的互助生产,用以解决村庄较大部分成员生产资料(土地、牲畜、肥料、劳力)不足的问题,并通过全村动员来进行一些村内外的水利和开荒等工程,而经过互助合作的工程,基本会被视作社区的共同所有。(李展硕,2021;高原,2018)虽然,当时并没有十分注意将其条文化为成文法规或乡规民约,但仍然应该被视作当代中国的互助组、合作社与集体化村庄的一个重要历史基础。

其来源、性质和中国传统法律中的"实用道德主义"精神及思维方式高度一致。"道德主义"是因为社区源自儒家思想中的道德理念,特别是"亲"与"和",强调家庭关系,进而包括亲族关系,更进而包括社区的亲族纽带与共同意识。[黄宗智,2014b,第1卷(2001)]"实用"则在于关注实际运作和可操作性的普通规则多于形式化逻辑或成文法规。而且,根据"和"的道德理念,更促成了长期以来以"和"为主导理念的社区调解纠纷的传统。从全球视野来看,它是中国正义体系至为关键的一大特点,也是受到"中华法系"深层影响的"东亚"国家(主要指日本、朝鲜、越南)正义体系传统中的一个主要特征。(黄宗智,2016b)它与中国传统正义体系思维高度一致,与现代西方法律(无论是大陆法还是普通法)都很不一样。

我们只有从这样的视角来认识，才能看到中国正义体系与西方之间的异同。中国的正式成文法律及其主要的正式基层施法机构——县衙门——与西方判案的法庭有一定的相似之处。虽然如此，它是由原则性/道德理念性的"律"和实用性的"例"共同组成的，在清代被非常系统清晰地表达为《大清律例》，与西方的形式逻辑化法典很不一样。其中的"例"，一直都因相应施法实践/经验而被改动、添加，而"律"则基本长期不变，由此形成了"律"与"例"的不同和组合。同时，它又具有根据长期以来紧密聚居的村庄中的不成文普通规则，尤其是涉及纠纷调解和全社区的共同"产权"等的不成文普通规则而长期延续和运作的特点。那样的非正式正义体系与正规衙门/法庭共同组成正义体系整体的不可或缺的两大部分，并在两者的互动之下，形成了一系列由双方的互动所组成的正式与非正式之间的巨大第三领域。三者共同形成了与西方古代和现代法律都十分不同的一个正义体系整体，并贯彻了其独特的（实质主义的）"实用道德主义"基本思维，与西方长期以来逐步形成的（形式主义的）高度逻辑化和抽象化的法律思维及传统很不一样。

即便是在经过 40 多年的改革和引进西方法律的现代中国，中西法律在实际运作层面上仍然具有上述的鲜明不同。中国式的调解在西方的正义体系中，仅是近几十年来产生的"另类"体系，主要由于其完全对立性的诉讼制度费用过高，但其在西方正义体系整体中的占比仍然十分有限（2%—4% 或更少），但在中国则仍然是其基本"特色"之一。（黄宗智，2016b；黄宗智，2014b，第一卷；黄宗智，2020b）

同时，中国对待产权的态度也和西方十分不同。不仅在其调解体系，也在其产权体系之中，特别是在社区产权的传统基础之上，通过 20世纪 50 年代的互助、合作化和集体化而最终被纳入计划经济的大框架中，成为在全国被广泛采用的制度。它是之前不言自明的普通规则的扩大，被与计划经济搭配而使用，在个人化私有产权更加根深蒂固和全面覆盖的现代西方,十分不可思议。

这样的历史背景也是改革以来"联产承包责任制"以及新法律法规下一家一户的"承包权"——即土地经营权——的部分历史起源。承包权的实施,虽然在理论上似乎模仿、迈向了西方式的个人私有产权制度,但实际上仍然是部分回归传统中被广泛认可的家族土地私有产权制度,而且在法律上,土地最终所有权(区别于经营权)仍然是社区"集体"所有。在实施中,则又同时继受另一传统——"普天之下,莫非王土",以及马克思主义关于生产资料社会主义公有的理论传统。这也就是说,土地仍然可以被国家按需要征用,而且没有国家的允许,村庄"集体"本身也不可以随便买卖土地。如此的产权制度可以表述为一种"混合"或"多元"产权体系,是和农户个体的部分土地产权("承包地权",即土地经营权)共存的。这便再次造成和西方十分不同的农用土地产权制度,迄今依然如此,不可被简单等同于现代西方那样的单一化私有产权制度,或被认作最终必须朝那个方向"发展"的制度。其社区组织及产权也如此。

三、美国农业合作社在矛盾法规下的演变

与此不同,美国的农业合作社是在根深蒂固的私有产权大环境中诞生的。其原先意图是组织小农场和农业的合作化,目的是为农耕者提供合作化的服务,包括合作购买生产资料,进行农产品加工、运输、销售,以及建立金融服务的信用社。其具有比较鲜明的服务小农场农民的目的,其精神直接体现于如今仍然存在的、名义上所有社员一人一票的规则。

但是,美国的合作社法规传统一直都没有完全接纳排除个人私有制的社区(或社团)所有制,一直坚持根本性的私有制不可或缺。因此,其合作社法理的极限乃是社员一人一票的规定(此点当然也与其政治制度相关),未能做到排除私有产权的合作或集体所有制度。正是由于那样的模棱两可的基本产权观念和法律框架,美国的合作社法规一直都没有

成为像中国革命以及计划经济时期那样的近乎绝对（虽然仍然有"自留地"）的社区所有制的集体制。在美国的合作社传统中，一开始便采用了社员合作与资本主义个人营利两者并存的原则，同时容纳部分源自社区合作的一人一票制度和绝对的私有产权的按资本投入量算股的两种原则，因此也为后来的演变埋下了伏笔。

在美国经济整体的全盘资本化和大企业化的大潮流下，原先的两种所有权——社团所有和个人所有——兼顾和并存的传统及意图越来越让位于私有资本化，即从由私有资本来支配的运作规则，迈向了由占资本份额最高最大者来支配合作社的运作，由资本占有额来分配盈利，或由所占销售额——实质上多由其资本投入额而定——来决定分配。虽然它们仍然在表面上（部分根据美国的自由民主主义政治体系理念）保留了名义上一人一票的规定，但实质上，在实际运作中并不如此，已经逐步成为由有限一家或数家大农场、大资本来控制合作社的运作和分配的制度。如今，在美国的"合作社"中，"合作"一定程度上已经成为一个虚名，实际上已经成为基本是在资本支配下的一个类似企业公司型的组织。在所有的合作社中，仅有少量的真正以社团共同所有的宗旨来主导分配的合作社，可谓是一种"另类"组织。总体来说，其不可避免的大趋势是越来越趋向一切以私有资本为主。（关于此演变在文化层面上的论析，尤见 Hogeland，2006。）

四、中国 2006 年农民专业合作社法律实施以来的虚拟合作

中国 2006 年的农民专业合作社法的逻辑、条文和运作模式都是模仿当时的美国。其实际操作层面上的不同主要在于，由更加强势的国家参与来推动，尤其是资金补助和税收减免，而美国则没有那样程度的国家参与。结果是出现了参差不齐的合作社，其中大部分主要是由私有资本支配的，对社员的所谓服务实际上乃是对资本的服务。因此，"合作"

也常有名无实,和美国的一样。有的则混合资本主义和小农社区合作两种不同原则。

笔者和其他论者曾经估计,当前的合作社可能仅有 20% 是"好的"、真正服务于小农户的合作社,但规模多是较小的,而大的合作社则多是假冒合作社的企业性私人资本,借此谋取国家补贴和税收优惠,它们所占比例可能达到约 30%,剩下的 50% 是两者性质皆有的合作社。(黄宗智,2015:21 及其后;刘老石,2010)虽然国家在 2017 年对合作社法进行了修订,但仍然保留了原先基本不符合中国实际的总体设想和主导框架,其背后仍然是不符合中国实际的美国模式。[《中华人民共和国农民专业合作社法(2017 修订)》]

实际上,中国仍然具有不少集体化时期遗留下来的制度性资源,迄今尚未被充分利用。一旦国家政策转向,它们足可成为新型合作化所可能借助的制度资源,包括集体产权、传统社区及社区共同利益的"共有"财产、村庄政权组织、村社的亲族纽带和拟亲族纽带等。最新的国家《乡村振兴战略规划》便明确指出如此的共有财产的实际(虽然,"规划"的部分设想的前景仍然仅是美国式的资金化和股金化,不是将其当作振兴农村社区和承继传统与革命时期的可用资源——《乡村振兴战略规划(2018—2022)》:第十三章,第三节)。其因为受到美国模式的深层影响,无视了中国的历史背景与现实实际。

更有可论者是在法律实际运作层面上,原来的中华法系中的关键性实用道德主义的基本精神仍然存在,仍然可以广泛见于引进的西方法律在中国的实际运作之中。此点可见于今天的正义体系的诸多方面:一是上面已经说明的,社区的民间调解结案在所有约 2500 万起案件中仍然占到约 20% 的比例(530 万);二是各种不同调解占到纠纷解决总数的约 40%(1000 万);三是正式与非正式之间的半正式司法机构(如基层法律服务所、消费者协会以及公安部门)所处理的纠纷,调解结案占到所有案件的约 25%(247 万)(以及所有纠纷中的约 40%);四是即便在正规和相对高度形式化的法院处理的 492 万起案件中，也有约 34%（168 万）是调解结案的。（黄宗智，2016b：11，表 1；黄宗智，2020b）可以看到，中国传统基于社区的非正式正义和半正式正义体系，在今天的正义体系整体中，仍然扮演着不可或缺的角色。我们绝对不可以用传统正义体系已经不复存在或必定将消失的绝对化视野来观察中国的正义体系，必须看到其中存在的仍然是关键性的中华法系传统因素，不可继续盲目试图模仿美国模式。

这里需要指出，最新的国家《乡村振兴战略规划》虽然明确地突出了长期被忽视的农民主体性，但却仍然没有关注村庄社区。其未经表达的基本观点仍然是村庄社区应该或只可能消失——显然再次是受到美国模式的深层影响。而且，在其关于"乡村文化"的规划中，显示了一定程度的城市中心主义，简单将城市等同于"科学文明"，乡村等同于欠缺"公民道德""社会公德""个人品德"等的落后区域，将其仅仅当作需要现代文明改造的对象（不然则将其视作观光旅游与好奇的对象）。（中共中央、国务院，2018：尤见第二十三章）在法律层面上，"规划"同样将乡村视作落后地带，将重点放在教育和增强其法律意识上面，包括"加强乡村人民调解组织建设，建立健全乡村调解"，完全没有对其长期以来的非正式调解正义体系传统的认识，表达的还是高高在上的城市"文明人士"对待"无知"的乡村人民的基本态度。（同上：第二十六章，第二节、第三节）虽然如此，上面我们已经看到，"规划"同时又前所未见地特别突出了农村人民的"主体地位"和"主动性、创造性"。显然，两种矛盾的态度和意见之间还存留一定的张力，还需要一个超越贯通的过程。

未来需要重新概括、设想合作社的基本性质，采用过去的合作历史经验，再次借助社区整合的历史和社会资源，再次借助社区中的人际人脉关系来建设共同体意识，培育公益化的道德理念来推动振兴农村社区的合作化运动。

一个重要的搭配措施可能将是，确立集体/社区产权也可以像建设用地、房产、基础设施那样成为国家金融机构所愿意接纳为贷款抵押的资产——譬如，作为村社信用社融资的抵押。那样的话，将赋予农村，特别是被忽视的最基层村庄小组，比目前的情况宽广得多的融资渠道。那样的话，应该能够赋予未来基于社区共同财产的合作社更为宽阔的发展道路，也可以激发更多由下而上的民众参与。

五、可资借鉴的东亚模式

与以上问题直接相关的是所谓的"东亚合作社模式"——一个由多个历史传统的偶合所促成的总体经验。表面看来，它似乎不符合逻辑，既非资本主义也非马克思主义，既非以资本为主也非以劳动为主，而是以村庄社区为主；既非以私有资本产权为主，也非以代表无产阶级的共产党政党—国家为主，而是以村庄社区为主；既非以资本主义+市场经济为主，也非以公有产权+计划经济为主，而是以社区+市场经济为主。这是它的特殊性，也是它的悖论性，更是它的成功秘诀。

对小农户来说，社区合作组织为其提供了基层合作化的多方面的服务：联同购买（有折扣的）农资，联同提供大市场经济环境中所需要的加工、运输、营销服务等。加上政府建设的大型现代化批发服务市场，包括冷冻服务、电子信息服务等一系列非营利性的新型"物流"服务性辅助，形成一个完整的高度现代化物流体系。借此，经合作社推进的农业发展成为整个经济体发展的至为关键性的第一步，进而促进相对较高程度的社会公平，避免了要么是高额的资本主义纯营利化的大商人+小商小贩所组成的收费物流体系，要么是低效的计划经济下的官僚化供销社的物流体系，进而推进了农村收入水平的提高，做到了远比中国今天要优越的社会公平度。（黄宗智，2015）国务院发展研究中心与美国著名智库兰德公司 2016 年发表的一份合作报告早已明确指出了此点。（Development Research Center，2016）

从法律层面上来考察，东亚合作社在日本的出发点乃是美国占领军司令部所主导的关于农业和村庄的新法律，他们在1945、1946、1952年陆续制定了《农地法》，规定农户耕地不可超过45亩，地租不可超过25%，外来资本不可购买农村土地。也就是说，凭借国家法律来给予小自耕农在日本乡村中的中心地位，借此基本消灭了地主经济。（固然，美国占领军司令部的几位设定立法蓝图的官员，他们还有确立自由民主政治制度的意图，其中也有误以为美国自身农业的基本单位将永远是所谓的"家庭农场"，没有预见到后来越来越强盛的高度资本主义化大农场。）（黄宗智，2015；Kurimoto，2004）

同时，这些人员也受到美国在经济大萧条后农业的复兴过程中，小农场合作社所起的重要作用的历史经验的启发。此点可见于这组官员中的一位人物科恩（Theodore Cohen）的回忆和叙述，直接反映于该书的总标题：重新塑造日本：作为（美国罗斯福总统下的）"新政"的美国占领（*Remaking Japan: the American Occupation as New Deal*）。他们将美国的占领视作在日本树立进步的美国型"新政"的契机，试图在日本建立自己心目中的理想进步社会和经济体系。（Cohen，1987）

此外，他们在1947年颁布《农业协同组合法》，勒令之前的基层地方政府将其所掌控的农业资源转交给基层农民和其社区合作社（General Headquarters，1945—1960），规定合作社必须为社员所有和管控，并为其利益服务，必须是农民完全自愿参与的组织，并且必须通过一人一票的方案来治理。之后，"农协"的理事长和理事成为民众广泛积极参与和激烈竞争的职位。其理事长身份在公众场合所具有的地位仅次于当地头号官员。其每年可以组织和领导合法的"米价运动"，推动该年拟定米价的政府举措，为农户争取最大的利益。（Moore，1990；黄宗智，2020a：280—290、481—487；亦见黄宗智，2015）

在此基础上，日本建立了扎根于村庄的合作组织，企图在日本建立他们心目中的理想的"新政"——民主社会和经济体系，由此奠定了日本之后几十年的农业和政治社会发展的基本框架。

其制度核心的形成在于以下一系列的特殊条件:一、合作社乃是当时政府认可和大力支持的高度自主组织;二、它完全是一个以服务社区农民为主旨的社团组织,并具有高度的合法性;三、它还是一个可以为村社农民提供金融服务的机构,其所组织的信用社可以接受社员的资金,可以贷款给农民,包括让农民低息赊购物品;四、合作社本身也可以向国家或私营金融机构贷款,具有合法的社团和所有权身份,并且在这些基层服务社的基础上,成立了全国性的"农林中央金库"(简称"农林中金")银行,其后发展成为全国六大银行之一。在这方面,其与中国由国家极其严格控制的金融制度形成鲜明对照。(Kurimoto,2004;黄宗智,2015:21—22;亦见黄宗智,2020a:280—290,481—487)①

另一关键因素是国家设立的服务性规模化农产品批发市场,包括对生鲜产品提供冷冻储藏设备和服务。这与中国的营利性批发市场不同,其目的是要为小农户提供高效廉价的完整的"纵向一体化"供应和销售链服务,并在基层的民间合作社之上设立全国化的、凭借市场机制来确定农产品价格的大型批发交易市场,借此来达到市场资源配置功能的最佳实现。(黄宗智,2018)

结果确实是人们意想不到的,在军国主义的灰烬之上,建立了一个确实是比较成功和民主的,也是高度经济现代化和发达的日本,更是一个社会分配相对公平、不见巨大城乡差别的政治经济体系。

东亚模式应被视作一个非自由主义也非马克思主义的、比较贴近特别关注村庄社区的、实质主义理论的、悖论的历史现象和模式。它绝不

---

① 一度在 1980 年代初期,美国 30 期国债债券居然达到 15% 年利的高额回报率,促使人们大规模投资美国国债。即便是今天,中国国家虽然已经允许并建立了私营企业体系的融资渠道,但一直尚未完全确立公益性的社团组织的融资渠道,仍然不允许逾越服务性(公益)社团与营利性私营企业之间的壁垒——因此杜绝了诸如美国、新加坡以及众多其他国家的慈善或教育基金的金融渠道。后者都可以借助金融市场来维持公益/服务基金的保值和增值,仅将增值部分用于公益,凭此来长期维持其服务于社会的活动。目前在中国,即便是国家自身设立的医保基金,仍然受到严格的限制,无法保值增值,亟须改革。(见郑秉文,2020)

排除私有产权,实际上是在以小自耕农为主的生产体系基础上建立的社区合作"纵向一体化"物流体系。它与土地承包制下的中国农村有一定的相似之处:限制了外来资本购买、垄断农村土地,树立稳定的以小农户为主体的农业经济体系。正因为如此,中国更特别需要协助小农场来应对大市场的合作体系,让社区综合性合作社("农协")成为小农户和大市场有效连接的关键性枢纽。那样的话,农村将不见萧条,农民不见贫穷(大家只需回想众多在全球各地常见的、由"农协"组织的日本农村大叔和大妈的热闹旅游团,便可以认识到日本"农协"对振兴农村所起的作用),农村社区仍然高度整合,从而真正振兴中国乡村。

六、法律和法理角度的思考

中国的联产承包责任制,作为史无前例的农村土地所有权的一个法律和实际运作体系,只可能是和现有所有经济学理论与法律体系不相符的一个体系。显然,它不符合自由主义的资本主义企业理论,也不符合马克思主义的计划经济理论。相对来说,它最符合实质主义的小农经济和小农社区理论,虽然也与其有一定的不同。它之所以最符合实质主义理论,首先是因为它的主体仍然是历来的小农户而不是自由主义理论中的资本主义农场主或农场工人,也不是马克思主义理论中计划经济下的工厂化大型国有和集体农场。它当然也与基于资本主义体系的形式法理体系不同,也与马克思主义预期和反对的雇工资本主义农场不同。它的主体是比较独特的,是中国长期以来具有最顽强生命力的小农户和由其组成的农村社区。

中国近几十年以来"三农"问题的部分肇因正是来自对以上基本实际的一些关键性认识偏差:采用的法律和组织方案多是引进的、不符合中国实际的方案。最突出的例子乃是2003年之后连续16年特别突出的要国家大力扶持"龙头企业"、大户和成规模的所谓"家庭农场"的政策,以及 2006 年颁布的《中华人民共和国农民专业合作社法》（2017 年修订），其完全是模仿美国的企业化农场和以专业而非农村社区为主的合作社法。上面我们已经看到，在缺乏紧密组合的农村社区的美国，在一切以资本主义企业化组织为主的美国型合作社框架下，近几十年已经完全从原先的为小家庭农场服务的合作社理念，转化为主要是公司化、企业化的实体。其一切以资本为主，要么是投资份额，要么是以营业比例为盈利分配的标准，完全失去了原先为小农场提供合作化服务的宗旨，继而完全融进一切以私有资本和其营业额为基本组织宗旨的宏观经济体系。

试图将那种资本主义的、不符中国国情的模式当作典范，导致了众多源自理论不附实际的后果，包括众多"假"合作社的现象，基本无视小农农户的利益。其所采纳的典范一开始便被不符实际地设定为美国，而其实际运作则在中国被体现为尽可能谋得（如今已经成为乡村基层最主要的资金来源的）国家资助，用各种各样的名目来将自己虚拟为"合作"机构，为的是获得国家下拨的资金以及税收优惠（有的当然还附带着某些灰色收入）。因此，中国需要根本性地重新考虑这方面的政策，不是要完全撤回之前的进路和其所积累的一些有限成效，而是要采纳另一种基于农民和其社区主体性和合作性，可以带动村民广泛由下而上参与的、真正是中国式的合作社。

七、全球化市场经济视野中的中国乡村振兴

笔者过去已经详细论证，在之前的中国农村，城乡贸易实际上十分有限，主要是单向的，由农村输出优质农产品（最主要的是优质粮食和棉花—纱—布以及肉、禽、鱼）给城市，农村从城镇购买的仅是一些很有限但必需的小产品，如糖、盐、食油、酱油、火油等，在其购买产品的总价值中才占到 10%—20%。而城市所购买的主要物品乃是粮食和棉纱、棉

布,在其所有购买品的大宗中约占 80%。以上是满铁在 1930 年代后期对华北和江南地区村庄所进行的详细精准的实地调查所证明的情况。[黄宗智,2014b(1992):77—92,尤见表 5.4、6.2、6.3、6.4、6.6;亦见黄宗智,2021;黄宗智 2020a]这些事实所说明的是,农村商品经济的组成,最主要是余粮农户和余棉农户间的交换,一如中国一整代的优秀经济史大家们(特别是来自工商管理部门的吴承明)所详细论证的那样。(徐涤新、吴承明主编,1985)

这就和亚当·斯密观察到和总结的 18 世纪英国蓬勃发展的城乡双向贸易十分不同。斯密观察到的农村正处于 18 世纪农业革命后期——在一个世纪中,农业总产值在农业劳动力人数基本不变的条件下增加了约一倍;同时,现代型的制造业也已经兴起。经济史研究者已经根据大量的遗嘱记录而证明,当时的英国农村相当广泛地从城市购买产品,诸如镜子、油画、书籍、钟表、台布及银器等,(Weatherhill,1993;尤见 219—220,表 10.2 及 10.4)说明农村食品和城镇制造品间的双向交易已经达到一定的规模。那正是斯密概括的(不仅是地区和国家间的,也是城乡间的)平等互利双向贸易的经验基础。从已经进入资本主义经济发展的英国来看,中国同时期到人民共和国建立前夕的市场,乃是个"畸形"单向的市场。那主要是由于中国乡村的贫穷,未曾经历英国那样的农业革命。在中国所见的主要是相反的越来越显著的城乡差别(和单向贸易),后来成为中国革命所至为关心的经济社会问题之一。

因此,中国并没有进入斯密基于(国内)城乡贸易(和地区与国际间的贸易)所概括出的根本性演变和原理:如果甲地(由于其资源禀赋的比较优势)能以较低的成本生产产品 A,而乙地能同样以低成本生产 B 产品,两地交换无疑是对双方都有利的。多边的贸易当然更是如此。在这个基本洞见之上,斯密更概括出,如此的贸易将会推进社会分工,进而导致劳动生产率的大规模上升(其所开宗明义引用的乃是:由单一个人生产一枚针,可能一天都完不成一枚;但由十个人分工合作,一天足可生产

48000 枚针——那是他观察到的实际,当然也是新兴城镇制造业的至为原始的实例和概括)。[Smith,1976(1776)]但那样的变化完全没有在18 世纪的中国出现,直到 20 世纪 30 年代仍然基本如此。[黄宗智,2014b(1992)、2020a;亦见黄宗智,2021]

如今,中国的小农经济当然不再简单是前工业化的经济体系,中国的农民也不再是其帝国晚期单向城乡贸易体系下生活于生存边界的小农,而是一个个越来越与城市商品/市场紧密相连的小农。现在不仅有相当部分的农产品进入城市的大市场,也有一定比例的城镇产品被农村人民消费。

笔者已经详细论证 1980 年代以来的"新农业"革命的兴起,导致许许多多小农户从相对低值的农业生产转入"资本和劳动双密集"的高附加值新农业——主要是肉、禽、鱼和高档高值菜果的生产,到 2010 年其已经占到农林牧渔总产值的 2/3(耕地的 1/3),一定程度上形成一个"隐性农业革命"。之所以说是"隐性"的,是因为它不像过去的农业革命主要来自某几种产品生产率的提高,而是来自全国(伴随经济发展而来的)范围内人们食品消费的转型以及伴之而来的农业生产结构的转变。(黄宗智,2016a;黄宗智,2010)伴随那样的演变而来的是农村人民收入一定幅度的提高(虽然仍然相去城镇水平较远)和一定程度的对更多城市产品的消费。

未来这些方面显然还有较大的发展空间。目前,中国高附加值农业中的菜果种植占到总耕地面积的 18.9% 和农产品总产值的 26.7%,已经是不错的成绩。但是,相比美国的高值菜果农业则相形见绌,后者仅用总耕地面积的 3.6% 就使菜果生产占到农业总产值的 36.8%。而中国的菜果产值对其所使用的耕地面积的比例才 141%,美国则达到 1022%,相比之下,中国的菜果农业所占经济地位显然还去之很远,还具有较大的发展空间。(黄宗智,2020a:331;Macdonald et al.,2013:表 1)此外,中国的有机农业虽然已经占到全球市场总额的 6%,但相比美国的 47% 和欧

盟的37%,同样还去之很远,同样仍然具有较大的发展空间。(刘石,2018)

同时,农村也越来越多地消费城市的工业产品。根据最新的2016年第三次全国农业普查得出的数据,如今中国能用手机上网的农户占比为48%,用电脑上网的为32%,也显然还有较大的发展空间。目前,中国农村拥有私人小汽车的农户占比为24.8%,相比美国每100人便有77辆汽车,当然也有较大的发展空间。(第三次全国农业普查主要数据公报,2018:表4-7)此外,彩电、冰箱和各种各样的家电产品,也都还有一定的发展空间。这就和当代之前的农村十分不同:之前的商品化主要是单向的由城市从农村榨取优质消费品(高档棉花和蚕丝产品、高档肉禽鱼、细粮);但如今(改革以来)则不然,已经有了一定程度的城乡双向贸易。

此外,目前仍然仅有不到一半(47.5%)的行政村具有超过50平方米面积的商店或"小超市"(同上:表3-6),而且,在所有的行政村中,仅25.1%具有电子商务配送站点(同上:表3-2)。电子商业当然也有很大的发展空间。

往前看未来,一方面,小农户仍然将长期存在,另一方面,小农户将面对越来越多样的城市及全球制造业和信息产业产品。正因为如此,我们需要在实践和理论层面上不断地试图形成新的设想和概括,不能限于现有的理论,也不能局限于任何历史经验的先例,而是需要一方面是脚踏实地的历史视野,另一方面是关于未来的远大设想;一方面是中国具有悠久历史的农村社区传承,另一方面是可资借鉴的国际经验(包括与中国比较相似而又有一定不同的"东亚"经验);一方面是中国自身的独特经验和理论,另一方面是外国的经验和理论。

笔者已经论证,东亚模式中为农户提供现代化的纵向一体化服务的综合性合作社,能够帮助农村更好地连接大市场,保留更高比例的农产品价值,进而缩小农村与城市、农户与市民间的显著差别。它也会维护和振兴中国的农村社区。

中国应采用"一带一路"倡议中凭借基础设施建设来推动国际间的平等互利贸易,借以促进双方共同发展的方法;也应将那样的远大愿想用于中国自身,来推进城乡双向平等互利贸易。譬如,目前中国的道路体系基本仍然只通达行政村(村委所在地),未能渗透自然村(村小组在地)和各家各户,如果能做到(自然)村村户户通路的话,将会促进农村进一步的经济发展并缩小城乡差别,(亦见黄宗智,2021)使农民能够购买更多的城镇产品,同时又推进农村生产更多、更高值的农产品,包括出口产品。毋庸说,那样的乡村振兴也将会为中国的制造业和信息产业创建更大更宽广的国内市场和更可持续的经济发展。

八、超越性的愿想

西方资本主义经济,在经历了五个多世纪的演变后,已经与传统资本主义迥然不同。它从原来为了增强自身与别的新兴民族国家的竞争力和战争中的国力而兴起的重商资本主义,转化为后来的工业资本主义+帝国主义/殖民主义体系,但偏偏又将其虚构为意识形态化的自由主义理念中的无为国家和个人权利最大化。其中的悖论矛盾实际早已被马克思在 19 世纪中叶系统和细致地批评过,其洞见后来更成为俄国、中国和越南等国家革命的指导思想。同时,资本主义本身也在 1929—1933 年的经济大萧条之后,被改革为一个相当高度福利化的体系。但是再其后,当资本主义体系于 1970 年代再次出现经济危机(滞涨)之后,古典资本主义卷土重来,形成"新自由主义"意识形态进而推动了大规模的去福利化。并且,资本主义经济逐步转化为越来越由一个高度股市化和虚拟化的超巨型股票市场所支配的体系,并凭借全球化而渗透到世界每一个角落。在过去的半个多世纪中,在美国的超级军事和财政实力的护卫和推广之下,它已经成为一个在全球占到绝对霸权的体系。(黄宗智,2021)

如今,它的运行逻辑已经和过去的几个不同的资本主义演变阶段十分不同。支配全球的数百家巨型跨国公司已经不再是旧式的、由数百人的大资本家和公司掌控及支配的无限逐利公司,而是新的完全去人性化的超巨型股票市场。支配全球的已经不再是有名有姓的大资本家个人,而是一个高度数据化和半虚拟化的股票市场。企业管理者不再是个别的大资本家,而是金融工具,特别是股票。企业管理者真正的"老板"已经不再是一个个股东,而是股票/股值和从其衍生的金融产品,它已经成为一个没有面目的股票基金和指数基金,也包括由其衍生的凭借高杠杆作用营利的股票市场投机者所组成的、为广大对冲基金和股票期货等赌博型基金所摆布的体系。正因为如此,其运作逻辑要远比传统资本家更去人性化,与实际管理者和投资者都相去较远,成为一个无人性、人情可言的"客观""游戏规则"。正因为如此,它要比传统的、过去的资本主义体系更极端无情地无限逐利(譬如,尽可能垄断关乎生死药物的霸权,将其价格尽可能提高,借此来提高其利润率,最终目的是提高其公司股票市值)。伴之而来的是1970年代以来越来越明显和大规模的去福利化趋势,同时又返回到脱离实际的古典自由主义理论中的单一化、理想化的意识形态建构,即市场竞争必定会导致资源的最佳配置以及保证最大多数人的利益,因此不需要考虑到职工福利等无关要紧的措施。(黄宗智,2021)

面对那样的一个全球经济和法律体系,中国正在试图走出一条比较独特的道路,初步清晰地体现于其"一带一路"的倡议和愿想。它基本拒绝一个股市霸权下的全球化的资本主义体系。它要求仅采纳斯密原来的最基本洞见,即平等互利的贸易乃是经济发展的基本动力,能够推进贸易双方或多方的经济发展;同时也纳入斯密的第二大洞见,即如此的贸易会推进社会和地区分工以及生产率的提高,促进贸易双方的经济发展。该倡议进而借鉴中国自身的经验,认为基础设施建设乃是最佳的推进这样的市场经济发展的方法和道路。此外,去掉了其余的自由主义和新自由主义虚构的意识形态,诸如作为帝国主义说辞的其他方方面面,包括"无为的国家"和"造福全民"等虚构,也包括其越来越去人性化的股票市场的运作逻辑和游戏规则。(黄宗智,2021)

中国不接纳目前的股市霸权下的资本主义体系,当然也拒绝其前的剥削性帝国主义,以及更早以前的以国际战争为主要目的的重商主义。它不接纳资本主义的无限逐利逻辑,而要求源自儒家道德观念的"仁"的王道,区别于专横的"霸道"的理念,要求国际间迈向"平等互利"与"不争霸"的"和"价值理念的方向。(黄宗智,2020d)

如今,中国更明确提出了"乡村振兴"的"战略规划",要求在2050年完成其愿想。其目标是实现"仁"治,更是实现"最广大人民的根本利益"的共产党治理理念。也可以说,等于是将农民也纳入一个与其"一带一路"倡议及愿想类似的国际关系框架和道路之中。真正实现的话,应该会促使农村人民收入有一定规模的提升、中国的"国内市场"/"内需"的再次扩大,以及中国经济更可持续的发展。同时,也可能将为我们展示一条改组目前全球股市霸权下的市场经济秩序的道路。

至于对目前仍然掌控全球金融、经济、法律和军事霸权的美国来说,也许最理想的未来乃是重新思考其凶恶的无穷逐利帝国主义、霸权主义的一面,承继亚当·斯密的两大真正洞见,摆脱霸权追求,更完全地继受其优良的真正自由民主理念传统,探寻造福其自身和全球的大多数人民的道路。在最近四年,前者非常具体地体现于一位无限逐利和极其霸道的特朗普总统,这已经促使美国越来越多的明智和进步人士对国家的根本性质及走向进行深层反思,而且其大多数的人民,尤其是新一代的青年,都已经看到深层改革的紧迫必要。对全球的人类来说,最理想的未来愿景是中美双方都在较崇高的道德理念下,协同友好地发展,撇开其相互敌视的一面,真正造福全人类。

参考文献：

Bialik, Kristen and Kristi Walker. 2019. "Organic Farming is on the rise in the U. S." https://www.pewresearch.org/fact‑tank/2019/01/10/organic‑farming‑is‑on‑the‑rise‑in‑the‑u‑s/.

Cohen, Theodore. 1987. *Remaking Japan: The American Occupation as New Deal*, New York: Free Press.

Development Research Center of the State Council of the People's Republic of China. 2016. "Improving Logistics for Perishable Agricultural Products in the People's Republic of China," Manila, Philippines: Asian Development Bank.

General Headquarters, Supreme Commander of Allied Powers. *History of the Non-military Activities of the Occupation of Japan, V. XI*, Agricultural Cooperatives (1945 through December 1960) (available at the University of Virginia Library, in micofilm).

Hogeland, Julie A.. 2006. "The Economic Culture of U. S. Agricultural Cooperatives," *Culture and Agriculture*, v. 28, no. 2: 67‑79. http://web.missouri.edu/~cookml/AE4972/Hogeland.pdf.

Kurimoto, Akira. 2004. "Agricultural Cooperatives in Japan: An Institutional Approach," *Journal of Rural Cooperation*, v. 32, no. 2: 111‑118.

Macdonald, James M., Penni Korb and Robert A. Hoppe. 2013. "Farm Size and the Organization of U. S. Crop Farming," https://www.ers.usda.gov/webdocs/publications/45108/39359_err152.pdf?v=6445.7.

Marx, Karl. 1858. "Karl Marx in New York Daily Tribune, Articles on China, 1853‑1860," Sept. 20, 1858. https://www.marxists.org/archive/marx/works/1858/09/20.htm.

Maverick, J. B.. 2020. "How Big is the Derivatives Market?" https://www.investopedia.com/ask/answers/052715/how‑big‑derivatives‑market.asp.

Moore, Richard H.. 1990. *Japanese Agriculture: Patterns of Rural Development*, Boulder, Colorado: Westview Press.

Royal, James. 2019. "Call Options."https://www.bankrate.com/investing/what-are-call-options-learn-basics-buying-selling/ accessed May 19, 2020.

Smith, Adam. 1976 [1776]. *An Inquiry in the Nature and Causes of the Wealth of Nations*. Chicago: University of Chicago Press.

Weatherill, Lorna. 1993. "The Meaning of Consumer Behavior in late Seventeenth-and Early Eighteenth-Century England," in *Consumption and the World of Goods*, edited by John Brewer and Roy Porter, New York and London: Routledge.

第三次全国农业普查主要数据公报(2018):表4-7《农户主要耐用消费品拥有量》。

高原(2018):《工业化与中国农业的发展,1949—1985》。《中国乡村研究》第14辑,第196—217页,福州:福建教育出版社。

黄宗智(2021):《探寻没有股市霸权的市场经济发展道路——兼及振兴中国乡村问题》。《中国乡村研究》第16辑,桂林:广西师范大学出版社。

黄宗智(2020a):《中国的新型小农经济:实践与理论》。桂林:广西师范大学出版社。

黄宗智(2020b):《中国的新型正义体系:实践与理论》。桂林:广西师范大学出版社。

黄宗智(2020c):《中国的新型非正规经济:实践与理论》。桂林:广西师范大学出版社。

黄宗智(2020d):《中国的新综合性视野和远瞻性愿景:"一带一路"倡议与亚投行》。《学术月刊》第7期,第93—104页。

黄宗智(2019):《国家—市场—社会:中西国力现代化路径的不同》。《探索与争鸣》第11期,第42—56页。

黄宗智(2018):《怎样推进中国农产品纵向一体化物流的发展?——美国、中国和"东亚模式"的比较》。《开放时代》第1期,第151—165页。

黄宗智(2016a):《中国的隐性农业革命(1980—2010)——一个历史和比较的视野》。《开放时代》第2期,第11—35页。

黄宗智,(2016b):《中国古今的民、刑事正义体系——全球视野下的中华法系》。《法学家》第1期,第1—27页。

黄宗智（2015）：《农业合作化路径选择的两大盲点：东亚农业合作化历史经验的启示》。《开放时代》第5期，第18—35页。

黄宗智（2014a）：《明清以来的乡村社会经济变迁：历史、理论与现实》，第一卷《华北的小农经济与社会变迁》（1986），第二卷《长江三角洲的小农家庭与乡村发展》（1992），第三卷《超越左右：从实践历史探寻中国农村发展出路》（2009）。北京：法律出版社。

黄宗智（2014b）：《清代以来民事法律的表达与实践：历史、理论与现实》，第一卷《清代的法律、社会与文化：民法的表达与实践》（2001），第二卷《法典、习俗与司法实践：清代与民国的比较》（2003），第三卷《过去和现在：中国民事法律实践的探索》。北京：法律出版社。

黄宗智（2010）：《中国的隐性农业革命》。北京：法律出版社。

李展硕（2021）：《互助的运行机制和效果——陕甘宁边区互助实践的研究》，《中国乡村研究》第16辑。桂林：广西师范大学出版社。

刘老石（2010）：《合作社实践与本土评价标准》。《开放时代》第12期，第53—67页。

刘石（2018）：《中国有机农业发展的纠结》，http://blog.sina.com.cn/s/blog_5a3c6ad90102zhxx.，ml。

徐涤新、吴承明主编（1985）：《中国资本主义发展史》第一卷《中国资本主义的萌芽》。北京：人民出版社。

中共中央、国务院（2018）：《乡村振兴战略规划（2018—2022）》，http://www.gov.cn/zhengce/2018-09/26/content_5325534.htm。

郑秉文（2020）：《两万亿基本医保基金只获低收益，该如何保值增值》，https://finance.sina.com.cn/roll/2020-06-10/doc-iircuyvi7802782.shtml。

《中华人民共和国农民专业合作社法》（2017修订），https://duxiaofa.baidu.com/detail？searchType＝statute&from＝aladdin_28231&originquery＝%E5%86%9C%E6%B0%91%E4%B8%93%E4%B8%9A%E5%90%88%E4%BD%9C%E7%A4%BE%E6%B3%95&count＝74&cid＝c9fac513ba20cba51bd4e0354d8dc82c_law。

Reinvgorating Rural China: Historical Retrospect and Prospective Vision

Abstract: This article focusses on the recent "StrategicPlan for Reinvigorating Rural China" issued by the Party Central cum the State Council of China, pointing out both its exciting aspects and also some overlooked issues, from both a retrospective historical perspective and a prospective view of visions, to offer some constructive considerations. The article compares rural China with the rural West, especially the United States, and their related economic, social, and legal historical differences and similarities, highlighting especially the role of small peasant farms, of rural communities, of differential property rights and common rules, and of cooperation in China. On that basis, the article makes some suggestions about globalized economic and legal issues, ending with a discussion of the recent and prospective future directions of the two countries.

Key words: peasant economy and peasant communities, related laws and common rules, the cooperative traditions, the East Asian model, capitalism under the hegemony of the stock market

"集体产权"改革与农村社区振兴

黄宗智(中国人民大学法学院、美国加利福尼亚大学洛杉矶校区历史系)

内容摘要:"集体产权"改革是 2014 年以来由原农业部发起、中央支持下的农村产权改革,需要和过去集体所有的联产承包责任制中的改革区别开来,包括其中的耕地转建设用地的改革。新一轮改革的标的主要在过去未经明确的其他农村非耕地"集体产权",尤其是荒地、林地、水面、山坡等集体产权的"清产核资",据此建立"农民经济合作社",为的是振兴农村社区,为其"产权"建立"入市"的基础。到 2020 年,改革已经"全面推开",覆盖全国 81.6% 的行政村。但其配套政策,如中央的专项资助、社区的法律身份、融资政策等方面,都尚待在实践之中进一步明确。无可怀疑的是,这个新一轮改革附带着给予迄今基本被忽视的农村社区重新振兴的可能,使其或许能够为乡村振兴的国家大战略起重要的辅助性作用。本文从回顾与前瞻的角度,梳理其迄今的发展并展望其未来的可能发展型式。

关键词:"集体产权"今昔 普通规则和正式法律 社团还是合作社或集体企业 保值增值和融资问题 前瞻演变

长期以来,村庄社区产权一直都处于一种"普通规则"——即未成文但被人民所广泛遵循——的状态。譬如,村庄的荒地、山坡、林地、水面、庙宇,乃至于水井、道路、灌溉渠道、坟地等都是如此。在革命根据地时期,互助合作组织的耕牛和农具便属于合作社所有,虽然少有成文规范者。(梅德平,2004)在一定程度上,这样的传统更成为计划经济时期村庄耕地的集体所有制度的部分起源。直到改革时期的联产承包责任制建立之后,将耕地的经营权明确出让给个体农户(但理论上仍然为集体所有,而且土地买卖必须经过国家允许),但许多其他的非耕地产权则一直处于未经正式规定的状态之中。

在那种普通规则下的"产权",当然不该与成文的形式化法律相提并论。它也不该被概括为一种英美传统的"普通法",这是由于"普通法"传统依据的主要是过去的判例,并不符合中国历史实际。至于有的学者所用的"习惯法"范畴,其实也不合适,因为"习惯法"是个十分含糊的范畴,譬如用于清代,它不能区分被国家法律采纳的习惯(如诸子均分家产)、被国家法律不置可否的习惯(如亲邻先买权)、以及被国家法律明确拒绝的习惯(如田面权)。据此,笔者认为,关于未经明确表达的村庄社区产权的最恰当的表述乃是"普通规则"。(黄宗智,2021b)

正是那些未经正规化的普通规则中的社区集体产权,才是新一轮集体产权改革的主要标的。在市场经济的大环境下,其目的是要探寻(已经相当高度正规化的)耕地之外的可能生财产权,探寻能够在国家已经确立的"乡村振兴"大目标之下所能够起到作用的"集体产权"。它与过去的不同在于,要求将过去处于这些普通规则中的非正式产权正式化,使其能够"入市"——在市场经济中起到生财的作用,借之来推进乡村振兴的国家大战略目标。

我们需要清楚区别此"集体产权"与过去涉及源自耕地及其转为建设用地中的"集体产权"的不同。过去的学术研究关注最多的"集体产权"其实主要是极其快速增值的耕地转城市"建设用地",即农村土地转城镇建设用地中的土地,基本仅涉及城中村或城郊村。那是容易理解的,因为它涉及的利益远远超过历史上的一般农地,唯有城市(经过国家批准的)建设用地才会有那样上十倍、百倍幅度的增值。过去的研究多聚焦于那样的"集体产权",包括其在实际运作中所形成的分别到户的农耕承包地产权,包括其所使用的在转化为建设用地过程中所形成的"股份"制度。但如今的新一轮的"集体产权改革"，虽然其用词/话语和之前的基本一致，但所指的重点其实已经转移到尚未确权的集体产权。读者如果通过"集体产权"在知网搜索便会发现，现有文献大部分关注的还是城市化中耕地转建设用地的现象和内容，不是新近形成的"集体产权改革"一词所指的主要实际内容。

我们需要从清楚区分两者出发，而不是依赖引进的不符合中国实际的西方产权理论来认识它们。引进的那些理论，特别是科斯、诺斯等的（新）制度经济学理论，乃是产生于具有完全私有化的产权和极其高度市场化经济的客观条件中的概括，争论清晰的私有产权乃是降低市场经济交易中的"交易成本"的必需条件，借此才可能达到资源的最佳配置——其目的在澄清已经存在的制度的运作机制。但中国的客观环境乃是一个尚在形成过程中的市场经济和来自过去的多元、复杂的产权传统，与英美国家的客观情况截然不同。借助制度经济学那样的不符合中国实际的理论前提来认识中国的过去和现状，只会得到结论先行的论析，也会完全混淆中国的实际，并混淆新一轮中国的"集体产权改革"变化的实际内容，导致更多的误解。

一、新一轮集体产权改革的实际内容

新一轮改革主要在 2014 年兴起，其原始设想可见于该年由农业部农村经济体制与经营管理司印发的《积极发展农民股份合作赋予农民对集体资产股份权能改革试点方案》。文件提出："改革的集体资产范围包括集体所有的耕地、林地、草地、山岭、荒地、滩涂等资源性资产，用于经营的房屋、建筑物、机械设备等经营性资产，以及用于农村教育、文化、卫生等公益事业的非经营性资产。"（农经发〔2014〕）那是其初始阶段的笼统概括，包含耕地转建设用地的"集体产权"，与后来在进行新一轮改革中所形成的更明确的实际标的有一定的差异和距离。

虽然如此,其所提倡的要明确"集体产权"的大目标得到了中央的支持,获准要"有序推进"(中共中央、国务院,2016),之后进展极快。翌年,已经明确在 29 个县(市、区)进行试点,2017 年扩大到 100 个县的第二批的试点,2018 年更扩大到 3 个省份 150 个县的第三批试点,2019 年扩大到 12 个省份 163 个县的第四批试点,2020 年更在中央一号文件中被确定要"全面推开"。(郭晓鸣、王蔷,2020:54)

伴随推广,其所真正关注的实际内容已经被逐步明确,不再像原先那么笼统和模糊。由于集体所有耕地早在联产承包责任制改革中便已被明确,其经营权早已被赋予农户(虽然理论上其所有权仍为"集体"所有),如今所谓的"集体产权"改革的实践所指并不主要是耕地或其中被转化为建设用地方面的产权,而主要是产权未经明确成文的"普通规则"规定的集体社区财产。在试点过程中所要求填报的"清产核资报表"所指的主要乃是那些未经明确清产和未经明确核资的集体资产。到 2019年,在全国的行政村中,已经有 81.6% 完成了填报,其中年经营收益超过5 万元的村接近 30%,有 15 万个行政村(即所有行政村中的不止四分之一)完成了"股份合作制改革","年人均分红 315 元"。(农业农村部,2019)仅根据这个"年人均分红 315 元"的数字便可以得知,这里所讲的大都不包括耕地,而主要是新近明确清产时那些不清楚的、但在过去的普通规则中被视作理所当然的"集体产权"。(农业农村部,2019)

我们可以借助一些研究者所提供的具体案例来进一步明确新集体产权改革所指的具体内容。譬如,孔祥智的调查报告所给出的几个实例。在贵州西部六盘水市,闲置耕地、林地、荒山、池塘、场地等"四荒地"共约 8.2 万亩(相比 16.5 万亩的耕地)。其中,盘县淤泥乡岩博村集聚了1480 亩林场地,筹资成立矸石砖厂、小锅酒厂、火腿加工厂,到 2014 年,集体分红 380 万元。另外,在六枝特区堕却乡朗树根村,有 20 户村民将其(从本村)所承包的 2512 亩荒山草坡投入某公司经营核桃产业,每户收入增长 5 万元。当然,这些是个别的、比较突出的高值例子。又譬如,在山东东平县梯门镇西沟流村,村民将 1000 亩荒山招商引资,发展有机樱桃、石榴,每亩入股增收 200 多元。同县的彭集街道后围村用"四荒地"经营苗木花卉,户均分红 450 元。(孔祥智,2020:36)

根据已有的填报表,年"集体产权"经营型收益超过 5 万元的村庄仅接近全国村庄总数的 30%,其余都在 5 万元之下。显然,其不包括一般耕地,大多仅包含过去未经明确的诸如上述的集体产权。要进一步发展这些当前价值仍然相对较小的集体产权,许多村庄需要联合起来集资,做大规模,才有可能真正起到乡村振兴的经济作用。譬如,彭晓鸣等根据在四川省彭州市小鱼洞镇的调研指出,一种可行模式是以乡镇(而不是行政村)为"集体经济联营"的依据,聚集十个村庄的"股份经济合作社"来组成一个"联合社",由每五户组成一个"互助小组",选一名互助代表,再由每五名"互助代表"选出一位"联助代表",凭借如此的三级组织上达乡镇。这样,虽然不是仅以个别行政村或村小组的人际关系为依据,但仍然是具有"熟人社会"的"声誉机制"和"信任机制"的"联合经营"。在小鱼洞镇的案例中,如此联合起来的十个村庄社区,共同委托一个专业公司来代理其集体产权的经营。伴随那样的"集体产权改革",该镇居然在 2018 年做到 560 万元的总收入,达到 10 个村庄中相当可观的 20119 元的人均可支配收入。据此,彭等提出要以此为未来的"集体产权改革"发展模式。(彭晓鸣、张耀文、马少春,2019)

二、展望未来

以上论述说明的是,一方面,新型的"集体产权改革"的之前未曾明确的"清产明资"已在 2014 到 2020 年的短短六年之中,从"试点"达到"全面推开"的程度,已经在全国 81.6%的行政村中完成。但同时,这仍然仅是一个起始的铺垫工作,目前所附带给大部分村庄的增收还比较有限。而且,目前国家尚未大规模设立专项的资金来推进、协助这方面的集体产权的进一步发展,许多政策方面的可能措施也尚未明确。

虽然如此,它显然具有较大的潜力。国家改革和确立村庄社区这方面的集体产权一定程度上使我们联想到之前的联产承包责任制——那是一个潜力巨大的赋权、赋能给个别小农户的改革,让他们可以分别在新兴的市场经济中发挥他们的自主、创新和追求发展的能力,大规模释放了小农户主体性所包含的能量,为其在改革期间的发展奠定了基础,包括笔者所论证的1980年到2010年间众多小农户转入高附加值农产品生产(如大、中、小棚高附加值蔬菜生产)的"隐性农业革命"。如今那样的(笔者称作)"新农业"已经占到农业生产总值的三分之二,总耕地面积的三分之一。(黄宗智,2016b;亦见黄宗智,2010)新的村庄社区(在过去的改革中被忽视和未经明确的)"集体产权"应该可以对村庄社区起到一定程度的类似作用。在之前的计划经济体系中,小农户仅是国家政策的对象,不是自觉、行动和创新的主体,他们要在联产承包责任制建立之后才被赋权、赋能,成为重要的主体。那是改革第一步所起的主要作用。而"集体产权"和集体化的社区,则被许多人认为已经伴随市场经济改革而退出历史舞台,但在新一轮的"集体产权改革"中,其已经再次被视作一个重要主体,被视作一旦被赋权、赋能,应该也能成为释放一定能量的主体。

即便是仅仅一年上万元的社区收入,应该也起码可以部分解决目前村庄社区内部、个别农户住宅和院子范围之外的"满地垃圾"与泥泞路等公共服务真空的问题。(刘强,2018)国家已经声明要"逐步增加政府对农村的公共服务支出,减少农村集体经济组织的相应负担"(中共中央、国务院,2016:十八),那样,无疑将能对重新激发村庄的社区感和联合性起到一定的作用。其余则要视国家支持的力度而定,当然也要看各地的不同资源和不同市场机缘。

在管理体系方面,从目前的走向看来,国家政策设想的新型"经济合作社"既可以由现有行政村领导来管理,也可以由村庄经营能人来管理,两者可分可合。在现有行政村领导方面,国家近年来(在推动扶贫工作方面)明显偏重和突出强化党的领导(包括调入新的不一定属于本社区的"第一书记")。(王海侠、赵州洋、袁陆仪,2020)至于新建的村庄经济合作社的领导,看来不仅可以是本村经营能人,也可以是被委托的外来人员,甚或是受委托的公司和其专业人员。在彭晓鸣等提倡的从村小组代表上延至乡镇级的"联营"模式中,由联合的十个村集体所"委托"的"代理"专业项目公司的管理团队来负责经营,由此而给每户村民带来不止2万元/年的可观新收入。(彭晓鸣、张耀文、马绍春,2019)其所能起的关键作用在于重新振兴乡村社区,让其也像联产承包责任制那样,激发由下而上的积极参与。如此,促成一条新的乡村振兴发展的道路,与过去广泛认为农村社区和小农户必将消失的政策认识截然不同。

如今"集体产权改革"已经迈出的是"清产明资"的第一步。其产权改革实际上是为了在新的市场经济大环境中所可能起到的作用而先确立产权制度。其所期望的是,能够释放农村社区一定的能量。它是重新赋权、赋能给村庄社区所走出的第一步,是在为村庄社区及其产权建立"入市"的制度条件和初步拟定的新法规框架。

那样的产权应该能够重新振兴乡村社区的联合性。何况,它可以从仍然存在的一些传统汲取养分。譬如,长期以来村庄社区的调解制度如今仍然存在,每年处理了全国2500万起纠纷之中的1000万起。(黄宗智,2016a;尤见表1)而且,长期以来的社区亲属关系以及拟亲属关系大多仍然存在,其在村庄人际关系中起到了一定的作用。村庄社区一旦被赋予一定的集体产权,应该能够在未来的发展中起到更大的作用。国家在2018年公布的《乡村振兴战略规划(2018—2022)》中,已经在其"基本原则"中明确声明:"坚持农民主体地位。充分尊重农民意愿,切实发挥农民在乡村振兴中的主体作用,调动亿万农民的积极性、主动性、创造性。"(中共中央、国务院,2018:第二章,第二节)村庄社区虽未被明文突出,实际上乃是一个不言而喻的关注点。

如今,在法律体系层面上,通过全面推进的"清产明资"步骤,已经确立了村庄社区的占有权和收益权。更有进者,在不止四分之一的全国的行政村中已经制定了股份合作制,设立了"农民经济合作社"和完成了"股份合作制改革",据此不仅确立了个别农户股份的占有权和收益权,还有继承权和退出权。

虽然如此,在改革所初步设计的第三个层面上的抵押权和担保权,则尚去实施的可能较远。(夏英、张瑞涛,2020:60—61;亦见郭晓鸣、王啬,2020:56—57)这是因为,目前中国一般的银行贷款,在其所硬性规定的抵押或担保财产方面,大都将其限定于可以即时兑现的财产,而集体产权因为一定要经过国家允许才能买卖和兑现,是以还不能够达到那样的要求。这当然也是为什么中国农村经济这些年来,虽然历经了一系列(17次)"中央一号文件"对此问题的关怀,仍然没有能够突破现存瓶颈的原因。

三、保值、增值问题

社区产权面对的也是国家长期以来在实际运作中一贯严格掌握、控制的财务权力(和人事权力)和其为此所设定的严格规定。固然,国家已经很大程度上放松了对私营企业这方面的严紧管控,基本允许其按照国际全球化市场经济中私营企业的(财务和人事权力的)模式来运作,而且为了释放其能量,还赋予其相对较宽松的税收政策(原则上,所得税基本定在25%,较小的企业则可以低至10%)。(《企业所得税》,2020)借此,在短期中大力推动了私营企业的创业和经营,让其在国民经济生产总值中占到了相当于国有企业的总量,由此形成如今私营经济和国有经济六四开的社会主义市场经济体系。

至于非国家、非私营企业的实体——尤其是服务性、公益性的社区、社团或基金——则仍然处于国家财务传统的严格控制之下,并在财政和金融融资方面,设立了很难逾越的严格限定,基本不允许其使用存款利息之外的"理财"方案。一个具体的例子是国家自身的"基本医保基金",其总额在 2019 年达到 2.7 万亿元,但按照国家规定的做法,该基金仅能按 3 个月期整存整取的方式存入银行,年利息仅 1.3%,而近五年的居民消费价格指数(CPI)则平均上涨 2%/年。也就是说,国家自身的"基本医保基金"根本就没有可能保值,更不用说增值了,实际上一直处于每年贬值的尴尬状态。为此,全国政协委员、中国社科院世界社保研究中心主任郑秉文呼吁,中国应该参考新加坡、美国、德国等国家在这方面的政策——它们的类似基金的投资收益率每年平均都达到 3% 以上。其文章标题鲜明地突出了这个问题:两万亿基本医保基金只获低收益,该如何保值增值。(郑秉文,冯鹏程,2020)

实际上,如果参照美国一般规模较大的基金会(foundations)[特别是知名大学募款所得的基金(endowment)],一般都会采用能够达到起码相当于价格上涨和实体经济增长率的理财方案。除了定期存款和债券(占比约 12%—30%),其更多使用能够达到和超过实体经济增长率的知名大公司的股票或由其组成的指数基金(占比约 70%)。在最近 10 到 20年中,它们多能达到超过 8% 的年增长率。大额(超过 10 亿美元)的基金,则有更多的理财选择,能够达到更高的回报率。(Kalos Financial,2020)这些大学基金一般都采用年支出约 4%—5% 的基本方案,这样,其收益能超过年支出较多,因此,基金可以长期维持,既支撑其所设定的服务性、公益性目标或活动,也能长期保值和增值。(Investopedia,2020)

中国目前的基金运作模式与其相去较远,反倒是一些国际金融机构所组织的投资于中国经济的金融产品,更充分地利用了中国近几十年来的高发展率而达到了较高的收益率。如今,它们已经在美国的金融市场中占到了一定的地位。譬如,在如今的投资基金组合中,不少包含国际部分,纳入了包括中国在内的海外投资的基金。它已经成为一般理财方案的基本宗旨和方法之一。譬如,其投资组合多采用美国国内金融产品和全球化国际金融产品的 7∶3 的组合模式。中国也许应该考虑,今后也更多参与这种借助中国实体经济快速发展而增值的金融产品。虽然,应该仍然避免参与国际金融界常见的过分杠杆化、虚拟化的赌博性投机理财方案(下面再讨论)。

四、"集体"和村庄的法律定义问题

中国目前的"集体产权改革"所面对的首先是其法律定义的问题。目前,国有企业和私营企业的法律定义是比较明确的,都具有相当精准的适用法律条文,因此,其权利也比较明确。但是,"集体产权"中的"集体"到底具有什么样的法律定义,其实还是个悬而未决的问题。"集体"一词的起源是计划经济时代的村"集体"——其在当时所指的基本就是行政村("大队")及其所掌控的资产。但是,如今在新的市场经济的大环境之中,"集体"到底是指什么而言?新一轮改革中的所谓"集体产权",显然不同于计划经济时期的客观环境中的"集体产权",因为它已经基本排除了经过联产承包责任制改革的耕地经营权,而且它的客观大环境已经变为相当发达的市场经济。其新一轮"改革"的用意是要让过去尚未明确的集体产权"入市"增财增值,这与计划经济时期的"集体"含义明显不同。

既然如此,如今的"集体"和"集体产权"的含义是否更贴近另一个在过去也被相当广泛使用的词——"集体企业"?但问题是,在过去的计划经济大框架下,"集体企业"其实和国有企业一并被纳入国家所有的范围。与国有企业一致,集体企业所得利润基本属于国家,在之前根本就谈不上"纳税"。由于那样的历史背景和来源,即便是在今天的税法中,集体企业基本仍然被纳入类似于国有企业的范畴之下:经过 1983、1984 年的"利改税"之后,其基本税率和国有企业相似,超过 20 万元年收益的税率为 55%,小型的集体企业相对较低,从 10% 开始累进,一如国有企业

那样。总体来说，其所得税率要高于私营企业所享受的 25%的所得税率。（《企业所得税》，2020）

1994 年，国家提出了"实行统一的内资企业所得税制度。规定凡在中华人民共和国境内实行独立经济核算的企业或组织，都是企业所得税的纳税人"的总体设想，其（期望）结果是"企业所得税实行 33%的比例税率，适当减轻了企业税负，并简化了企业所得税的计算方法"。但在具体实施过程中，仍然具有较多因应发展战略需要（如重点基础设施、"西部大开发"、前沿技术）而应用的各种各样的税收优惠政策，其最终形式尚未确定。（《企业所得税》，2020）

另一可能是按照农民专业合作社的税收政策来对待新一轮"集体产权改革"中所形成的"农民经济合作社"，给予其一定程度的税收优惠，让其基本产品和所购买的农资可以免税，按照一般"农业生产者销售自产农业产品免征增值税"的政策来对待。（《各地农民专业合作社税收优惠政策综述》，2013）这当然是过去众多实际上是企业主导的"虚假""冒牌"专业合作社所借用专业合作社名义来经营的考量之一。（黄宗智，2015）也许，如今一定程度上也限制着国家所可能给予的优惠。

再一个可能是，将其纳入"公益"或"服务"性社团、社会组织、基金之下，不是对其实施比私企还要严格的国有企业、集体企业税额，而是要给予其一定程度的免税优惠。但是如上所述，如今社团在获取法人身份问题上和理财方案上尚受到比较严格的限制。这个问题尚有待国家决策的明确。

五、融资问题

除了保值和增值的问题，中国的非国家、非私企组织还面对限定比较严格的融资问题。一般公益、慈善、服务性的社区、社团或基金，首先面对的是非常烦琐复杂的申请法人身份的规定和限制，而且必须每年接受民政部门的审查。即便克服了那些障碍,仍然会面对严格的理财限制。如上所述,即便是国家自身的"基本医保基金",也被限于十分有限(不能达到物价增长率)的利息率,不能保值、增值,当然也很难融资。

目前,国内在这方面相对西方国家要保守得多。一般的慈善、公益、服务性基金在理财方面都会面对比较严格的限制。一方面,国家对金融市场的政策目前还比较保守,拒绝采纳西方金融市场已经普遍惯用的高度杠杆化和虚拟化的金融期货等手段。其优点是,不会发生像西方近一个世纪以来每几十年便会出现一次的金融危机,起码能够限制其升降幅度——那是明智的决策。但是,我们也应该考虑到,西方一般服务型/公益性基金会所采用的其实都是相对保守的理财方案,比较贴近实体经济的实际增长率而不会过分采用虚拟化的金融产品[如2007—2009年"金融海啸"的导火线——被捆绑起来的"次级"住房抵押贷款的新型衍生、虚拟证券/股票(mortgage backed securities)类型的金融工具,或高度杠杆化的对冲、期货类型的赌博/投机性投资方案]。(黄宗智,2021a)它不失为一个在高度市场化的物价持续增长的大经济环境中,能够使一般的公益基金较保守地贴近实体经济的增长而增长,能够在那样的大环境下适度保值、增值的手段。那也许是中国应考虑适度采纳的做法。

国家目前将营利和增值基本完全限定于企业,公用和公益基金理财则基本限定于定额利息的存款,并在两者之间设定了相当森严的壁垒,这也许是个应该重新考虑的做法。可以适当考虑放松对公益、慈善、服务型社团和基金等所设立的门槛,允许其采用更有效而同时又是相对保守的贴近实体经济的保值、增值理财方案。那样,应该可以相当规模地扩大这种组织的保值、增值渠道,适当扩大其数量和所起的作用。中国的富户和大企业家之中不乏具有公德服务意识的人士,由于中国传统道德理念的影响,其所占比例也许一定程度上会超过西方在其深层的单一逐利价值观之下冒出头来的企业家。总体来说,中国的企业家们或许会展示更多为国为民做出贡献的公益举措。中国似乎无须严格限制公益性、服务性社团组织和工作的进一步发展。

至于新型的具有一定"集体产权"的农村社区组织的融资问题，一个可能模式也许是，参照中国自身经过多年实施经验所形成的成功经验，例如（山西省永济市）蒲韩（蒲州镇和韩阳镇）合作社的实践。它长期被中国社会科学院的社会研究中心跟踪调查，具有较详细可靠的文献资料。在其经验中，一个关键的因素是，该合作社凭借社员缴纳的合作社参与费（每社员2000元）而成功地组织了一个行之有效的合作信用社，为会员们提供从小额到三万元的贷款，据此形成了一个拥有3000多万元资金的农户金融服务合作社。（虽然，由于国家这方面不太明确的政策，曾经被控告"非法融资"，但后来通过当地关系，也通过实际运作证明，其乃是一个有生命力、可长期维持、为农民社员服务的信用合作社。）（王小鲁、姜斯栋、崔鹤铭，2015）那其实也是东亚（指日本、韩国、中国台湾）"综合合作社"模式的基层金融组织的经验。

日本"农协"经验的不同在于，经过国家和其金融政策及机构的积极扶持，在那样的基层信用合作社基础上，成功建设了日本全国第六大（充分国际化的巨型）的"农林中金"银行，成功地解决小规模合作社融资难的困境。而中国至今，即便是在最近十七年中一再试图探寻建立可持续的为农村服务的金融体系的方案（几乎每年的一号文件都提出某种设想），但尚未参照日本的成功历史经验，仍处于无法突破制度性障碍的困境之中。（见黄宗智，2018:446—447）即便是中国农业银行，其在贷款方面，实际上与其他银行同样设定了农村社区所无法逾越的贷款必须要提交可兑现的抵押、担保财产的硬性规定。因此，中国的农业合作社至今仍然处于基本无法融资的困境。成都市在这方面的实验便说明，仅在市政府为此设立3000万元专项拨资，直接与银行签订协议来承担80%的风险的情况下，银行才肯接纳农村社区的承包地或房屋为贷款抵押。（王德福，2016）由此可见，目前农民经济合作社的融资是多么困难。

再一个问题是，中国尚未能形成一个像"东亚模式"那样的新型、高度现代化的农产品物流体系。其中个关键问题是现有政府建立的批发市场多是由自负盈亏的不同部门所组织,盈利目的大于公共服务目的,一直欠缺东亚模式那样的服务性冷冻运输和储藏的条件,由此造成了(尤其是生鲜农产品)物流中的高额腐坏损失。目前由千千万万小商小贩加大商业资本所组成的物流体系乃是一个昂贵低效的体系。至于计划经济时期遗留下来的供销社体系也基本一样。这些方面还需要国家的大力改良,才有可能建立配合乡村振兴战略的物流体系。(黄宗智,2015)

六、前瞻愿想

以上提出的是一些关于新一轮"集体产权改革"所涉及的悬而未决的问题。未来的走向尚待集体产权和社区振兴改革方案的进一步实验和落实,才有可能更加清楚地认识和理解。但无疑的是,这是一个具有释放(长期被忽视的)中国农村社区这个基本单位的潜能的改革方案,甚至有可能会起到像联产承包责任制改革所释放的巨大的个别农户的主体性和积极性那样的作用。虽然,其未来的实质进展和方式尚有待于今后数年中逐步明确的实施来观察。

没有疑问的是,新一轮集体产权改革几乎必然涉及国家在改革期间迄今较少关注的具有极其厚重传统的农村社区——它是中国历史长期以来一个关键性的基本单位,也是一个对未来发展可能起到重要作用但尚未被国家充分重视的历史和制度性资源。适当和充分利用个别农户与农村社区的积极参与,配合国家引导和扶持,那样的两者互动的制度资源,无疑是改革以来的一个基本动向——即由国家赋权、赋能给社会和人民,充分激发其积极性,充分发挥中国比较独特的国家与社会/人民二元互动合一的基本理念所包含的巨大能量。它实际上已经在改革过程中大规模推动了中国的发展,包括改革所释放的个别农户的创业积极性、城市人民在市场经济中的创业积极性,以及国家上下层和国家与社会间的二元互动的发包—承包基本治理运作机制,更不用说其他各种各样的社会组织和群体,包括媒体、学术和专业群体、网络群体、被赋能赋权的各级人民代表大会,乃至于类似晚清和民国时期广泛兴起的商会等。(黄宗智,2021)

如今,国家的乡村振兴战略规划已经明确提出要进一步发展城乡贸易,推进(自然村和村小组的)村村户户通路和纳入物联网的目标,未来无疑将会大规模促进更多更大范围的城乡双向平等互利贸易,(黄宗智,2020b)为村庄社区集体产权创造更多更高利润的出路。

由国家来领导、扶持和进一步释放、激发社会能量,无疑乃是具有中国特色的可持续的一个重要发展模式。它不同于西方(新)自由主义所虚构的"无为国家",也不同于中国革命传统中主要依赖由上而下"组织""动员""发动"群众的经验。(黄宗智,2021)它是一个与西方和中国革命传统都有一定不同的国家与社会二元互动合一的发展模式和道路,应该能够成为推动未来可持续发展的基本动力。

参考文献:

Investopedia. 2020. https://www.investopedia.com/articles/financial-theory/09/ivy-league-endowments-money-management.asp.

Kalos Financial. 2020. https://kalosfinancial.com/endowment-model-overview/.

《各地农民专业合作社税收优惠政策综述》(2013) http://jiuban.moa.gov.cn/sydw/nygbglxy/qkwz/2010nqk/09qk/201711/t20171120_5959252.htm。

郭晓鸣、王蔷(2020):《深化农村集体产权制度改革的创新经验际突破重点》。《经济纵横》第 7 期,第 52—58 页。

郭晓鸣、张耀文、马少春(2019):《农村集体经济联营制:创新集体经济发展路径的新探索——基于四川省彭州市的试验分析》。《农村经济》第 4 期,第 1—9 页。

黄宗智(2021):《民主主义与群众主义之间:中国人民与国家关系的历史回顾与

前瞻愿想》。《文史哲》第 2 期,第 5—15 页。

黄宗智(2021a):《探寻没有股市霸权的市场经济发展道路——兼及振兴中国农村问题》。《中国乡村研究》第 16 辑,桂林:广西师范大学出版社。

黄宗智(2021b):《中国乡村振兴:历史回顾与前瞻愿想》。《中国乡村研究》第 16 辑,桂林:广西师范大学出版社。

黄宗智(2018):《中国农业发展三大模式——行政、放任与合作的利与弊》。《中国乡村研究》第 14 辑,第 425—459 页,福州:福建教育出版社。

黄宗智(2016a):《中国古今的民、刑事正义体系——全球视野下的中华法系》。《法学家》第 1 期,第 1—27 页。

黄宗智(2016b):《中国的隐性农业革命,1980—2010——一个历史和比较的视野》。《开放时代》第 2 期,第 11—35 页。

黄宗智(2015):《农业合作化路径选择的两大盲点:东亚农业合作化历史经验的启示》。《开放时代》第 5 期,第 18—35 页。

黄宗智(2010):《中国的隐性农业革命》。北京:法律出版社。

孔祥智(2020):《产权制度改革与农村集体经济发展——给予"产权清晰+制度激励"理论框架的研究》。《经济纵横》第 7 期,第 32—41 页。

梅德平(2004):《共和国成立前革命根据地互助合作组织变迁的历史考察》。《中国农史》第 2 期,第 102—107 页。

农经发[2014]13 号《积极发展农民股份合作赋予农民对集体资产股份权能改革试点方案》,2014 年 11 月 22 日,http://www.waizi.org.cn/doc/61961.html。

农业农村部(2019 年 3 月 29 日):《农村集体产权制度改革深入推进》,http://www.xinhuanet.com/politics""/2019-03/29/c_1124302450.htm。

王海侠、赵洲洋、袁陆仪(2020):《个体与制度:第一书记嵌入乡村治理体系的实践分析》。《中国乡村研究》第 16 辑,桂林:广西师范大学出版社。

王德福(2016):《市场化抑或政策性:农地经营权抵押的实践逻辑与反思》。《湖北社会科学》第 2 期,第 77—83 页。

王小鲁、姜斯栋、崔鹤鸣(2015):《综合性农民合作社组织是实现中国农村现代化的重要组织形式——山西省永济市蒲韩农协调研报告》,纳入杨团、孙炳耀等著:《综合农协:中国"三农"改革突破口,2015 卷》,第 285—306 页。北京:社会科学文献出版社。

夏英、张瑞涛(2020)：《农村集体产权制度改革：创新逻辑、行为特征及改革效能》。《经济纵横》第 7 期,59—66 页。

郑秉文(2020)：《两万亿基本医保基金只获低收益,该如何保值增值》,https://finance.sina.com.cn/roll/2020-06-10/doc-iircuyvi7802782.shtml。

中共中央国务院(2018)：《乡村振兴战略规划,2018—2022 年》,http://www.gov.cn/zhengce/2018-09/26/content_5325534.htm。

《中共中央国务院关于稳步推进农村集体产权制度改革的意见》,2016 年 12 月 29 日,http://www.gov.cn/zhengce/2016-12/29/content_5154592.htm。

Abstract: The present"reform of collective property rights"was first suggested by the Ministry of Agriculture in 2014, which then received central-level support, and should be distinguished from the earlier reform of collective property rights through the "responsibility land system", which included also the conversion of portions of cultivated land to urban development land. The new reform targets especially collective property rights that had not hitherto been clearly identified, including especially uncultivated land, patches of woods, ponds and lakes, hillsides and such, calling for clearly inventorying and evaluating them, and placing them under " peasants' economic cooperatives", in order to prepare for marketizing those rights. By 2020, those inventorying efforts had been "pushed across the board" and been completed for 81.6 percent of all of the nation's ("administrative") villages. But accompanying changes needed, including targeted central-level financial support, formalized legal status, and raising loans and so on still await further clarification through actual practice. What is indubitable, however, is that such reforms afford the hitherto neglected village communities genuine prospects for reinvigoration, possibly of contributing significantly to the already-adopted broader strategy to "invigorate the ruralities" (within the next 30 years). This article aims to sort out the past background and future prospects for their development.

Keywords: past and present "collective property rights", common rules and formalized laws, "societal associations" or "cooperatives" or "collective enterprises", maintaining-enhancing market valueand raising loans, prospective changes

个体与制度：第一书记嵌入乡村治理体系的实践分析*

王海侠(北京师范大学中国社会管理研究院/社会学院)

赵洲洋(北京大学政府管理学院)

袁陆仪(北京师范大学中国社会管理研究院/社会学院)

内容摘要:驻村第一书记制度自 2015 年后成为农村加强基层组织建设和脱贫攻坚的重要抓手。第一书记从浅层上看可通过资源反哺增强农村资源供给,扭转农村分配不足和分配不均的状况;而从深层看,第一书记制度具有克服现有科层制治理不足、优化乡村治理结构的作用。本文基于对第一书记的实践分析,总结和提炼出第一书记制度的运作模式、制度特征及治理成效,指出第一书记制度最大的特点是非科层性、灵活性与资源联动性,它体现了党的综合治理与科层治理的双重治理特质。但第一书记制度亦存在制度性悖论,第一书记制度带有一定程度的运动式治理特征,其社会嵌入性亦与个体的资源禀赋、行动策略相关,实践效果因人因地而异。尽管如此,第一书记制度显示出与常规治理不同的治理效力,契合新时期乡村治理体系建设的内外资源互动指向和新时代党的农村工作的群众路线要求,第一书记制度所承载的治理内涵值得

---

* 本文系教育部人文社会科学研究青年基金"农村基层治理多元化与创新实践研究"(项目批准号:17YJC840036)、"新中国 70 年社会治理研究"(批准号:18@ZH011)子课题"百村社会治理调查"、"中央高校基本科研业务费专项资金资助"(项目号:310422110)的阶段研究成果。感谢黄宗智、何宇鹏、黄家亮、王旭辉、陈传波等师友在本文撰写过程中提供的帮助,文责自负。

深入研究。

关键词:第一书记制度　实践治理

2015年4月,中共中央组织部、中央农村工作领导小组、国务院扶贫开发领导小组办公室共同下发《关于做好选派机关优秀干部到村任第一书记工作的通知》(后文简称《通知》),从中央层面统筹推进向贫困村和党组织薄弱村等派驻第一书记。[①] 这一政策主要目标在于通过选派机关优秀干部到村任第一书记,以加强农村基层组织建设,短时期内提升农村基层治理效力、助力脱贫攻坚任务的顺利完成,同时,它还有助于公平运用部门资源、锻炼和培养干部。从政策手段而言,第一书记制度是试图通过治理人员下沉来解决当前精准扶贫与农村发展中的问题,同时还要推动村庄治理变革和农村全面发展。但从健全乡村治理体系而言,第一书记制度显然兼具变革乡村治理结构、连接国家权力与村民自治的功用。

一、文献回顾

从历史上看,驻村第一书记与"驻村制"或"包村制"相似,是上级政府向行政村派驻专职干部,以推动中央相关政策在基层的执行与落实的一种工作机制。(许汉泽、李小云,2017)作为我党开展农村工作的一种传统,"下派干部(或工作队)""部门包村"仍是当前农村工作中的常见

---

① 《通知》对于第一书记的选派来源及驻村时间、组织归属做了基本规定:1.主要从各级机关优秀年轻干部,后备干部,国有企业、事业单位的优秀人员和以往因年龄原因从领导岗位上调整下来、尚未退休的干部中选派,有农村工作经验或涉农方面专业技术特长的优先。2.第一书记任期一般为1至3年,不占村"两委"班子职数,不参加换届选举。坚持驻村工作服务,任职期间,原则上不承担派出单位工作,原人事关系、工资和福利待遇不变,党组织关系转到村。

方法。(刘金海,2012)在《通知》出台之前,各地亦有下派第一书记的实践,最为人熟知的是安徽小岗村的第一书记沈浩。2013 年,全面建成小康社会的历史性任务提上日程,全面建成小康社会最艰巨、最繁重的任务在农村,特别是在贫困地区的农村,为此,我国扶贫开发模式转向了精准扶贫。而作为一系列政策执行的最终落脚点,基层具有重要的战略作用,其状态与发生的互动行为直接影响政策执行的效果与治理目标的达成。(赵树凯,2006)在这一新的背景下,驻村第一书记选配与脱贫攻坚挂钩,而现阶段所讲的扶贫,不仅是一项目标明确、工具清晰的"技术性"增收工作,而且也需要嵌入农村社区的发展与治理环节。因此,第一书记工作涉及扶贫、党建和治理等方面。

不过,因为大规模选派第一书记时间较短,有关第一书记的学术研究并不多,且时间主要集中在 2015 年《通知》出台之后。从研究主线而言,其主要着力于第一书记绩效及与农村治理提升的关系。与绩效相关的研究,主要是对第一书记特质与工作职责的研究;与治理相关的研究,主要探讨这一外部力量的介入对于完善农村基层治理、更新农村治理范式有哪些启示和指向。具体而言,第一书记绩效研究有两方面。一是探讨第一书记的选拔问题。杨芳(2016)着重分析了第一书记群体的选拔过程,指出了各地在选择第一书记时,要把好四关——政治关、品行关、廉政关和能力关。吴效林(2015)指出第一书记所应具备的能力和素质,包括坚定的共产党人的信念、明确的责任意识、求真务实的工作作风、善于建设农村干部队伍,以及能够深入田间地头与农民聊家常,能虚心向农民学习。除了对第一书记的个体分析,石柳愿(2016)亦指出"个人能力—组织支持"双管齐下的"二分模式"影响了第一书记工作的成效,也即个体需要派出单位和不同级别分管部门及其他行政单位的支持,表明第一书记的选择与作用发挥需要个体与组织联动才可完成。二是探讨第一书记的工作职责与行为方式。雷丽(2016)指出第一书记驻村帮扶不是简单地给钱给物,而是立足于驻村的实际,发挥自身和派出单位在资金、项目、人才、信息等方面的资源优势,帮助基层干部和群众激发创业热情、理清发展思路、破解发展难题。比如选准配强村领导班子、加快农村产业结构调整及建立健全"贫困村党组织第一书记座谈会"常态机制,座谈会内容包括驻村主要工作、存在的问题和困难及需要上级帮助解决的问题。

从治理研究来看,主要有个体与制度辨析视角和内部与外部结合视角。个体视角主要将重点放置于第一书记个体本身,讨论个体进入村庄所能带来的影响。王亚华、舒全峰(2017)从第一书记给村庄权力结构及其治理绩效带来的影响出发,指出第一书记的派驻本质上是以增加农村基层领导力资源供给为突破口来实现中国农村公共事务的"良治",指出第一书记是农村领导能力提升的重要手段。而制度视角则从治理结构调整的角度进行论述,谢小芹(2016)提出"接点治理"和"双轨治理"的概念,指出"接点治理"或"双轨治理"本质上是指涉国家权力与基层社会在村庄组织界面上汇聚和融合而形成的一种关系形态,这种新关系的形成以第一书记为纽带。第一书记本身虽是个体,但有深刻的治理结构内涵。与此类似,林国华、范攀(2016)指出应从顶层设计的角度全面总结"第一书记"工作制度,从价值意义、人员选派、管理考核、绩效评估、问题措施等各个方面全面进行总结。要从制度层面去深挖第一书记制度的内涵和运作机制。这类研究的特点是从治理结构的角度来认识第一书记的存在与作用,突破了个体研究框架。而另一类研究则在于辨析第一书记作为外部力量进入村庄,内外力量的衔接和融合问题,以及第一书记在成为村社的治理主体后,这一介入力量的属性为何,长期和短期分别会对派驻村庄产生什么样的影响。如李群峰(2017)指出第一书记是一种重要的外部嵌入型帮扶力量,这既可以利用政治资源获取上级政府支持,又可以利用社会资源获取外部经济支持,进而认为第一书记这一外部力量可以成为助力村庄精准扶贫的外部支持机制和工作方式,表明外部力量的资源属性对村庄治理起到了资源增益效用。而另一些研究试图克服第一书记的单纯外部属性,故而提出"参与式"概念。韩尚稳、李圆圆(2013)指出第一书记要"参与式"扶贫,这样才能"培养贫困群体自我发展意识,克服传统输血式扶贫模式的短期效果"。"参与式"概念的提出是对第一书记以往过于依赖资源输入方式的反思,同时也指出第一书记要嵌入村庄之中,而并非是一种外在力量。驻村书记的下沉应该促发村社经济结构变化,使其从依托庄内人的"内生型治理"向融合外部力量的"嵌入型治理"进行变革,使第一书记同时承担"国家代理人"和"村庄代理人"的两种角色,兼顾国家权力与村民自治权力,从而达成治理目标。而这种目标的实现一定要挖掘村庄内部力量,确保第一书记离任后,村庄建设后继有人,村庄能够持续健康发展。(杨芳,2016)

以上研究从个体与制度两方面都做了较好的分析,发掘了第一书记个体行为的制度内涵。吕忠则进一步地提出制度逻辑的问题,即"党和政府为什么开始大规模地向农村选派第一书记,这背后蕴含着怎样的逻辑?"(吕忠,2017)他指出"乡村政治碎片化"并存在"潜在的系统性风险",乡村治理在国家治理体系和治理能力现代化中占有重要地位,此时采用具有动员式治理色彩的第一书记下派政策,为党和政府"优化乡村治理提供了开端"。他进一步指出:"中国政治体制的现实表明解决一切问题的关键首先还在于党,一切秩序的整合过程主要是由党来完成,⋯⋯乡村治理的重塑必须首先从基层政党的再组织问题着手。"(吕忠,2017)此时,吕忠将问题拉回到一个隐而不发的领域,即中国独特的政治运作特征——"政党体制",而农村党建与乡村治理的关系一直未破题,这可从农村党建研究与乡村治理研究脱离窥其一斑。但第一书记的大量选派,2018年中央一号文件突破"村民自治"框架而提出"自治、德治、法治"三治融合的理念,加上进一步研究制订的《中国共产党农村工作条例》,可见将党的治理视角融入乡村治理研究之中的必要性。近年来,关于第一书记与农村党建的文章较多,主要论述可从陶正付、李芳云(2016)的论述中有所体现,即指出第一书记能够助力农村党建和民生服务双提升,在地方实践中做到基层党建和扶贫开发齐头共进。然而这类研究虽占较大比例,但主要还是囿于党的自身建设,并未有更深的关于政治体制的研究视野,故此类文献不再赘述。

既有研究已有试图从第一书记制度入手来对新时期乡村治理体系建构进行回应的努力,但还未形成一种理论自觉,且对第一书记制度本身的研究还处于不完善的状态。很多第一书记研究往往是通过单个调研地点制度运行效果来评价这一制度的优缺,通过调研的一个或几个第一书记来做第一书记制度的好坏评价,或把第一书记视作短期的政策工具,缺少从政治弹性的角度动态理解第一书记制度的结构意义。第一书记研究中常常混同"人"与"制度"的问题,反思第一书记与第一书记制度,非常好地关切了卡尔·波普尔之言,"我们需要与其说是好的人,还不如说是好的制度"。(Karl Popper,1962:343)第一书记是"个体",同时也是"制度",而这一制度安排又有深刻的治理特性,第一书记制度一方面体现共产党的运动式治理惯性,另一方面更承载着综合治理与科层治理的双重治理特性。

笔者研究团队在过去两年内持续关注宁夏回族自治区中宁县第一书记工作,先后 4 次进行实地调研,获得了《中宁县扶贫开发驻村工作队及扶贫重点任务一览表》和"驻村第一书记任期考核汇报"等资料,并访谈了中宁县委组织部、5 年来的 15 位历任驻村第一书记及派驻乡镇的乡镇领导、村干部及村民,获得了大量的访谈和文字资料。通过分析该县自 2012 年推行第一书记制度以来的百余名第一书记相关资料发现:第一书记个体的资源属性、工作动机和行动策略与现阶段的农村基础、项目制运行及科层管理有密切联系。本文希望超越简单的制度绩效评价,对第一书记制度做细致的实践分析,以从制度分析角度获得第一书记运作模式、工作策略的全貌式概览;同时展现出第一书记制度的个体能动性特征及工作策略选择,并据此透视第一书记如何处理农村治理的内与外、上与下关系,可以达成怎样的治理效力,又有何种制度启示。

二、第一书记制度的治理背景

（一）第一书记制度的治理前提

第一书记制度有效运行依赖两大背景：就宏观层面而言，第一书记制度运行在我国"党政体制"内，需要遵从双重治理范式——政府科层制治理与党的综合治理。党与政府同属科层体系，但政府体系更依赖科层制原则，而党的治理则更具灵活性。从微观层面而言，第一书记要嵌入所驻村之中，方可有效开展工作。换言之，其行为方式要符合基层的基本治理形态与特性，同时，第一书记还要接受所在村、乡镇的考核，受乡镇任务支配，故其治理又是在地治理形式。这也就是第一书记接受派出单位的组织部门与派驻乡镇双重管理的原因。

在治理实践中，我国形成了政府与执政党两套相互独立又相互契合的科层体系，亦如景跃进、陈明明、肖滨在《当代中国政府与政治》中所言，"将中国共产党作为理解中国政府与政治的钥匙，'党政体制'作为理解中国政府与政治的关键词"。（景跃进、陈明明、肖滨，2016：3—6）科层组织结构的基本特点表现为权力关系明确、等级层次有序，通过专业化人员和正式规章制度来贯彻落实自上而下的组织指令，提高解决问题的效率。与科层体系相适应的是科层制治理，科层制治理作为一种传统的治理模式，由马克斯·韦伯提出，其主要特征可以概括为：强调集权主义，以精确、稳定、有纪律和可靠为准则，在既定的章程和规则的约束范围内，通过职务等级而形成的权威影响而形成集体行动形式。（马克斯·韦伯，1978：217—225）

农村基层治理在组织结构上是典型的科层制治理，而在管理手段上又是压力型体制。乡镇以下的"乡政村治"（徐勇，1997）治理格局是科层制与压力体制的复合体。村治层面体现为"村两委"协作治理，但若从权力的实践层面看,村庄一级是以党组织为核心的乡村治理机制,形成的是在乡镇和村党组织领导下的"党+政"治理格局,其中党是核心领导,村民自治委员会的本质是群众性自治组织,农村党组织才是实在的农村权力中心。因而看待和分析村治问题时,非常需要党的运行视角,抑或党建视角。这里所谓的党建,并不是讨论"村两委"关系及其矛盾等问题,而是要关注基层党组织自身的建设和发展,分析研究党组织在村治过程中发挥了怎样的作用以及应当扮演怎样的角色。在压力型体制下,村级组织虽然从理论上说包括两个部分,即村党组织和村委会等村民自治组织,但是在乡镇与村建立的"政治承包制"关系中,村级组织实际上被当作一个整体来对待。而在我国党政体系之中,党处于领导的地位,因此基层党组织特别是村党组织在村民自治过程中占据非常重要的地位。

党组织在乡村治理机制中的作用,绝不仅限于党务工作。党员的发展、党员的日常管理工作以及党风廉政建设、精神文明建设等当然是村党组织需要担负的重要工作。但党组织作为乡村治理机制中的领导核心,不可避免地要承担起统揽经济社会发展各项事务的职责和权力。所谓"政治"与"行政"的分野,只在高层政权体系中才会存在。对于乡村两级而言,几乎很少有可能面临所谓的政治性问题,每天需要处理的都是公共管理中的事务性问题。因此,对于一个村来说,要求村党组织只负责承担"政治领导"责任,而无须或者不能插手村务的"管理",实在是不切实际。实际上,村党组织全面负责村务管理,这是压力型体制下的必然产物。村党组织在乡村治理机制中的领导核心作用,最直接的体现就是"带领"本村实现经济社会发展。从各地农村党建工作的实践来看,促进本地经济社会发展,就是包括农村党建在内的基层党建工作的主要内容,甚至可以说是"中心任务"。从上述意义上说,这种农村党建工作是"发展取向的"。而这种发展取向的党建,与压力型体制的内在逻辑正相暗合。在压力型体制下,不断强化村党组织的领导核心地位和作用,能够以更有效率的方式促进本地经济社会快速发展。

第一书记作为上级政府派驻行政村的人员,不仅是行政任务的下派,还兼有资源重组与领导的意味。驻村第一书记担当上级政府与行政村之间联系者的角色,由于乡镇政府对村级组织的考核也是对驻村干部的考核,驻村干部会全面介入乡镇政府给行政村部署的行政任务,督促协助村干部落实。可以说,驻村干部是作为乡镇政府的代表而存在的,他们身为乡镇政府这一级政权组织的公职人员相对了解所驻行政村的情况,在督促、协助村干部完成行政任务的同时也将乡镇政府对于该村的领导意志渗入全过程中。

(二)第一书记制度的组织形式与运行机制

第一书记制度是针对特定的治理目标,配备专项资源开展治理的一种组织安排。与一般项目制的差别在于,其不是通过既有的科层组织来专门配置特定的政策、资金、物质等资源,而是通过人力资源的重组带动政策、物质等资源,并以组织重构的方式来确保资源的持续有效发挥。但第一书记的管理方式,却又服从于项目制管理的基本规范。陈家建(2017:150)曾在《项目化治理的组织形式及其演变机制》中指出,"在项目开展过程中,上下级政府间在目标设置、资源配备、组织实施、检查验收四个环节的权责分配不同会带来组织形式的演变。不同的项目管理机制对地方政府执行项目的方式有着重要的影响,可能出现程序化执行、过度执行、消极执行等现象,从而极大影响项目在地方开展的成效"。参考既有理论以及对第一书记工作机制的观察,本文将第一书记制度的组织形式归为四个基本环节:目标设定、资源配置、组织实施、验收核查。其中,第一书记所在单位和组织部门是委托方,第一书记本人是执行方。

1.目标设定,指规定工作开展的质量和数量。从上下级的角度上讲,执行者可以以正式或非正式的方式参与目标设定。正式参与可以更为明确地界定项目规则,而非正式参与则以执行过程中的变通为表现。相比一般性的科层工作,项目制中的目标设定通常更加明晰,作为委托方的上级政府目标设定权较强。(渠敬东,2012)每位第一书记都有明确的任务规定,诸如修路数、合作社成立数目、带动了多少贫困户增收等,但有一些是个体权衡的,如密切干群关系、解决村社矛盾,这些不一定是目标规定的,却是第一书记的工作范畴。

2.资源配置,指项目所需的专项物资、经费的筹集方式。由于第一书记是以系统建设乡村为目标的组织制度,资源专项配置是其开展的基础条件,也是其原单位和对口单位的重要责任。资源通常由委托方协调配置,但一些情况下,执行方也不得不自行配备。(狄金华,2015)第一书记的资源配置既有组织性,又有个人能动性。第一书记所在单位被称为其"娘家","娘家"要在第一书记工作中给予大力支持。这是基本的要求,也被明文写进第一书记工作制度之中(参见《关于做好新一轮扶贫开发驻村工作队干部选派和管理工作的实施方案》)。但文件要求的组织支持,并不一定能得到贯彻,在调研案例中,个体所能得到的单位支持情况差别较大。周雪光、练宏(2012)亦指出资源配备方式是一个需要重点分析的领域。

3.组织实施,指的是项目开展的具体过程中的组织构建与执行方式。一些项目是由委托方直接控制执行的,包括设定细则、组织成员单位、掌控项目开展节奏等环节(陈家建,2017);而一些项目则是由下级自行组织、自选动作执行的,上级只问结果,不管过程(李祖佩,2015)。第一书记的执行方式综合了两者,将规定与自选进行个人的有机综合,以确定个人的工作进路,其工作的主体能动性较为明显。

4.验收核查,指的是对项目的结果进行考核,并依据结果进行奖惩。这一过程既可以是作为委托方的上级单方面验收,也可以是委托方与执行方共同界定和解释。一般第一书记任期为两年,在任期内要将党组织关系转移到驻村党支部之中,与原单位进行脱钩,在任期结束后由上级组织部门会同乡镇对照任务目标进行考核。其考核具有双重性,即县组织部与乡镇按照不同的要求进行双重考核。

第一书记运作应遵循项目制的管理方式,但其实践方式却又不同于科层制。根据以上环节中委托方与执行方的权责分配情况,本文归纳了传达式、包干式、连带式三种类型的管理机制,这三种类型基本概括了第一书记在全部环节当中的上下级关系及制度样态。

表1　第一书记制度的组织形式与运作机制

互动机制	基本环节			
	目标设定	资源配置	执行组织	验收核查
传达式	上级	上级	上级	上级
包干式	上级—自身设定	共同,自身为主	自身	共同,上级为主
连带式	上级—自身转化	自身为主	共同,自身为主	上级部门

传达式互动机制始终恪守上级规范,主要是上传下达,为基本任务型,较少体现个人的能动性,尤其是在资源配置方面,不会调用个人的社会资源/社会资本。通过对治理目标、执行过程和核查标准的控制以及资源的掌控,委托方能够比较容易地让第一书记的任务取向按照制度要求规范开展。但同时,这种管理模式较为刻板,起到的效果仅是制度效果。

包干式互动机制的核心特点是给予执行方较大的操作空间,激励性强。(Oliver E. Williamson,1975)在治理过程中,上级提供了专项经费,同时在目标设定、执行过程和结果验收方面给予执行方一定的拓展空间,可以让下级较为灵活地实施项目,在确保上级治理目标后,可以争取到较大的本级利益。这是一种典型的行政发包制,周黎安(2014)指出,"作为一种理想类型,它既有别于韦伯意义上的科层制,也有别于纯粹的外包制,而是居于两者之间的一种混合形态"。其在执行过程中下级能够打破专项管理规则,获取较大的自主与创新空间。这种包干制下的第一书记有一定的行动和资源自主权,甚至可以参与到验收核查之中,体现了一定程度的上下级互动。目前第一书记群体大多处于这种模式之中。

连带式互动机制能够极强地控制下级的行为。连带的核心是让项目执行方承担一定的主体责任,必须配备项目开展的部分资源,而且需要解决项目不规范实施出现的"剩余问题",承担相应的风险。(陈家建,2017)上级政府对下级的控制可以通过外在规范实现,比如过程监督、结果验收、合法性审查。

总体而言,通过在目标设定、资源配置、组织实施和验收核查四个环节上进行不同的权责分配,形成了三种运行机制,形塑了不同的上下级关系。三种运行机制各具优缺点,在委托方意图转变的情况下,可能改变第一书记执行其任务的运行模式、影响其执行方式。

三、第一书记制度实践的内容、策略与模式

(一)第一书记的资源属性

资源来源倾向会导致乡村发展模式的差别,发展又能够为制度运行提供各种必要资源,有了资源才有可能形成发展的路径依赖,第一书记制度的最大的特征是对派驻村的资源反哺。第一书记获得的资源属性可分为科层组织内的行政资源与科层组织外的社会资源。行政资源由科层制组织供给,但除了所在单位的支持,其他部门的行政资源需要第一书记本人去争取与协调,也即跑动资源,进而第一书记整合和传递这些资源。而社会资源则指由第一书记依据其个人禀赋、职位等在行政体系外去争取,这些资源包括资本、政策、项目及信息技术等。

大多数第一书记会倾向于首先和充分使用体制内资源(行政资源),利用自己在上级工作的经历和对政府的熟悉程度,到相关部门去整合所在村最需要的各类资源。比如,在中宁县检察院工作的马军,他在十桥

村担任第一书记时,发现村里亟需解决的问题是道路硬化和饮用水供应,为此,他向派出单位提出申请帮助协调解决这些问题。

> 我到村里的这几个月,几乎每天到各家各户去看他们家的情况。原来的村干部做得不行,很多问题都解决不了。村里路不好,一下雨到处是泥,桥下积水,路也不能走,都没办法出村。还有,当年建移民房的时候,时间紧、工程不细致,有的房屋地势高、有的房屋地势低,现在水泵的水压不够,导致地势高的老乡一个月里总有十几天吃不上水。老百姓对此特别有意见。(十桥村第一书记马军,2017年5月3日)

针对这个问题,马军多次到县国土局、县交通局和县扶贫办等部门争取专项资金,整合资金硬化村道并更换了自来水设备。在以项目制为特征的治理模式下,争取资金和部门支持需要很强的能力与技巧。有些村庄的村干部善于争取和协调,那么村中获得的专项投入就较多,基础设施也就相应较好;而一些能力稍差或项目公关能力不强的村,村庄获得的项目投入则相对较少。第一书记的选派在一定程度上可以改变项目不均的情况,第一书记虽是个体,但却以组织身份协调村庄发展事宜。所以,第一书记在争取和平衡村庄项目分配时有较大作用,有第一书记派驻的村庄,其道路、教育、产业等方面都会有明显的资源投入。

一般而言,所在单位的部门越重要、职位级别越高的第一书记可调动的行政资源和社会资源就越多。但对于非强势部门或普通职员而言,他们除了调动硬通货(资本),也会调用其他类型的资源。如中宁县新入职的选调生李东,就倾向于更多地使用外部资源。

李东被派驻到离中宁县城只有几公里的华村。华村以枸杞产业为主,但近年来枸杞价格低迷,村庄经济每况愈下,老百姓开始挖掉枸杞苗改种玉米。李东在了解村情之后制订了村庄发展方案,策划建立枸杞合作社,并希望能通过电商渠道将本村的枸杞直接推向市场。对此,李东介绍道:

> 我在了解村情之后,和村委成员商量组建合作社,并且利用合作社经营带动集体经济增收。首先我找村里的几个大学生做了创客之家,之后我们在淘宝开网店。2017 年,还利用淘宝平台做了众筹,十天就有 13.8 万的销售额,挣了好几万块。村里人都觉得就几天工夫能挣这么多钱,很不可思议。接下来我又与腾讯"为村"平台合作增大华村枸杞的市场影响。现在华村还是宁夏大学的实践基地,我想尽力让各种资源进入华村,带动华村的发展。(华村第一书记李东,2017 年 4 月 28 日)

对于没有稳定的体制内资源可用的年轻干部,他们一般会倾向于调用科层组织外的社会资源,这种资源既包括社会资本,也包括信息资源和技术资源。相比于行政资源,社会资源更具长期性和根本性,社会资源的发挥依赖村庄集体行动能力的建设与提高。

(二)第一书记的角色类型

通过分析第一书记带动村庄发展的方式,可以发现,不同的上下级运作机制会影响第一书记在治理进程中的行为取向,同时结合第一书记的工作动因,可以归纳出第一书记在村社治理中所扮演的角色类型。(见表 2)

表2　第一书记工作动因与资源属性的耦合分析

工作类型	资源属性		
	工作动因	体制内资源 (行政资源)	体制外资源 (社会资源)
晋升动机型	主动	机遇捕捉者	绩效争取者
制度适应型	主动	治理代表者	创新发展者
任务承担型	被动	资源传递者	压力承担者

晋升动机型是有较强升迁愿望的第一书记,一般是其主动请求做第一书记。他们将第一书记的工作看作是锻炼自身、增加基层工作经验和出政绩的机会。虽然面临验收考核,但他们的工作动因从内因的角度来看属于主动型,有主观做事的强烈意愿。对于体制内资源他们是捕捉者,最大化使用体制内资源,而对于体制外资源是积极争取,从资源属性上看是机遇捕捉者和绩效争取者。

相对于晋升动机型,第二种类型是制度适应型。这类第一书记也是主动请求担任第一书记,但他们并没有强烈的升迁意愿,他们一般已有一定的行政职务,但是年龄偏大,提拔的可能性较小。但是无论从制度要求还是个人意愿上,他们都愿意在第一书记岗位上真正有所作为,能够为所在村庄的发展尽一份力。在调研中,一位来自国土局和一位科技局的第一书记就是如此。他们自知自己年龄已过四十,仍处在一般职员或副科的位置,但手里有一定的资源,希望能切实运用好这些资源为村里做些事。这类第一书记从资源属性上讲是治理代表者和创新发展者。

最后一类是任务承担型,他们并不愿意担任第一书记的工作,被选派为第一书记更多是承担组织部门和本单位的任务。他们客观上没有多大的升迁机遇,主观上也没有什么升迁意愿,希望在原单位和熟悉的岗位工作,同时也不想离开家,而第一书记要求两年脱岗并长住在派驻村。这类第一书记虽然在主观上不情愿,客观上因为有程序化的工作要求也能完成相关的任务。这类第一书记的资源属性是资源传递者和压力承担者。在调研中,一位来自政法单位的第一书记属于这种类型,令人没有想到的是,由于其工作能力强与作风过硬,虽然年龄偏大仍被提到副科的位置。可见,第一书记的提拔与任用主要视工作岗位需求和个人工作表现而定,与主观意愿并非必然相连。

(三)第一书记的行动策略

第一书记来自不同的单位、不同的岗位,有着不同的人生阅历与人际关系,存在着知识结构和能力水平的差异。因这些不同的个人特质,驻村第一书记拥有着不同的资源和权威。不同类型的第一书记,在面对村庄事务时会有不同的治理方式。其行为策略虽各不相同,但有一定的类型化倾向,即他们进入村庄时的路径选择类型明显集中。其进入村庄的路径大致可分为两种行动策略:悬浮型策略和嵌入型策略,而嵌入型策略中亦细分为精英合作式与群众路线式。

悬浮型的第一书记一般不介入所驻村庄的社会关系网络与治理结构,更多以单纯的资源传递者的面貌出现。如某单位的一位副所长:

> 我在单位分管一定的工作,即使说我是脱产,但很多工作还是要我来做的,所以很难投入到这个工作中。……我把我们单位的一些资源带过去,像一些电脑啊,项目什么的。……还有一些贫困户会不断地找我,给他修了房子,他还要我帮他修窗……后来,我就不怎么去了,让我们办公室的一个年轻同志跟着跑一跑。(吴副所长,2017 年 8 月 1 日)

而嵌入型的第一书记会介入到村庄事务和社会关系调整之中。但这种嵌入又存在两种路径,一种是与既有的村庄精英互动,通过联系精英和争取外部资源进行村社治理,精英群体一般是"村两委"成员或经济

大户。这种类型的第一书记主要是给村庄注入资源,笔者称这种介入路径为精英式。如某局的局长:

> 我进村主要有两个策略,一个是找准关键的人,我派驻的村是回民村,所以我进村时常常往阿訇那里跑,帮他修缮清真寺。只要阿訇认可你了,以后在村里事就好办了。另外,你要叫鸡来,手里还得有一把米呢。所以要想说话有人听,就得能给村里带来资源。这个都好办。由于我的工作时常和企业打交道,他们也有扶贫的意愿,但不知道扶助谁、怎么扶。那么我一介绍,再向其他企业倡导,五六万、十来万轻轻松松就可以筹集到。然后就能给村里修个路或者资助贫困大学生。(许局长,2018年8月2日)

第一书记虽然可以带来大量资源和项目,对于扭转村庄的状况有好处,但项目如何落地却也是件难事。村里各方势力都想承接项目,或者是负责项目的监管。是将项目分给村里的强势力量,还是让普通老百姓加入项目实施之中,这是对第一书记的挑战。项目的注入某种程度也是矛盾生发的源头。精英式第一书记一般将新资源沿旧有分配路径进行分配,所以一定程度还会带来精英俘获。不过这种俘获性相比村社既有的利益分配格局,俘获程度相对较小,因为第一书记作为外部治理者可以充当公平和公正的仲裁人角色,其制度压力和群众监督压力较大。

与之相对,另一种路径是群众路线式。表现为第一书记通过入户走访、了解村情、矛盾调节,并利用资源增量和信息优势来改变村庄的治理形态。通过走村串户,以建立群众对第一书记的信任。

> "以前也有干部下乡帮扶,老百姓觉得是在走过场,是来'镀金'的,不会给村里带来什么变化。"要得到群众的认可,最好的办法就是实干。我来村子里是挨家挨户地走,了解村庄情况。对于贫困

户,要为他们制定精准脱贫方案,老上访户的情况我也了解,劝他不要再上访了,他现在是村里合作社的监事,充分发挥他的监督作用嘛!(华村第一书记李东,2018 年 7 月 27 日)

有一些第一书记从责任伦理的角度来定义自己的工作,认为只有真正让普通老百姓,尤其是贫困户受益才算是执行了第一书记的工作。所以在引进项目时尽可能优先照顾贫困户和普遍农户,如某村的道路硬化工程,以一天一百块钱的误工补贴让农户参与工程建设,而未包给与村干部有关的包工队;再如某村农畜棚改项目,也顶住了村干部想要侵占的意图,把项目补偿款落实到每位农户手里。但这类书记往往可能会与派驻村村干部的关系趋于紧张,再加上工作方式与关系处理不当,情况可能恶化,以致有些第一书记面临一定的进村恐吓与人身威胁。所在村的村干部评价这位第一书记说:"谁让他天天往老百姓家里跑的,净干他不该干的,项目他才跑来几个啊。"一般而言,村干部对第一书记的期待首先都是通过他们的关系拉资源,而不希望他们真正介入到村级事物和利益分配之中。

从目前的组织压力情况和个人意愿看,悬浮型第一书记占比较低,从调研状况来看,不超过十分之一。能被选派到村里做第一书记,绝大多数人还是希望对派驻村庄有所贡献。但嵌入型第一书记中,估计有近七成以上属于精英路线式,这些第一书记不愿过多地介入村级事务和既有矛盾,主要姿态是协助"村两委"做好村内工作。不过,由于其具有超然村庄利益之外的制度安排,所以对村庄多年形成的"分利机制"或资源分配的"路径依赖"(温铁军、杨帅,2012)有所规约。另外近三成的第一书记,公益心较强,他们认为自己虽然要协助和配合"村两委"工作,但一定要把握村庄发展,要在资源分配之中发挥重要作用,其对村庄事物的影响较之精英式的第一书记更大。当然,这种类型学上的划分并不是绝对的非此即彼,而是要表明第一书记在工作开展过程中所依赖的主要群体与力量的不同。我们可进一步从关系结构中发现第一书记的行动策略并不完全是个人主观选择的结果,还受其资源属性、权威特征的限制。

表3　第一书记的工作策略

整合方向	嵌入程度	
	有限嵌入	深度嵌入
自上而下	悬浮型	精英合作
自下而上	——	群众路线

不同的村庄嵌入型与第一书记的工作意愿、个体情怀直接相关,但同时也受客观因素的影响。一般而言,可动用体制内资源较少的第一书记更倾向于深度地嵌入村庄,这样才能获得认可,获得权威,而能够动员较多体制内资源的第一书记则倾向于有限地嵌入村庄,试图通过项目和资本注入获得发展话语权和权威。然而,第一书记的行动策略存在能动性悖论,如前文所述能够争取体制内资源的第一书记主要将精力放在争取项目方面,能极大改善村庄的硬件状况,而对于村庄发展的内生动力和发展可持续性方面作用有限。而争取不到太多体制内资源的第一书记则倾向于深度嵌入型的行动策略,积极介入村庄之中,试图从村庄内生发展动力、调节村庄矛盾、加强村领导班子建设和引进市场信息技术等方面入手,从软实力方面助力村庄发展。如何平衡第一书记工作中"里子"与"面子",从而做到对村庄发展的"软硬兼施",这是一个重要问题。

(四)第一书记的执行模式

《通知》明确规定第一书记不仅应保证党的路线、方针和政策的贯彻实施,还理应涉及所驻村所有的公共事务领域。具体地说,他们要领导:

1.村党支部主持村级重大事项,同时保障农民群众在村民自治中的知情权、参与权、决策权和监督权。2.传达上级党委的意图。在经济上则体现为积极发展经济,带领农民群众调整产业结构、培育主导产业,促进农村经济发展和农民脱贫致富。3.加强对村级其他组织的领导,完善工作机制,促进村级各种组织职能作用的发挥。

在中国乡村政治组织的人格化背景中,尤其是薄弱村村民们往往将某一职位的人等同于某组织或机构。所以第一书记自然而然地被视为党的象征,尤其是上级党组织的象征,理应在村级治理结构中位居中枢地位。但是事实上他们是作为外来者介入乡土社会,天然地与已经形成的乡村结构有着不同的社会关系网络和利益取向。这种介入与制度规范相结合,又呈现出三种类型的执行模式。

表 4　第一书记的执行模式

互动机制	约束	激励	执行模式
传达式	强	强	程序化执行
包干式	弱	强	主动执行/过度执行
连带式	强	弱	被动执行/消极执行

制度规范表现为在科层体系内对于第一书记的奖惩。在科层组织中,激励是引导部门行动的诱因,包括经济类激励与政治类激励,可能是正面的奖励,也可能是负面的惩戒。(Avinash Dixit,2002)约束表现为科层部门在具体行动中所受到的规则限制。激励与约束的适用强度不同,可二分为强弱两个维度。如前文所述,在传达式的行动模式下,委托方分配给执行方的权力和责任都较少,执行方主要是按照上级政府的指令行事,程序化执行上级的治理目标。所以,传达式的第一书记一般采用的执行模式是例行公事、程序化完成上级任务;而包干式的行动模式给第一书记较大的自由执行权,其管理机制是弱约束和强激励,第一书记

在工作中可以灵活应对环境和任务,追求个人主张与目标,所以执行政策的主动性很高,但也容易出现过度执行的问题,也即工作内容与方式超出一般的工作规范与要求;连带式行动模式对项目执行方施加了资源配给和风险承担的硬性责任,控制其自由操作的空间,其特征是强约束和弱激励,在这种互动机制下,项目执行状态往往是被动和消极的。连带式第一书记一般会迫于工作约束大、无自主工作空间,同时干好干坏没太大大区别而采取被动/消极执行的态度。某种程度而言,这三种行动模式的划分有理想类型的意涵,而在实践中,第一书记可能会面临两种模式之间的中间形态。不过总体来讲,第一书记的执行模式就贯穿个人意志的角度而言,大致包括程序化执行、主动/过度执行和被动/消极执行三类模式。第一书记的执行模式与制度环境和互动机制中的权责配置高度相关,权责配置会对第一书记的运作方式产生巨大影响。

四、结论与讨论

(一)新的治理形态与契机

长期以来,尤其是近期面对全面实现小康社会的目标,寻求改变贫困落后面貌、实现较高发展水平,要求贫困地区赶超式的发展。同这种发展思路相适应,要求建立一种权力集中程度较高的政治体制,确保实现更有效率的集约化发展,实现快速发展战略。在现实中,这种政治体制集中体现为中国特色社会主义民主政治制度中的"党的领导"(房宁,2013),而在现行的压力型体制下,作为基层的乡村治理遵循着同样的逻辑,因此乡村治理机制的发展过程必然要求不断强化党组织的领导核心作用。党组织的领导核心的地位实际上赋予村党支部"领导"村民自治委员会等村民自治组织的权力。而发展困难或组织薄弱的村由于自身的党组织无法承担这一"领导"责任和权力,驻村第一书记以外部资源携带者和任务担负者的身份深入农村基层，对陷入发展与治理困境的乡村进行经济引领和治理再造。换言之，第一书记是制度身份的表象与组织的"具象化"，与原来已经形成惰性的乡村治理结构有不同的利益取向，他们按照制度设定与组织目标来助力村社摆脱贫困、进入良性发展轨道，第一书记的发展意志相对超然于村庄既有利益之上。

同时，在上下互动过程中的压力型体制，在实践中表现为一种"政治承包制"。具体做法就是将已经确立的目标或者任务通过所谓责任制的形式下派，直至基层。（荣敬本，1998）特别是在地方和基层，会规定需要完成的任务和指标以及相应的奖惩。而第一书记作为派出的"组织"，以"折叠"行政科层制的方式运作，更明显地扮演了在治理体系中完成上级组织所设定的特定治理任务的角色。第一书记制度运行一方面是意图加强党组织服务乡村经济社会发展的意愿、动力和能力；另一方面，这些举措在客观上也强化了上级党委和政府对乡村的领导和"管理"能力。而这种通过党组织强化对乡村社会的管理的思路和举措，也正好与压力型体制下不断强化党组织的地位和作用的内在逻辑相暗合。

因此，从结构来看，第一书记是重塑治理力量的人格化表现；从功能来看，第一书记是特定的治理目标与活动的承担者。但是每一位第一书记的资源属性，包括信息、人力、资本与行政权威性均不同，他们的行动策略就相应有所差别。从第一书记的诉求来看，可以分为任务型与动机型，而动机型又可分为制度目标动机和个人晋升动机；从其资源属性来看，可以分为科层组织行政资源与科层组织外社会资源；而不同动机、资源属性与资源获得方式又会影响第一书记的行动策略，这些行动策略可大致分为悬浮型、嵌入型，而嵌入型中包含精英路线和群众路线两种路径。

凭借所带来的资源和具有的权威，悬浮型第一书记与采用"精英路线"推进工作的第一书记虽然有助于自上而下地解决扶贫与发展问题，但易于形成操作上复杂化而处理上却简单化的倾向，即忽略甚至无视地方和基层的特殊条件与实践能力。尤其是对于基础设施的建设和社会保障建设,统一化了的设计成型的项目方案,采取单纯输入的方式,不但要求统一的标准,有些还要求统一进度,这样虽然易于管理却忽视了承受者的实际需求和条件差异以及项目的真实效用,特别是不能给受益者留有自主性和参与空间。被动受益使项目有可能成为一种"霸权",以致引发出尴尬的局面:一方面在标准上完成了扶贫目标,但也留下了诸如如何使用已投入的资源和项目及可持续使用等问题;另一方面村庄的资源水平提升了,但是社会机体却被损害了,社区秩序遭到了破坏。

而采取群众路线的第一书记则直面村社问题,正视既有问题并兼顾各方利益;然而,内生性发展村庄的目标使得资源动员和政策落地的周期变长,客观上不利于问题的及时解决和任务的如期完成,(王海侠、余翔,2019)第一书记的任期使得村庄发展与问题的解决充满应急性。由于这类第一书记相对来说权威性和资源动员能力较弱,他们还面临资源可持续性等问题。但是从长期来看,群众路线式第一书记的工作方式是新时代党建与群众路线的最好结合,是农村党建真正与社会、人民在事务及发展层面相结合,并且具备了超越既有利益格局的特征。对于一定程度平衡农村发展、克服农村社会分化、带领村庄共同富裕有特殊意义。

乡村振兴战略的实践始终面临着以往在"项目下乡"中所形成的分利秩序的惯性冲击与阻滞,(谭诗赞,2018)若想破解乡村治理场域中的分利秩序,就需要统筹政策工具,构建不同的资源组合路径,以形成新的资源注入方式。第一书记制度某种程度上正发挥了这一作用。第一书记是对村社尤其是贫困村的资源重组,可以有效帮助村社打通上下层级的行政资源和村庄内外的社会资源,具有较强的资源联动性。同时,第一书记具有外部力量属性,客观上可以为资源的重新分配提供更加公平和公正的路径,能够在一定程度上克服农村的"分利机制",(程杰、武拉平,2008)即资源分配的路径依赖和资源获取的精英俘获。第一书记的利益外部性、资源属性与群众属性是促进农村发展、重塑乡村治理体系的重要方式与契机。

(二)制度能动性悖论

近年来,吴新叶(2016)等学者开始讨论"科层制治理范式的缺陷",指出其不适应时代发展与基层治理现代化。纵观中国治理经验,我们可以看到很多"反科层制"治理经验。丁轶(2016)梳理了中国在国家治理层面的反科层制治理经验,并将"反科层制治理"定义为一种依托于常规化的科层组织,但在运作机理和运行逻辑方面迥然对立于科层制原理的治理机制,是以良性违宪、信访制度和运动式治理为典型的治理形态。这种提炼虽然看到了不同于科层制运行的种种制度痕迹,但用"反"科层制度不甚合适,正如丁轶在概念中指出的,这种治理亦要依托于常规化科层组织,因此概括为"非"科层治理会更为达意。

基于以上理解,笔者将第一书记的工作特征称为"非科层性"。作为个体的第一书记既是政府公职人员,又是党员,但在驻村时要与原单位脱钩,而以类似"党代表"的形式进入村庄,所以这一群体的行动要受科层制影响,但又不同于科层制,因为他已没有实际的行政权力,他发挥作用的权威源自党组赋权。这种身份特征可以视为第一书记的非科层性。而在更广泛的意义上,驻村第一书记是外力输入型的治理,且因为任期有限、任务紧迫,而呈现出突击性的特征,这就使其具有一定的"运动式"治理属性。从这两点而言,第一书记制度运行有非科层化治理和运动式治理的双重特性。但在看到第一书记制度可发挥的作用外,第一书记的制度实践也呈现出一定的能动性悖论:非科层化、运动式治理与科层化、常规治理构成一对矛盾统一体。

一方面,第一书记的社会嵌入性要受制于个体的资源禀赋、行动策略,治理效果主要表现为资源反哺方面,对村社内生发展与整体发展方面会因人因地而异。另一方面,村庄有其自身的发展逻辑,村干部和村民早已看到,外力干预的力量一旦撤离,扶贫任务一旦完成,输入型的改造和建设便会失去其活力,借力而为的合法性也会动摇。(折晓叶、陈婴婴,2011)村民仍然要回到他们自己的日常生活,村庄也依然要恢复到其自身的发展轨道上。这就使得想通过制度建设与治理变革来助力乡村发展的努力面临制度两难,常规治理方式不足时势必结合运动治理,但两者的结合却会遗留制度空隙。

如美国学者詹姆斯·R.汤森和布兰特利·沃马克在《中国政治》一书中所言:"自从毛泽东逝世后,中国面临着一种制度化运动悖论,即改革意味着中国生活的常规化,但它却是以动员的方式进行的。"(Townsend, James R. and BrantlyWomack, 2006: 174)杨志军将这种"制度化运动悖论"进一步描述为"运动式治理悖论",也即"改革的方向要求国家治理实现制度常规化,但很多时候国家治理却是以一种运动的方式进行"。(杨志军,2015:47—48)第一书记制度作为一种以制度建设来推进扶贫工作和乡村建设的制度,其治理目标自然具备包括突击性在内的各种特征,附带运动式治理形态,继而呈现出了汤森的"制度化运动悖论"以及杨志军描述的"运动式治理悖论"现象。

在制度理论中,制度是一种结构性的约束因素。恰是由于这种制度约束,才使得行动者的行为消除了不确定性,换而言之,也就具有了稳定性和规则性,即"只要存在制度,个体行为和个体之间的互动就不会是随机的,而会体现特定的模式和预测可能性"。(河连燮,2014:5)制度意味着一种秩序,与常规、稳定等特性相对应。运动式的制度建设的悖论更突出地体现为,它是在运用一种非制度化、非常态化的方式来追求一个制度化和常态化的治理目标。无论第一书记在具体过程中的动机与策略如何,都可能会面临着延续的困境。乡村制度建设本身是一个系统问题,一项制度建设的成败,除了制度自身的因素,还与制度执行的基础性条件相关。如果脱离了这些条件,而指望单独依靠个人的作用或制度建设来重构乡村秩序则注定是徒劳的。科层治理与党的综合治理,即科层制治理与非科层制治理或运动式治理的问题再次在第一书记这一具体制度上得以体现。党政结合具有很强的制度优越性,对于具体目标一般可起到速效的作用,而从长远看却会遗留诸多问题。如何真正建构中国农村的治理之路仍须探索。

无论如何,第一书记制度都向我们展示出与常规治理不同的治理特质,是不同治理方式的组合性尝试。尤其是第一书记的派驻加强了党对农村工作的领导,对于不断分化的农村社会,这一党政机关所主导的外部力量介入能够为村庄发展带来新的资源与制度供给。第一书记制度契合乡村振兴战略的内外资源互动指向和新时代党的农村工作的群众路线要求,尽管第一书记制度绩效受条件和个人能动性的制约,但在构建农村"三治融合"的农村治理新阶段,这一来自两大治理传统的外部力量介入提供了新治理形态的可能性。第一书记制度值得更深入的研究与关注。

参考文献:

Avinash Dixit. 2002. "Incentives and Organizations in the Public Sector: An Interpretive Review," *Journal of Human Resources*, 37(4): 696-727.

Oliver E. Williamson. 1975. "Markets and Hierarchies: Analysis and Antitrust Implication: A Study in the Economics of Internal Organization," *Economic Review*, 29: 382-384.

Popper, Karl. 1962. *Conjectures and Refutations: The Growth of Scientific Knowledge*. London: Basic Books.

Townsend, James R. and BrantlyWomack. 2006. "Politics in China," in Gabriel Almond and G. Bingham Powell, Jr. (eds.), *Comparative Politics Today: A World View*. New York: Harper Collins.

程杰、武拉平(2008):《生产者、保护者与分利者:贫困村基层组织的多重角色》.《经济评论》第3期,第3—9页、第66页。

陈家建(2017):《项目化治理的组织形式及其演变机制——基于一个国家项目的历史过程分析》。《社会学研究》第2期,第154—177、249页。

狄金华(2015):《政策性负担、信息督查与逆向软预算约束——对项目运作中地方政府组织行为的一个解释》。《社会学研究》第6期,第49—72、243页。

丁轶(2016):《反科层制治理:国家治理的中国经验》。《学术界》第11期,第26—41、324页。

房宁(2013):《民主的中国经验》。北京:中国社会科学出版社。

[韩]河连燮(2014):《制度分析:理论与争议》,李秀峰、柴宝勇译。北京:中国人民大学出版社。

韩尚稳、李圆圆(2013):《"参与式"扶贫视角下山东省"第一书记"政策思考——以菏泽市郓城县为例》。《山东行政学院学报》第4期,第107—110、133页。

景跃进、陈明明、肖滨(2016):《当代中国政府与政治》。北京:中国人民大学出版社。

林国华、范攀(2016):《"第一书记"在乡村治理中的作用——以山东费县薛庄镇为例》。《山西农经》第6期,第1—3、5页。

刘金海(2012):《工作队:当代中国农村工作的特殊组织及形式》。《中共党史研究》第12期,第50—59页。

雷丽(2016):《精确扶贫视角下当好贫困村第一书记的思考——以广西龙州县上金乡卷逢村为例》。《传承》第4期,第4—6页。

李群峰(2017):《驻村"第一书记"对扶贫重点村精准扶贫绩效提升机制研究》。《吉林农业》第4期,第73—74页。

吕忠(2017):《下派第一书记的逻辑:政治碎片化、运动式治理与政治再整合》。《青岛行政学院学报》第2期,第96—100页。

李祖佩(2015):《项目制基层实践困境及其解释——国家自主性的视角》。《政治学研究》第5期,第111—122页。

[美]马克斯·韦伯(1998):《经济与社会》。北京:商务印书馆。

渠敬东(2012):《项目制:一种新的国家治理体制》。《中国社会科学》第5期,第113—130、207页。

荣敬本(1998):《从压力型体制向民主合作体制的转变》。北京:中央编译出版社。

石柳愿(2016):《以"二分模式"试析广西驻村第一书记工作》。《传承》第 4 期,第 7—9 页。

折晓叶、陈婴婴(2011):《项目制的分级运作机制和治理逻辑——对"项目进村"案例的社会学分析》。《中国社会科学》第 4 期,第 126—148、223 页。

谭诗赞(2018):《乡村振兴进程中的分利秩序挑战与治理路径》。《探索》第 3 期,第 155—162 页。

陶正付、李芳云(2016):《"第一书记"助农村党建民生双提升——山东省"第一书记"制度建设实践探析》。《中国特色社会主义研究》第 5 期,第 107—112 页。

王海侠、余翔(2019):《乡村重建中的能动与制约:郝堂"美丽乡村"试点的案例研究》。《社会建设》第 3 期,第 82—94 页。

温铁军、杨帅(2012):《中国农村社会结构变化背景下的乡村治理与农村发展》。《理论探讨》第 6 期,第 76—80 页。

吴新叶(2006):《基层治理需要跨越科层制范式的藩篱——与王龙飞博士商榷》。《探索与争鸣》第 1 期,第 55—58 页。

吴效林(2015):《驻村第一书记应具备的能力和素质》。《中共山西省委党校学报》第 6 期,第 48—50 页。

王亚华、舒全峰(2017):《第一书记扶贫与农村领导力供给》。《国家行政学院学报》,2017 第 1 期,第 82—87、128 页。

许汉泽、李小云(2017):《精准扶贫背景下驻村机制的实践困境及其后果》。《江西财经大学学报》第 3 期,第 92—89 页。

谢小芹(2016):《"接点治理":贫困研究中的一个新视野——基于广西圆村"第一书记"扶贫制度的基层实践》。《公共管理学报》第 3 期,第 12—22、153 页。

徐勇(1997):《论中国农村"乡政村治"治理格局的稳定与完善》。《社会科学研究》第 5 期,第 33—37 页。

杨芳(2016):《驻村"第一书记"与村庄治理变革》。《学习论坛》第 2 期,第 52—55 页。

杨志军(2015):《运动式治理悖论:常态治理的非常规化——基于网络"扫黄打非"运动分析》。《公共行政评论》第2期,第47—72、180页。

周黎安(2014):《行政发包制》。《社会》第6期,第1—38页。

赵树凯(2006):《基层政府的体制症结》。《中国发展观察》第11期,第43—45页。

周雪光、练宏(2012):《中国政府的治理模式:一个"控制权"理论》。《社会学研究》第5期,第69—93、243页。

Abstract: Since 2015, the appointment of a special "first secretary" (for the village party branch) has become an important method for reinforcing rural party building and attacking rural poverty. On the obvious level, the first secretary can enhance access to redirected resources and solve the problems of insufficiency and uneven distribution in rural areas. On a deeper level, the first secretary institution can play a role in overcoming problems in bureaucratic governance and optimizing the rural governance structure. Based on an analysis of the actual practices of first secretaries, this article highlights the operational mode, institutional characteristics, and governance effectiveness of the first secretary institution. It points out that the most prominent characteristics of the first secretary institution are non-bureaucratic governance, flexibility, and resource reallocation, thus reflecting the duality of comprehensive party leadership and bureaucratic governance by the government. However, there are still some institutional paradoxes: the first secretary institution retains some characteristics of campaign-style governance, at least to a certain extent, and its social embeddedness is dependent on individual accesses to resources and particular operational strategies, resulting in practical effects that vary across regions and individuals. Nevertheless, the first secretary institution still has a governance ability and effectiveness that are different from conventional governance and conform to the goal of both establishing links between internal and external resources in rural reconstruction and satisfying the mass line requirement of the party's rural work in the new era. It will be worthwhile to further study the implications of the first secretary institution for governance in general.

Keywords: first secretary, institution, practice, rural governance

技术的组织逻辑：B县农业产业转型的过程分析（1986—2016）*

张建雷（陕西师范大学哲学与政府管理学院）

内容摘要：本文基于陕西省 B 县的田野调查，以技术与组织的关系为线索，揭示了在技术应用过程中，政府（技术供给者）与分化的农业经营者（技术接受者）之间的复杂互动关系及由此推动农业产业发展转型的过程。经验研究发现，政府干预有着较高的产业治理绩效，由政府主导的高度组织化的农技推广模式有效解决了小农户技术应用的社会成本问题。不过，在政治动员型技术推广模式逐渐消解之后，随着技术要素资本化程度的不断深化，受农民家庭资本积累水平以及家庭消费结构的限制，小农户的新技术应用逐渐陷入困境。在快速推进农业现代化发展的产业治理目标驱动下，政府的技术服务重点转向了资本化程度更高的规模经营者，后者被认为更有利于新技术的应用以及政府产业治理目标的实现。然而，在政府的治理体系中，始终也无法忽视小农户的基础性地位。在政府的支持下，规模经营者们通过技术服务的外包，逐渐实现了将小农户纳入其"产、销"一体化发展模式之中。由此，也深刻改变了当地农业技术推广体系，推动了农业经营体系的转型。

---

* 本文是陕西省社会科学基金项目"陕西乡村振兴进程中新型农业经营主体发展机制的社会学研究"（2018G08）、国家社会科学基金重大项目"构建全民共建共享的社会治理格局研究：聚焦人口流入型地区"（15ZDC028）、陕西省农业协同创新与推广联盟 2017 年软科学项目"农业供给侧结构改革背景下陕西省新型农业经营体系构建研究"（LMZD201708）的阶段性成果。本文初稿曾提交黄宗智先生主持的 2018 年论文工作坊，感谢黄宗智先生，高原、焦长权、陈传波、杨华等师友的宝贵建议，当然文责自负。

关键词:技术的组织逻辑　政治动员　技术推广　农业产业转型

一、农业发展的"技术决定"与"唯一最佳组织"神话

在现代农业发展过程中,技术进步是促进农业生产率增长的最重要因素,是实现从传统农业向现代农业转变的必备条件。(舒尔茨,2011)因此,改造传统农业的关键在于增加有利的技术供给,采取新品种、新技术和新管理实践改变传统农业发展的技术瓶颈。(速水佑次郎、拉坦,2014:52)速水佑次郎和拉坦(2014:55)进一步指出,由于不同地区资源条件的差异,农业技术的变革有两种不同途径:"节约劳动型"技术变迁和"节约土地型"技术变迁,前者主要涉及发展机械技术以代替劳动投入,后者主要涉及发展生物化学技术以提高土地生产率。从而,一国可根据其资源约束条件,选择不同的农业技术变迁路径,发展现代农业。

不过,受工业经济发展模式影响,研究者们通常更注重发展"节约劳动型"农业技术,认为只有发展规模化、机械化农业经营才能更好地降低生产成本,实现规模经济。(Young,1928;斯密,2009:3—7)而小规模的农业生产方式,由于生产分散、技术落后,必将被更具竞争力的、更有利于现代农业技术应用的大规模农业经营组织形式所替代。(马克思,1972:551—553)显然,基于技术进步及绩效的考虑,规模化农业经营组织便似乎成为引领现代农业发展的"唯一最佳组织"①。(Woodward,1980)在此意义上,美国式大规模农场所呈现出的高度机械化且极具竞争力的农业发展模式便被视作现代农业发展的典范,为其他国家(尤其

---

① 古典管理学理论强调组织结构作为一种追求绩效的工具,着重研究什么样的组织结构能够实现最佳的绩效,即构成一种"唯一最佳组织方式",如科学管理理论、组织设计理论、科层制理论等均体现了这一思想。

是落后国家）所效仿。[1]（黄宗智,2014a）

但仅从技术角度考虑问题,又很容易陷入机械的"技术决定论"误区,而忽视了现实中组织结构的多样化。如现代组织学理论发现,技术和组织结构并非简单的一一对应关系,技术对组织的影响内嵌于组织结构之中,并不存在技术应用的"唯一最佳组织"。(Woodward,1980;Barley,1986)换言之,技术应用是一个技术与组织在结构上相互形塑的过程,技术与组织的关系内在地反映了技术供给者与技术使用者之间的关系建构过程,技术应用的不同路径将产生不同的组织结构(邱泽奇,2005;张茂元、邱泽奇,2009)。同样,在农业技术的应用过程中,亦面临着技术供给者与技术使用者之间的复杂互动关系。(黄季焜等,2000)因此,农业技术的应用并非仅仅反映了市场逻辑下相对要素价格的变动,亦非在效率机制下必然导向单一的规模化农业发展模式,而更受技术应用过程中各主体之间互动关系的影响,从而发展出不同的农业经营组织形式。

技术与组织之间的这一复杂互动关系对于理解当前我国农业发展问题有着重要启示意义。这意味着一方面,在技术应用上并不存在农业规模经营组织作为现代农业发展的"唯一最佳组织"神话;另一方面,当前关于我国农业发展问题的研究,有必要走出抽象的技术讨论,而应聚焦于技术应用实践中技术供给者与技术使用者之间的复杂互动关系,以及由此所形塑的农业经营组织的多元化发展进程。

基于此,本文将以技术与组织的关系为线索,对 B 县农业产业转型发展的历史过程进行分析,以揭示政府、资本和农户围绕技术应用所形成的复杂互动关系,及由此所不断形塑的农业经营组织形式的演变过程,以此提供一个理解中国农业发展模式的新视角。

---

[1] 速水佑次郎和拉坦所讨论的农业技术变迁的两种途径,其前提在于,由于一国内不同要素之间的相对价格差异,在市场激励机制下,会自动导向替代较昂贵要素的技术开发,从而形成技术进步的诱导发展模式。但问题在于,随着全球化的日益深化,在农业领域的国际市场竞争日趋激烈,农业要素相对价格的比较很难再单纯局限于一国之内,这也是一些国家竞相效仿美国大农场模式的重要原因。

二、案例与分析框架

(一)案例:B 县的农业产业发展过程

　　B 县位于陕西省东北部,关中平原与陕北高原过渡地带,属黄土高原沟壑丘陵区。全县下辖 7 镇 1 街道办,124 个行政村,耕地面积 72 万亩,总人口 30 万人,农业人口 23 万人。长期以来,B 县的农业种植结构都是以小麦和玉米等大田作物为主,是西部地区较典型的农业县。不过,B 县独特的地形、气候和水土资源,均符合优质苹果的生长条件,在 1980 年代的全国苹果气候区划中,B 县被列为我国著名的黄土高原苹果优生区。1980 年代以后,B 县的苹果产业开始发展,粮食作物种植面积开始逐渐减少。目前,全县苹果种植面积总计 55 万亩,农民人均种植面积 2.3 亩,苹果年均产量 60 万吨左右,年均出口 20 万吨,年加工销售果品 200 万吨以上,苹果产业已成为 B 县经济发展的支柱产业。

　　自 1980 年代末以来,B 县的农业产业发展先后经历了两个阶段的变化:第一阶段是自 1986 年至 2010 年前后,随着苹果种植技术的推广,全县的农业种植结构逐渐从以主粮作物种植为主转向以苹果种植为主,苹果种植面积从 2 万亩扩大至 40 万亩。不过,在经营方式上,该时期仍是以小农户的小规模分散经营为基础;第二阶段是自 2010 年前后至今,随着适宜机械作业的苹果新品种新技术的推广应用,规模化农业经营主体开始兴起并迅速发展,苹果种植面积迅速扩大至 55 万亩,并使得该县的产业结构逐渐从以小农户为中心的生产格局转向了以家庭农场、合作社、农业企业等农业规模经营主体为中心的纵向一体化的新型农业产业体系①。

----

① 目前,全县共计发展市级以上农业龙头企业 37 家,合作社 439 家,50 亩以上规模经营的家庭农场约 300 家。

(二)分析框架:技术、组织与农业产业转型

从产业结构上看,B县的农业生产结构先后经历了从"劳动密集型"主粮作物种植转向"劳动—资本双密集型"经济作物种植,(黄宗智,2014b)从低度资本化的小农户经营转向高度资本化的大农场经营,(张建雷,2018a)即呈现出了一个显著的资本增密过程。鉴于资本化程度的日益增长,有学者将这一过程称为"资本主义农业转型",其背后的意涵在于,中国的农业发展模式将由小农家庭经营逐渐向资本主义农场过渡。(陈义媛,2013;严海蓉、陈义媛,2015)但资本化程度的提高是否必然意味着资本主义化的发展? 答案并不尽然。黄宗智等人(2012)通过宏观数据分析指出,21世纪以来,虽然中国农业发生了实质性的资本化(单位土地的资本投入不断增加),但基于雇佣劳动的资本主义农业只占中国农业总量的一小部分,小规模家庭经营仍占据着主导地位,从而形成了"没有无产化的资本化"这一悖论现象。这一悖论现象的形成机制在于,在中国农业资本化的过程中,小农户成为农业资本投入的主要推动力,而小农户所投入的资金主要来源于非农打工收入。(黄宗智、高原,2013)因而,农户的资本投入有着特殊的家庭经济组织逻辑,受家庭内部资源配置方式的影响。(恰亚诺夫,1998;张建雷等,2016;张建雷,2018b)

在此意义上,现代农业技术要素作为一种资本品,其投入农业生产,同样深受农民家庭内部资源配置方式的影响,农户如何组织其家庭经济资源的分配(如农业剩余是用于满足建房、教育等消费需求,还是用于农业扩大再生产投资)将直接影响其技术选择及应用。不过,技术与农户的关系并非单向度的,而是一种双向互动关系(邱泽奇,2008),即农户资本要素投入的深化也将深刻影响农民的家庭生产方式。如农药及机械技术的推广,极大地节省了农户的劳动力投入,从而为家庭劳动力外出

打工创造了条件,而一些资金积累较多的农户或来自其他部门的产业资本,则可以借此增加农业投入,发展农业规模经营等活动。因此,在市场条件下,随着资本化程度的深化,农业经营领域将日益分化出不同类型的农业经营者。不同类型农业经营者的技术应用逻辑截然不同,不同的技术要素对农业经营模式的影响也有着根本的差异。

大体上看,根据经营方式及规模差异,大致可以将当前的农业经营者划分为两类:以满足家庭消费为主要目的的小农户和以获取资本利润为主要目的的大农场,前者的经营面积主要是自己家的承包土地(或小规模流转亲友的土地),后者则主要是当前的规模农业经营者,如专业大户、家庭农场、合作社、农业企业等新型农业经营主体。(黄宗智,2011;贺雪峰,2015a)在技术应用逻辑上,小农户更受家庭消费逻辑的约束,(恰亚诺夫,1998)而大农场则更具资本主义理性化特征。(韦伯,1997)在市场机制下,后者似乎也更契合技术要素资本化的特征。不过,这并非意味着小农户就一定会排斥新技术的应用,相反,为获得最大化的家庭收入,小农户同样会增加资本投入,积极应用新技术。(林毅夫,2011:121—144)

而从农业技术产品的供给方面来看,由于农业技术产品有着突出的外部性特征,具有公共品性质,大多数农业科研投资都是由政府主导的。(黄季焜、胡瑞法,2000)在我国,政府的支持几乎是我国农业科研的唯一推动力量。(林毅夫、沈明高,1990)因此,农业技术的应用还涉及政府(技术供给者)与农户(技术使用者,不同类型的农业经营者)之间的互动关系。以政府为主导的公共部门对农业技术的开发、试验和推广,对于农户的技术选择有着非常重要的影响。(速水佑次郎、拉坦,2014:200)一些研究者更是从国家的视角分析了农业产业的组织过程,揭示了政府行政干预对农业产业发展的重要影响。(冯猛,2014;刘军强等,2017;符平,2018)另一些研究者则明确提出了"小农如何对接大国家"的命题,将当前的农业转型问题视作国家治理问题。(程秋萍、熊万胜,

2016)

不过,在当前农户分化的背景下,国家的农业治理也具有一定的甄别性,即政策的关注点更倾向于能够降低治理成本的规模经营农户(大农场)。(叶敏等,2012;黄宗智等,2014;程秋萍、熊万胜,2016;孙新华,2017)其原因在于,在农村的组织化体系弱化之后,面对众多分散的小农户,任何组织几乎都无法承担起同其打交道的高昂交易成本。(温铁军,2009:12)但近年来,国家又开始不断强化小农户的主体地位,这就使得当前的农业治理模式呈现出综合化特征,(程秋萍、熊万胜,2016)以平衡各方面的关系。

综上,在农业产业转型过程中,技术与组织的关系呈现出如下图示:

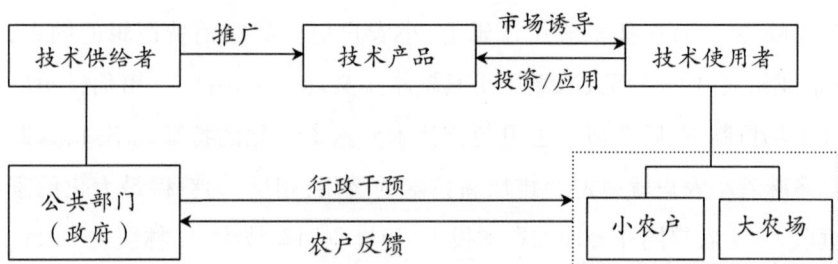

图1　技术的组织过程

其中,政府既是技术供给者,积极推动新技术的试验、推广,也是农业治理主体,在市场诱导受限的情况下,利用其行政力量,直接干预新技术的推广应用。而农业经营者作为技术使用者,一方面,其遵从技术变迁的市场诱导模式,(速水佑次郎、拉坦,2014:63)即积极接受有利的技术供给;另一方面,不同类型的农业经营者也有着不同的技术应用逻辑,并深受政府农业治理策略的影响。正是政府与不同类型农业经营者的持续互动过程,不断推动了农业经营组织形式的演变。下文要展示的B县的个案本质上就是这种政府与不同类型农业经营者关系的演变。

三、政治动员、技术推广与农业产业转型

自 1985 年 1 月中共中央发布的《关于进一步活跃农村经济的十项政策》(第四个中央一号文件)中提出调整农业产业结构、搞活农村经济的改革思路之后,农业产业结构调整便一直被地方政府视为发展农村经济、带领农民致富的重要举措,各地先后掀起了一轮又一轮农业产业结构调整的热潮。(马明洁,2000;古学斌等,2004;冯猛,2014;刘军强等,2017)B 县的农业产业结构调整便成为该时期以来的众多地方实践之一。

(一)政治动员与强制性技术变迁

1986 年初,B 县政府出台了《关于全面贯彻中央一号文件,进一步深化农村改革的意见》,明确提出将发展苹果产业作为该县主导产业的政策主张,并制定了"10 万亩优质苹果基地建设实施方案",计划用三年时间发动农户建设 10 万亩苹果园。由此,正式拉开了当地从大宗粮食作物种植转向苹果产业发展的序幕。为此,B 县政府制定了一系列扶持制度及政策:

> 1.责任田承包期至少 15 年以上;2.允许在责任田建园,谁建归谁,长期不变,由政府发给"果园证";3.新建园坚持"统一规划、集中连片、分户实施"的原则;4.在"三荒"地建园 3 年免征农林特产税;5.建园头 3 年调减农业税,3 年后免去果园地合同订购任务;6.县上下达 24 万元开发贷款,东南乡镇(经济条件较好——笔者注)每亩新建苹果园补助 20 元,其余 12 乡镇每亩补助 30 元。[1]

---

[1] 资料来源:《B 县县志(1983—2004)》,第 239 页。

政府的制度及政策扶持不仅解决了制约苹果产业发展的制度障碍，还为农户的投资提供了直接的资金支持，这极大地调动了农户投资果园建设的积极性。此外，在初步形成规模效应后，政府还投入了大量人员和资金用于解决制约苹果产业发展的技术及外部资源条件问题，如组织技术服务体系建设以增强技术研发和新品种推广，打造及宣传地域品牌，强化企业贮藏及营销能力，建设节灌工程解决农户灌溉问题等。这其中，尤为重要的便在于政府所构建的技术服务组织体系。这是由于相较于大宗粮食作物种植而言，苹果种植所需的技术较复杂，更具专用性属性，（威廉姆森，2002）而大多数农户又并无苹果种植经验。因而，政府构建的技术服务体系不仅在产业发展初期为广大农户及时提供了所需的技术知识和服务，而且，也为其后产业的顺利发展及转型升级提供了不可替代的技术支撑。

不过，1980年代农村实行家庭联产承包责任制改革后，农业新技术的推广不得不面对众多分散经营的小农户。（黄季焜等，2000）要求众多分散经营的小农户实施统一的技术模式，不仅需要较高的组织成本，而且，技术应用的过程和效率也极容易受多重社会性因素的影响。因而，如何解决小农户技术应用过程中的组织成本及其他社会成本问题，便成为公共部门推广农业新技术的关键。

为全面满足农户在苹果品种选育、果树栽培及管理、病虫害防治等方面所面临的一系列全新技术需求，实现将新技术广泛应用于农户生产活动之中，在B县苹果产业发展初期，政府即开始着力建设农技推广服务体系：

> 1986年8月……县上成立"苹果基地建设领导小组"指导全县工作，下设办公室办理日常事务；各乡镇也建立相应组织并设一名苹果生产专干负责此项工作。……县技术部门主要抓信息，抓品种

研究,进行宏观指导;乡镇重点抓技术管理、病虫防治、典型样板果园建设和老园改造工作;村上主要抓落实,抓服务,落实规划,落实技术干部下乡蹲点。举办各种技术培训班。长训班时间为一年,学习期满,发给农民技术员证书;短训班从实际应用出发,田间搞什么学什么,学为急用,服务生产,速见成效。[①]

其后,B县政府正式组建县园艺站,并从农业大专院校聘请专业技术人才作为管理和技术干部,负责统筹指导全县的苹果产业发展工作。同时,在乡镇设苹果技术研究推广站和苹果服务站,村级设苹果协会(由懂技术的村组干部、示范户作为技术骨干并辐射周边农户)。由此,就形成了一个覆盖县、乡、村三级的农技推广服务体系。而通过组织化的技术服务体系建设,这就形成了一个面向小农户的全面、直接的科层化技术服务组织,从而分担了小农户应用新技术的经济和社会成本。(程秋萍、熊万胜,2016)

从政府治理的角度来看,这一组织化的技术服务体系也构成了B县政府产业治理的常规机制,(周雪光,2012)即由政府通过制度和组织建设,积极培育产业发展环境,引导产业朝政府所设定的政策目标发展演进。(高柏,2008;道宾,2008)B县的农业产业发展实践表明,政府的这一产业治理模式取得了较好的发展绩效。但是,由于改革开放以后,政府总体性资源动员能力趋于弱化,(渠敬东等,2009)在面对作为其治理对象的超大规模社会时,政府的常规工作机制根本不可能动员足够的资源以实现其治理目标。(唐皇凤,2007;杨华、袁松,2018)因而,在常规治理机制之外,政府还通常采取"运动式治理"的方式,以超越常规的紧急动员过程,集中有限的治理资源,短期内迅速完成中心任务目标。(狄金华,2010;周雪光,2012)如在2000年前后,受限于技术管理水平及市场行情低迷的情况,B县苹果产业进入低谷期,一些农户甚至开始毁挖果

---

① B县政协文史资料委员会编:《B县苹果发展史》,B县政协文史资料,2004年,第28页。

园,改为种植小麦等市场收益较稳定的粮食作物,或选择外出打工。针对此严峻形势,B县政府先后提出并实施了一系列果园改造及果品质量提升计划,以提升农户的技术水平,帮助其走出产业发展的低谷期:

> 县委、县政府紧紧抓住苹果套袋这一关键技术环节……从 2000 年起把大规模实施苹果套袋作为一场硬仗来打……协调专项扶贫资金 300 万元,落实农行及信用联社小额贷款 600 多万元,专门用于苹果套袋……县上每年还作出《干部职工回乡下村实施套袋的决定》,要求干部、教师、学生放疏花疏果、苹果套袋假。每年有千余名干部和万余名师生进村入园套袋。县级领导深入乡镇指导,乡镇领导分工包村,机关干部驻村抓点,县包联部门搞好服务。力争做到园不漏村,树不漏果,果不漏袋……套袋数量一年一个新台阶,由起步推广前 1 亿只发展到 2000 年的 2 亿只,2001 年 7 亿只……①
>
> 2002 年 3 月,县委、县政府决定在全县推广"巧施肥、强拉枝、大改形、无公害"四大技术,各乡镇分别召开了乡、村、组三级干部会议,层层宣传动员,级级落实任务……县委、县政府主要领导与各乡镇党委书记、乡镇长签订了目标责任书……各乡镇也与包村领导、驻村干部、村干部层层签订了"四大技术"推广目标责任书,并将任务分解到户、到园。领导包片,乡镇机关与县级部门包村干部全部下驻村、组,入户包园……2002 年 3 月—4 月共完成苹果树强拉枝 5.32 万亩,大改形 3.28 万亩,施肥 20 万亩,春灌 7 万亩。②

作为 21 世纪以来地方政府重点推动的两项新技术,苹果套袋技术主要用于改善果品质量,"巧施肥、强拉枝、大改形、无公害"四大技术则是全方位的果园改造技术,这也被视作走出该时期产业发展低谷的关

---

① B县政协文史资料委员会编:《B县苹果发展史》,B县政协文史资料,2004 年,第 64—66 页。
② B县政协文史资料委员会编:《B县苹果发展史》,B县政协文史资料,2004 年,第 67—69 页。

键。因而，为尽快实现产业发展绩效，帮助小农户迅速摆脱产业发展困境，这两项技术的推广并未遵循常规的技术推广机制，而是由B县政府强力动员其行政组织中的各级机构及所需资源，在一个较短的时间内迅速实现了新技术的推广应用。在此过程中，基层政府的组织动员能力显示出了极大的效力。

总体上看，在B县农业产业转型过程中所呈现的这一由政府行政力量强力推动形成的农技推广模式，无论是其常规模式，还是运动式治理模式，都成为一种高度组织化的农技推广模式，由此引起的农业技术变迁路径，可以称之为强制性农业技术变迁。（林毅夫，2014:260—287）在这一技术变迁路径中，一方面，政策资源的输入有效地缓解了农户新技术应用的经济压力，降低了新技术应用的成本；另一方面，政府行政部门的高度组织化特征以及政治动员的广泛性和普遍性，有效解决了众多分散农户的组织成本以及技术应用中的其他社会成本。因而，相较于农民的自发组织以及市场组织而言，在应对高度分散的小规模农业经营格局中，政府的行政组织及其广泛的政治动员有着不可替代的优势和效力。

（二）家庭收入增长与小农户技术应用的内在动力

不过，自上而下的组织动员必须能够有效满足农户的利益需求，否则，就很容易陷入"官动民不动"的困境。（梁漱溟，2011:403—404）1980年代中后期以来，B县的小农户之所以纷纷响应政府的号召，放弃传统的粮食作物种植，转而种植苹果这一劳动、资本、技术投入更高的经济作物，其原因即在于从事苹果种植所带来的较高经济收益。

B县L村的贫困户QXH，由于家庭负担重，常年拖欠农业税费，生活糊口完全靠国家的返销粮。1987年，QXH从村里贷款筹资建设了4亩果园，1990年果园挂果，售后收入1.2万元，不仅还完了贷款，还新购置了一辆四轮拖拉机，一时成为当地远近闻名的脱贫致富的典型。而

QXH 所在的 L 村,1991 年发展苹果园 1934 亩,人均 1.18 亩,人均收入 1500 元。其中,户均收入 3 万元以上的有 21 户,2 万元以上的有 35 户,1 万元以上的有 58 户。该年,L 村成为全县靠苹果致富的典型村,并被称为"八百里秦川苹果第一村"①。

在农村社会,这种"致富典型"所带来的激励效应,既为该时期(由于外出务工市场尚未发育)正在四处寻求致富门路的广大农户提供了充足的动力,也为政府推动农业产业结构调整提供了充分的合法性依据。正是得益于村庄社会中这些"致富典型"的直观经济激励,B 县的农户不断增加了农业生产中的资本投入,从资本投入较低的粮食作物种植转向资本投入较高的苹果种植,并在政府的推动下不断接纳及尝试新技术的应用。如 2000 年政府大力推动苹果"套袋"技术时,因需要农户额外追加"套袋"的资金及劳动力投入②,一些农户并不接受。但"套袋"之后不仅有效减少了病虫害,而且,果品的质量显著改善,苹果价格明显提升,其后,该项技术也普遍被农户接纳和采用。

从当前农户的果园收益情况来看,B 县农户的苹果种植面积一般在 3—10 亩不等,主栽品种为红富士,丰产期平均亩产 4500 斤左右,以 2016 年富士苹果 2.5 元/斤的收购价格计算,亩均总收入约 11250 元,扣除生产成本约每亩 5000 元(不含农户的家庭劳动投入),亩均净收入 6250 元,则 3—10 亩苹果园的总净收入约为 2—6 万元,这基本相当于目前农村青壮年劳动力外出务工的工资收入水平。表 1 显示了当前 B 县 4 户果农生产经营及收益的具体状况:

---

① 该称呼来自 B 县政协文史资料委员会编:《B 县苹果发展史》,B 县政协文史资料,2004 年,第 33—34 页。

② 苹果"套袋"技术于 2000 年自日本引入 B 县,需在每年的 5 月底 6 月初果树结果后,由人工将袋子逐个套在果子上,并于 9 月中旬苹果成熟前一周左右,将袋子逐个摘掉。该项工作较烦琐,除购置袋子的成本外,还需投入大量劳动力(需要雇工方能及时完成任务)。当前,每个袋子的成本为 0.04 元,套一个袋子的人工费用为 0.06 元,即每个果子"套袋"的总成本是 0.1 元,平均每亩约需 1500 元。

表 1　B 县 4 户果农的生产经营情况

农户	年龄	家庭人口	劳动力	耕地面积(亩)	果园面积(亩)	挂果面积(亩)	亩均成本(元)	亩均净收入(元)	果园总净收入(元)
XSM	60	3	1	10	4.6	4.6	3260.8	2174	10000.4
GFX	55	5	2	4.7	2.7	2.7	5180	7264.4	19631.9
LXY	51	4	2	10	10	10	5000	6700	67000
ZGZ	65	2	2	13.5	10	6	6166.6	15333.3	92000

　　注:XSM 残疾,全靠妻子劳动,是村庄的贫困户,缺乏管理技术和劳动能力;GFX 和 LXY 是当地的"中等户子",体现了大多数普通农户的情况;ZGZ 则是当地远近闻名的苹果种植能手、"苹果状元",技术水平远高于普通农户。

　　虽然因不同农户之间经营规模、经营能力及劳动能力的差异,其苹果种植的收益亦呈现较大的差异性变化;但除 XSM 特殊的家庭劳动力状况以及 ZGZ 拥有独特的技术优势外,大部分农户的亩均苹果经营效益并没有太大差别,其果园总收入的差异主要同经营面积有关,如 GFX 和 LXY 的状况所示,大致维持在 2—6 万元。而当前农民外出打工,若是进入工厂,月工资大致在 3000—5000 元;若是在建筑工地打工,没有技术的小工,日工资 80—100 元,年工作 200—250 天,年收入 2 万元左右;有技术的瓦匠、木匠等,日工资 200 元左右,年工作 200—250 天,年收入 4—5 万元。因而,当前农民是选择在村从事苹果种植,还是选择外出务工,其二者的总体收益基本没有太大差别。对于 B 县的小农户而言,在当前外出务工市场已充分发育的背景下,苹果种植收益和外出务工工资收入的这种相对均衡状态,也是促使其发展苹果经营的一个重要机制,即在村从事苹果种植同样可以获取一份较可观的经济收入,从而维持其家庭在村庄社会中较体面的生活①。

---

① 并且,相对于外出务工而言,在农村经营苹果园,更能够兼顾家庭生活,不必忍受漂泊异地、家庭分离的痛苦,劳动时间和劳动条件较自由,自己为自己劳动,并能享受劳动的获得感。

(三)小农体系与农业产业转型

整体上看,在上述 B 县农业产业的转型发展过程中,由行政力量主导的农业技术变迁对于推动该地农业产业结构调整发挥了不可替代的重要作用。在 1980 年代末初步建设完成 10 万亩果园任务后,B 县的苹果种植面积持续扩大,到 1990 年,增加至 12 万亩。其后,B 县政府又制定了"建设 40 万亩苹果基地县"的政策目标,1990—1993 年新增建设果园 13 万亩,至 1997 年便已累计发展到 30 万亩,2000 年以后,全县果园面积便已累计发展至 40 万亩。与此同时,B 县的粮食作物[①]种植面积(含复种面积)则从 1984 年的近 60 万亩下降至 2003 年的 45 万亩,而作为当地主要粮食作物的小麦,其种植面积则从 1984 年的 46.8 万亩下降至 2003 年的 28 万亩(见图 2)。

至 2016 年,B 县粮食作物种植面积(含复种面积)已下降至约 41.8 万亩,小麦播种面积下降至约 20 万亩,苹果种植面积已累计增至 55 万亩(占总耕地面积的 76.3%)[②]。这意味着,在政府的持续推动下,B 县的农业产业结构调整已初具成效,从以粮食作物种植为主的传统农业大县转变为以苹果种植为主的果业大县。

从动机上看,地方政府打造产业发展的行为通常带有"打造亮点"谋求政绩的特征。(叶敏,2016)不过,总体上,政府的产业治理并非毫无根据的"拍脑袋"决策,而是一个综合系统,它既需要考虑既有的产业基础,也涉及一系列的政策及制度环境建设。(梁波、王海英,2010)尤为重要的是,在上述 B 县农业产业转型的过程中,政府强有力的政治动员并未改变以小农户为主体的农业生产组织形式,即农业产业的转型正是立足

---

① 当地的粮食作物主要包括小麦、玉米、谷物、大豆、油菜等,一年两熟,夏粮主要为小麦,秋粮主要为玉米。

② 果园在建设初期仍可套种小麦,因而,此处包含农户在新建果园中套种小麦的面积。

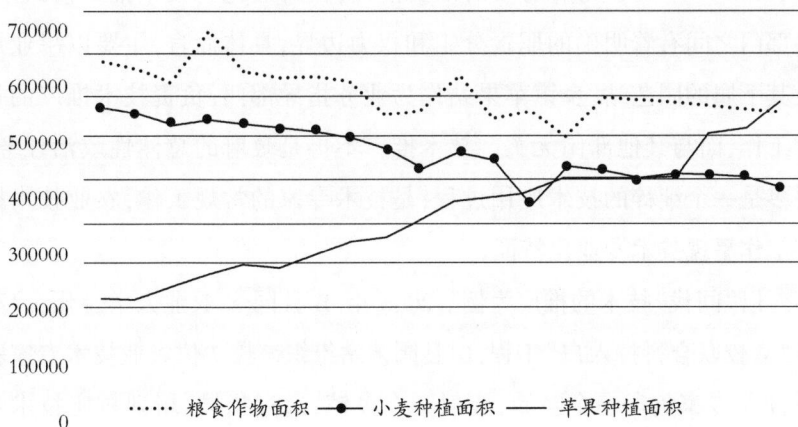

資料来源:《B 县县志(1984—2004)》。

图 2　1984—2003 年 B 县农业种植结构变化

于小农体系基础之上。(姚洋,2010)虽然,在这一过程中,面对以承包制小农户为主体的分散的小规模农业经营体系,政府投入了巨大的政策资源和组织成本;但是,在政府与小农户的持续互动下,B 县的农业产业结构彻底地从以低产值的粮食作物种植为主转向了以高产值的经济作物种植为中心,这充分显示了政府较高的产业治理绩效以及小农体系的发展前景。

四、技术推广的组织变革与小农体系的发展困境

(一)从政治动员到技术专业化:技术推广的组织模式变革

在 2004 年农业税费改革以后,上述以政府大规模政治动员实现小农户的强制性技术变迁模式日趋减少,农业技术推广更是作为技术部门行政职能的一部分,而日趋呈现出行政科层化特征。(渠敬东

等,2009)①不同于此前的政治动员模式,在科层化的技术推广模式中,各部门之间有着明确的职责分工和权力边界,具体而言,主要以果业局及其下属的园艺站、乡镇苹果站作为业务指导部门,负责技术推广的日常工作,而与其他部门无关。技术推广不再是政府的总体性政治任务,更多是一个纯粹的技术应用过程,是技术专家的常规工作,农业技术推广工作呈现技术专业化特征。

以"间伐"技术的推广为例。2006 年,B 县同 X 农业大学合作,启动了"县校联合科技入户"工程,由县园艺站组织该校 7 位农业技术专家驻村,1 位专家负责一个乡镇,辐射一个乡镇,通过指导、培训村庄技术骨干,带动农户应用果园管理新技术果树"间伐"技术。该项技术旨在解决长期以来农户果树种植过于密集从而制约果品质量提升的问题。此前,农户在建设果园时,均是本着果树越多越好的朴素认知,每亩地栽种了50—60 棵苹果树。不过,在 X 大学技术专家看来,这并不符合科学的栽种要求,果树过于密集既不利于果树成长、挂果,也不利于病虫害防治,有着诸多弊病。按照技术专家的要求,需要农户将此前密集种植的苹果树砍伐掉二分之一左右,即"间伐",隔一伐一。在技术专家看来,农户采用"间伐"技术的初期或许会承受些损失,但随着果树和果品质量的改善,其后的收益将大幅度增长:

> 农民本想,我这 10 棵树,你要间伐一半剩 5 棵树,那产量肯定低了。确实,间伐以后第一年肯定要减产,但是做得好的话,第一年虽然减产了不一定减收。我质量好了,果子大了,卖的价高了,产量

---

① 这其中一个重要的原因在于,农业税费改革以后,地方政府的财政收入来源发生了重大变化。农业税费改革以前,地方政府积极干预农业技术推广的重要动机即在于保障苹果种植所带来的丰厚的农业特产税收入,如 1995—2003 年,B 县累计收缴农业特产税近 2 亿元。但是,2004 年以后,全国范围内农业税和农业特产税逐渐废止,基层政府的财政收入来源开始主要依靠上级转移支付,基层政府的中心工作更倾向于向上争取资源,缺少主动为农村提供公共服务的动力(周飞舟,2006)。

降低了,但是收益可能没降低,跟往年收益可能基本上一样,大部分可能要减一点,但是到第二年绝对不会减收。①

但是,直到今天,这一新的果园管理技术仍未在农户中实现广泛推广。虽然,为推广这一管理技术,X大学的技术专家们耗费了巨大精力不厌其烦地对农户进行动员、宣传和指导,政府部门也投入了一定的资金对"间伐"的农户予以补贴(每亩奖励一袋肥料)。然而,目前B县采纳及应用"间伐"技术的农户仍仅限于少数典型农户:

> ZGZ,65岁,高中毕业,1996年因所在县城工厂倒闭,回家栽种了6亩富士,但由于不善管理,亩产只有1000多斤。2006年,X大学的技术专家到ZGZ所在的S乡驻村宣讲"间伐"技术。会后,ZGZ请专家到自己的果园现场指导,并根据专家提出的间伐技术,将自己的6亩果园直接砍掉了一半。在"间伐"的前两年,6亩果园并没有见到效益。到2008年,果园亩产增至3000多斤,果品的质量也显著改善,售价达到2.5元每斤(其他农户只能卖到2元每斤)。当前,ZGZ的亩效益已远高于普通农户(亦见表1)。②

令X大学技术专家们颇为不解的是,即使是在使用"间伐"技术前后有着如此显著的效益对比,也仍旧很难带动大多数小农户效仿采用这一新的管理技术。如据ZGZ估计,其所在的WQ村约有2000亩苹果园,但真正对老果园进行"间伐"管理的果园面积不足10%。而在大学的技术专家没有指导过的其他乡镇和村庄,农户对其果园实行"间伐"的比例就更少,大多数农户只是听说过这一模式,但鲜少有尝试者。

小农户之所以迟迟不愿采纳这一新技术,一个重要的原因在于,技

---

① 资料来源:访谈资料201708171,X大学农业技术专家。
② 资料来源:访谈资料201708172。

术专家所提出的"间伐"标准,完全依据的是果园科学管理的基本标准,其所强调的"间伐"前后的效益对比,是经由高度理性化管理后方能达致的效果①。但是,推广该技术的专家毕竟只有 7 人,而全县则有 14 个乡镇 194 个行政村②,大多数农户所具备的关于苹果种植的知识多来自村庄熟人社会中的日常互动,以及自己的经验常识,并不具备如 ZGZ 那样得到技术专家亲自指导的条件,难以做到标准化的"间伐"管理技术要求。

此外,尤为重要的是,农民家庭的生产经营行为,更受到不同时期(家庭生命周期的不同阶段)家庭消费需求的约束。如在技术专家看来,对农民的老化果园进行"间伐"管理,虽然在前两年农户会承受部分损失,但度过两年困难期以后,亩均产出以及果品的质量和价格都会提高,农户便可以用更少的投资换取最大化的产出和收入。而在农民看来,其 3—10 亩的果园收入更关系到全家生活的福祉,如需要用这笔收入支付子女读书的花费,家属的医疗花费,或积攒下来准备明年建房,或计划在不远的将来为子女筹办婚事等。即使是按照专家所要求的科学方法进行"间伐",在两三年后能够显著提升果品的质量,但在市场行情并不稳定的情况下,谁也不能保证两三年后苹果价格能够稳步增长,而短期的、现实的家庭消费需求又迫切需要解决。因此,对于资本化程度较低的小农户而言,由于并无过多的资本积累,面对未来农产品市场的不确定性,维持既有的技术和收入结构亦是其满足家庭消费需求的合理选择。

因而,在缺乏政治动员的强力保障以及组织化的技术服务环境下,纯粹专业化的技术推广模式只能依赖于技术应用的市场效益,以此诱导农户采纳新技术。但是,由于农业技术较高的资产专用性、市场风险的不确定性以及农民家庭较低的资本积累水平,农民更倾向于优先满足家庭消费需求,而非投资充满不确定性的农业技术产品。这也是农民在技

---

① 这主要与现代技术所具有的高度资产专用性特征有关。
② 2011 年撤乡并镇后设 7 镇 1 街道 124 个行政村。

术应用过程中普遍采取机会主义策略的一个重要原因①。

(二)技术要素的资本化与小农体系的发展困境

进入新世纪以后,在政府的总体性政治动员模式逐渐转向专业化的部门行政逻辑之后,面对高度资本化的技术要素,小农户的新技术应用也面临停滞,此前对推动该地农业产业转型有着至关重要的小农体系陷入发展困境。

2010 年前后,B 县农户在 1990 年代苹果产业发展高潮时期种植的果树普遍进入衰退期,果树病害现象日趋严重。鉴于此,在 X 大学技术专家的指导下,B 县农技部门提出了以"矮砧密植"技术为核心的产业转型计划,试图通过这一新品种和新技术的推广,改变该地长期以来品种单一、技术落后的弊病,并以此推动产业发展转型升级。相较于长期以来农户普遍采用"乔化密植"技术而言,"矮砧密植"技术具有结果早、产量高、品质好、省工、适宜机械化作业等优点,是当前美国、欧洲等普遍采用的苹果栽培新技术。(马宝焜等,2010)但是,该项新技术产品的市场价格也较高,单株"矮砧"苗木的市场价格为 20 元(每亩栽植约 80 株),而单株"乔化"苗木的市场价格仅为 2—3 元(每亩栽植约 50 株)。并且,"矮砧密植"果树的技术管理程序较为复杂,对灌溉技术要求较高,这意味着在这一新技术的应用过程中还需要更多的资本投入。但是,一直以来农户管理的都是"乔砧密植"苹果树,不曾接触过"矮砧密植"果树的相关技术管理方法。此外,大多数农户的既有知识水平和技术能力较低,缺少组织化的技术学习方式,这使得小农户在新旧技术之间的转换

---

① 如 B 县的大多数农户施肥并非遵循标准(科学)的施肥量,多是根据苹果的市场行情,苹果价格比较好收入较多,施肥的时候就会多施些,而若是价格低,收入减少,施肥的时候就少施。而在苹果价格持续低迷的时期,许多农户不仅会减少在生产管理上的劳动力和农资投入,严重的情况下还会直接挖掉苹果树,选择外出打工,将更多的劳动力和劳动时间投入到城市的务工市场之中。

成本较高。并且,为加速推动农业现代化的产业治理目标,政府更倾向于将推广该项技术的政策资源补贴优先施之于规模经营者(见下文),而鲜少惠及小农户。因而,大多数农民并不敢"冒险"尝试这一资本高度密集的新技术。

而在 2008 年以后,随着中央不断强调推动农业规模经营,以加速农业现代化发展,B 县政府更是深切地感受到,小农户新技术投资的停滞对其产业治理所产生的巨大压力。因此,在新技术的推广过程中,规模较大、资本化程度较高的农业规模经营主体的地位愈发凸显,他们也被认为更有利于新技术的应用以及政府推动农业产业转型升级目标的实现。

五、高度资本化、技术服务规模化与农业经营体系重构

以规模化农业经营主体的广泛兴起和迅速发展为标志,B 县的农业经营格局开始发生重大变化。不同于此前以小农户为主体的低度资本化、小规模的苹果种植,这些新兴的、规模化的苹果种植者呈现出了更高程度的资本化特征,带着更多的逐利动机进行农业技术创新,并试图打通苹果产业的产前、产中和产后环节,实现苹果产业发展的纵向一体化,从而实现资本利润的最大化。这些新型的农业规模经营主体的兴起也进一步推动了政府部门农业政策方向的调整,被政府视为推动新技术应用及苹果产业转型发展的核心力量。

(一)高度资本化与农技组织模式转型

1.高度资本化与农业经营规模化

在 B 县苹果种植领域,规模经营的兴起主要有三种路径:一是由此前在产业链前端或后端从事农资供应或果品加工贸易的农业企业开始

进入生产环节,发展规模化的苹果种植;二是其他部门的产业资本转移到农业产业,发展农业规模经营及相关产业化经营活动;三是农村社会中的少部分农户,在完成初步的资本积累后,开始扩大经营规模,并试图延伸生产环节及相关产业经营活动的范围。前两种路径的组织化和资本化程度最高,产业链的延伸范围最广、程度最深,并趋向于发展形成囊括"产、加、销"的全产业链模式,第三种路径的组织化和资本化程度相对较低(但要远高于普通小农户),其多是基于生产规模的扩大而逐渐向销售领域扩展,不过,受其资本总量限制,产业链的扩展程度较为有限,仍是以生产环节为主。

表 2　B 县不同发展路径农业规模经营主体情况

规模经营者	经营模式	经营规模	发展过程	业务范围	资产规模
TLY(家庭农场主)	家庭经营+临时工	100亩	TLY 原为小农户,技术较好,2014 年流转土地,种植"矮砧"苹果新品种,经营规模从 15 亩扩大到 100 亩,2016 年注册家庭农场,2017 年注册公司。	苹果种植、苹果销售	50万元
CXH(合作社负责人)	股份合作+临时工	100亩	CXH 原有 6 亩果园,2008 年联合几户果农成立合作社,2011 流转土地,种植"矮砧"苹果新品种 100 亩,并为周边 200 多家农户提供农资、技术服务,服务规模约 2000 亩。2014 年注册公司。	苹果种植、技术服务、农资销售、苹果贮藏、苹果销售、金融合作	1680万元
LQ 公司	公司制+临时工	600亩	公司负责人此前一直从事煤炭、汽车销售行业,2016 年转行投资农业,流转土地 600 亩,种植"矮砧"苹果新品种,成立农业公司。	苹果种植、苹果销售	3500万元

续表

规模经营者	经营模式	经营规模	发展过程	业务范围	资产规模
XH公司	公司制+临时工	600亩	2000年成立,国家级农业产业化龙头企业,此前主要经营业务涉及苹果产业链的上游和下游,2010年流转土地建设果品生产基地,进入种植领域,发展"矮砧"苹果新品种,形成了全产业链模式。	苹果种植、储存、加工、销售、出口贸易,苗木繁育、养殖、有机肥生产等,覆盖B县苹果产业的产前、产中、产后等所有环节	6000万元

表2分别显示了农业规模经营者的这三种不同发展路径及其基本情况:

在表2中,TLY和CXH的经历体现了随着小农户资本积累的增加经营规模持续扩大的过程,LQ公司和XH公司则是B县产业资本进入农业种植领域较有代表性的两家企业。虽然上表中不同农业规模经营主体的发展路径不同,但从其资产规模来看,均呈现出了高度资本化的特征,且经营规模越大,资本化程度也越高。对于这些高度资本化的规模经营者而言,其经营逻辑主要在于实现资本投入的利润最大化,这也根本不同于普通小农户为满足家庭消费需求而投资(资金和劳动)的逻辑。此外,在发展模式上,这些规模农业经营者的一个显著特征在于,他们均试图通过规模化策略实现生产、销售的一体化。他们或是自下而上从销售领域向生产领域扩展,或是自上而下将其经营范围从生产领域扩展至销售领域,这也体现了B县农业生产领域高度资本化的两个基本过程。

2.规模经营与技术服务规模化

在技术应用上,这些规模经营者大多采用了"矮砧密植"栽培技术这一近年来由政府部门大力推动发展的新型苹果栽培技术。如前所述,苹果"矮砧密植"栽培技术的一个重要特征在于树型矮小便于机械化作业,并且,挂果早、亩产高、资本回收期短,从而为规模化和资本化经营提供了技术条件。因而,这些规模化农业经营主体的兴起,在技术层面也可以视为农业技术创新以及新技术推广应用的结果。

而在新技术的应用过程中,由于规模农业经营主体的高度资本化特征,其目的在于追求资本利润的最大化,侧重资本和技术投入的利润和效率,较少受经济因素之外的其他社会因素影响,从而与市场条件下的农业技术推广机制有着高度"亲和性"。因此,政府部门也将新技术推广的重点放到了这些新兴的农业规模化经营主体身上,以迅速实现其发展替代性新品种和新技术,推进当地苹果产业转型升级的治理目标。

2011 年,B 县政府制定了 10 万亩优质矮化苹果示范园建设工程,计划用三年时间推动建设 10 万亩矮化种植的新苹果园。其后,政府又制定了《B 县苹果产业转型升级总体规划(2014—2020)》以及《关于大力发展 20 万亩矮砧苹果新优品系示范基地的决定》,计划到 2020 年发展矮化新品种果园 20 万亩。在这一系列政府推动的工程项目中,政策资源分配的核心在于扶持这些新兴的规模化农业经营主体。政府每年拿出800 万元财政资金用于扶持规模化的"矮砧果园",如对乡镇百亩示范园补贴 15 万元,30 亩以上连片新建园的苗木给予 50% 的补贴,对家庭农场、企业农场等经营主体的百亩连片新建园给予 30% 的地膜补贴。至2015 年,全县总计发展 50 亩以上 100 亩以下规模经营主体 237 家,100亩以上规模经营主体 48 家,新建矮砧新优品系苹果示范基地 15.3 万亩。

同时,作为新品种和新技术的主要研发和推广机构,农技部门的技术专家们也开始重点为这些新兴的规模经营者们提供技术支持以及相关的业务指导,而不再遵循此前通过驻村入户、以点带面等主要面向小农户的农技推广方式。如为解决规模经营者们在新技术应用初期所面临的技术空白,B县园艺站和X大学的专家们从土地规划、品种布局、技术培训等环节为这些规模经营者们提供了全方位的服务。县园艺站还将其技术干部直接下派至一些重要的规模经营主体的生产基地,为其新品种和新技术的应用提供一线的技术指导和管理服务:

> 公司搞基地,我们是技术合作,他们花钱,我们给他们做技术指导。……有一个YR公司,在LG镇这块儿,我们有个技术员叫GCA,他是50多岁,人家技术上是顶呱呱的,当时说的是让他给他们指导,公司流转了1000多亩,他们老板说能不能让他在LG镇留下来专门给我们服务,我说是他可以经常去给你们服务,但是不能是专门为你们服务。最终人家公司觉得GCA干得比较好,现在是技术总监,人员管理也让他搞了,全一把抓了,一个月工资5000多……还有一个是TC公司,那个公司也是我们一个技术员过去,住在他们公司啦,他那个公司还更大一点……他公司老板是搞房地产的,全不懂,他就让我们的人来搞。[①]

显然,相较于普通小农户而言,这些新型农业经营主体不仅资本化程度更高,经营规模更大,而且,其对新技术的接受程度、积极性更高,以此为基础开展农技推广行为的绩效也更为显著。B县将此称为新时期农技服务的"新模式",以区别于此前针对小农户的以技术培训、宣传为主的"旧模式",并将这一主要针对规模主体的技术服务"新模式"作为该部门今后工作的一个重要内容和方向。

此外,为解决新技术应用过程中技术管理人员短缺的问题,一些企业还将农村社会中此前由政府培训的村级技术骨干聘请为企业的技术

---

① 资料来源:访谈资料201708192,B县园艺站站长LL。

管理人员,负责技术管理、生产实施等工作。如 XH 集团在 LG 镇苹果种植基地的负责人 GM,就是 LG 镇的村级技术示范员,其职责是在县园艺站的指导下为周边的农户提供技术指导和培训活动,政府每月给其 120元的补贴。2010 年,GM 被 XH 集团聘请为生产基地的技术顾问兼生产厂长,月工资 3000 元。当前,GM 虽然还担任着村级技术示范员的角色,但由于 GM 常年在公司的基地工作,已经很少为小农户开展相关的技术服务活动了。因此,随着农业规模经营的兴起,当地的农业技术推广和服务体系也开始发生了重大转变,由此前以小农户为中心的层级化体制,转向以规模农业经营主体为核心的新的层级化体制,如图 3 所示。

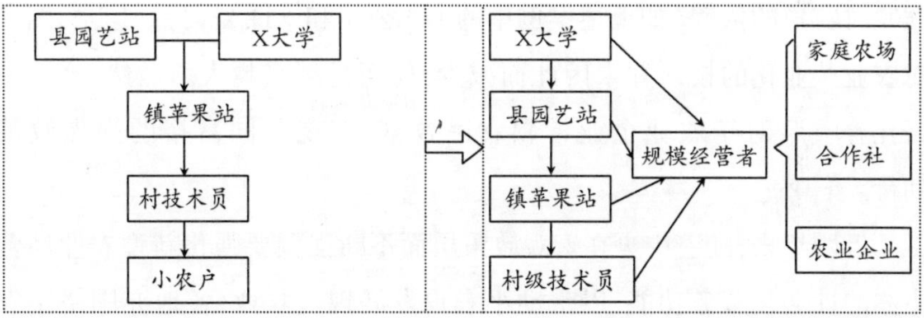

图 3　B 县农业技术组织模式转型

(二)小农户与大农场:技术服务外包与农业经营体系重构

农业规模经营的兴起,也深刻改变了 B 县的农业经营体系,使得该县的农业经营逐渐从以小农户的小规模经营为中心的生产格局转向了以家庭农场、合作社、农业企业等新型农业经营主体为中心的"产、销"一体化的产业发展格局。相较于小农户的分散经营而言,以规模经营为基础的纵向一体化模式是一种组织化程度较高的经营管理模式,并有着较高的组织管理效率。但这种以规模经营为基础的纵向一体化模式也有其自身的限度,即其仅限于规模经营者的纵向一体化,而并没有将更为广泛存在的小农户纳入其纵向一体化的产业体系之中。

不过,在政府的农业治理体系中,也无法忽视小农户的重要地位。在仍是以小农户为主体的农业经营格局下,小农户的重要性不仅体现在其作为产业发展的基础的地位上,还更涉及千万农民的家庭生计,更具政治正确性①。因此,在1990年代中期,国家开始实施农业产业化战略,强调大力发展以农业龙头企业为核心的贸工农一体化时,仍不忘强调农业产业化龙头企业必须带动农户的经济社会责任,以形成风险共担、利益均沾的利益分配调节机制(熊万胜、石梅静,2011)。虽然,在实践中,企业对于农户的带动通常难以实施,因为同不计其数的承包制小农打交道,需要承担高昂的交易成本,许多企业往往采取公司化农场的方式,以摆脱对农户的依赖(如上述案例中的LQ公司和XH公司)。但是,国家对农业产业化的投入并未因此而减少,反而是越来越大。显然,这其中寄托着政府对于农业企业带领农民致富、实现共同富裕的强烈政策期待。

近两年来,随着中央在宏观政策层面不断强调要强化新型农业经营主体的社会化服务功能,以带动小农户发展现代农业,各地亦围绕小农户和新型农业经营主体之间的合作机制进行了相关探索。2015年,B县供销合作社联合社(县政府直属事业单位)从上级部门争取了1000万元的项目资金,用于支持本地这些新兴的规模经营者们为小农户提供农业社会化服务。这意味着,针对当前技术要素资本化条件下小农户新技术应用的困境,政府试图借助规模经营者的力量,以带动小农户广泛参与到规模经营主体的纵向一体化发展模式之中,从而实现小农体系的转型升级。

其中,B县小农户和规模经营者之间一个最主要的合作方式即"托管"。"托管"分为全托和半托,前者指小农户将农资产品购置、劳动投入、生产管理、果品销售等环节全部交由托管方完成,农户享有亩产4000

---

① 如在历年的中央一号文件中,在强调推动农业规模经营发展的同时,均强调要始终坚持农民家庭经营的主体地位。

斤的保底收益,超过保底收益部分双方按比例分成(农户占四成,托管方占六成);后者指农户仅将农资产品购置和果品销售交由托管方完成,生产管理由小农户自己承担,托管方负责提供技术指导和咨询,扣除农资成本后的销售所得归小农户所有。当前,B县农户采取的托管方式主要是"半托",考虑到家庭劳动力的充分利用,很少有农户选择"全托"。以M公司的托管服务为例:

> M公司成立于2008年,主要经营苹果收购、销售业务,资产规模5000万元。2015年,M公司在Y镇X村流转了200亩土地,发展有机苹果种植。2016年,为进一步扩大规模,在政府产业发展资金贷款的支持下,M公司将其生产基地周边62户农户的果园"托管"了起来,统一农资供应,统一技术管理,统一品牌销售。其中,农资产品价格低于市场价格(肥料优惠20%,农药优惠50%),苹果收购价格则高于市场价(比市场价高0.1元每斤)。在组织机制上,M公司成立了托管中心,下设技术服务队,服务队以园艺站技术员和村技术骨干为核心,主要负责具体的技术指导,村一级成立了农民委员会,由农户以无记名投票方式选出会长(一般是技术比较好的农民),会长下设组长,每个组长管8户农户,由组长负责统一施肥,统一打药,统防统治。公司定期请园艺站专家对会长和组长进行培训,并对其工作进行考核,绩效好的会长和组长在年底可得到一定奖励。2017年,M公司托管的农户已增加至367户,规模扩大至2000亩。[①]

从上述M公司的"托管"实践中可以发现,对于规模经营者而言,其规模的扩张,既包含横向一体化的方式(通过土地流转将小农户的生产经营转化为公司内部的组织管理活动),也包括同小农户采取的混合制

---

① 资料来源:访谈资料201708193,M公司总经理LXY。

合作方式,即通过技术服务的外包,为小农户提供农业技术的社会化服务。(罗必良,2017:25;席莹、吴春梅,2017)对于企业而言,相较于以经营规模扩张为中心的横向一体化模式,这种以技术服务外包为核心的发展模式,无须增加较多的土地流转成本和企业组织成本,便同样能够实现规模经济,获取其所需的较高质量及较大规模的农产品。而对于小农户而言,通过发展同这些规模经营者的合作关系,借助其所掌握的较高的技术管理水平以及较丰富的市场资源,不仅能够有效实现生产管理技术的进步,而且能够分享更多的产业链延伸所带来的市场收益:

> 现在有了技术和统一防控的概念,管理意识增强了。产量由原来的三四千斤,到现在的五六千斤。商品率也提高了,托管前果子的商品率七成左右,托管后提高到八成以上。以前是70—75mm(苹果直径——笔者注)之间的果子比例占得多,托管之后,80mm的占大多数,产量提高了,果子个头也变大了,总体上卖价提上去了。而且农资投入的成本减少了。[1]

当前,B县规模经营者和小农户之间的这一"托管"式合作模式仍在探索之中。在这一模式下,技术的组织逻辑更具企业治理的特征,体现了市场条件下企业与农户的合约关系,并使得政府将以规模经营者为中心的技术服务模式逐渐扩展至小农户,如图4所示。

由此,随着农业规模经营主体的兴起,B县的农业生产、经营和服务体系均发生了重大转变,围绕着农业规模经营主体"产、销"一体化发展,小农户的生产经营活动日益紧密地被纳入规模经营者所主导的组织结构之中,形成了一种新的纵向一体化发展的农业经营体系。

---

[1] 资料来源:访谈资料201708212,M公司X村"托管"农户,农民委员会会长XXY。

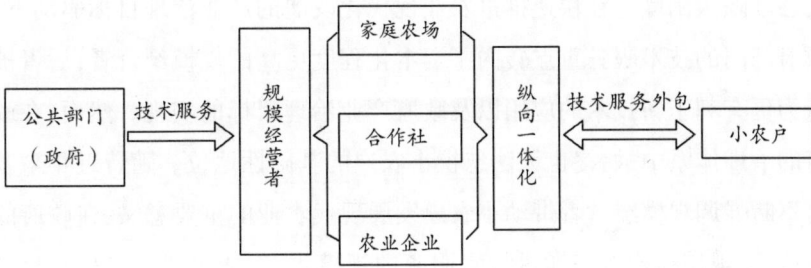

图4　B县农业经营体系重构

六、总结与讨论

本文基于陕西省B县的田野调查,以技术与组织的关系为线索,揭示了在技术应用过程中,技术供给者(以政府为代表的公共部门)与技术接受者(分化的农业经营者)之间的复杂互动关系及由此所不断推动的农业产业的发展转型过程。经验研究发现,市场条件下技术要素的资本化以及政府的行政干预并不必然导致大农场导向的农业发展模式,关键的问题在于如何组织技术,技术的不同组织方式将导致不同的农业经营组织形式。即,农业经营组织形式的演变与技术的组织逻辑有关,这本质上反映了政府与不同类型农业经营者的关系变化。

在政府与农业经营者的关系中,前者始终占据着主导地位。如前所述,在B县的农业产业转型发展过程中,由政府主导的高度组织化的农技推广模式有效解决了小农户技术资本匮乏以及其技术应用的高昂组织成本问题,从而显示了政府农业治理的较高绩效。不过,小农户也并非被动地接受政府的产业治理策略,小农户的技术应用亦有其独特的社会机制。一方面,在市场机制下,新技术应用所带来的较高收益使得小农户能够积极认同政府产业治理的目标,自发进行产业结构的调整及新技术的应用。但另一方面,在政治动员型技术组织模式逐渐消解之后,受农民家庭资本积累水平以及家庭消费结构的限制,小农户的新技术应用逐渐陷入困境。在快速推进农业现代化发展的产业治理目标驱动下，政府部门的技术服务重点转向了资本化程度更高的规模经营者，后者被认为更有利于新技术的应用以及政府产业治理目标的实现。然而，在政府的治理体系中，始终也无法忽视小农户的基础性地位。随着近年来政府不断强调规模经营者带动小农户发展现代农业的重要意义，在政府的支持下，规模经营者们通过技术服务的规模化，逐渐实现了将小农户纳入其"产、销"纵向一体化的发展模式之中。由此，这也推动了当地农业经营体系的转型。

因此，从上述 B 县农业产业转型的过程可知，政府的农业治理行为并不必然导向农业规模经营这一"唯一最佳组织方式"神话，而是受到现实条件的多重约束。虽然，随着当前农业生产领域资本化程度的日益深化，新兴的农业规模经营主体更多地受到政府部门的关注，但政府的规模偏好极大地受制于当前农村小规模农业经营的基本现实。无论是否愿意承认，在未来的很长一段时间内，小规模农业经营都将是我国农村社会长期面临的基本事实，客观上，这是由我国人地关系的基本国情所决定的。因此，政府与农户的复杂互动关系也将长期存在，这既包括政府与资本化程度较高的农户的关系，也包括政府与资本化程度较低的农户的关系。具体而言，这将主要涉及两个关键问题：一是小农的组织化问题，二是现代农业的治理机制问题。第一个问题主要同当前小农户的经营特征有关，涉及如何将分散的小农户组织起来，通过提升其组织效率，减少对接市场和公共服务机构的成本，推动其技术进步和市场效益增长。这也是农业产业转型发展的基础问题。第二个问题主要与小农户和农业规模经营者的合作机制有关。在市场机制下，这主要涉及如何治理小农户，以及如何治理农业规模经营者和小农户之间的交易费用问题，即现代农业经营体系的构建，不仅要着重于推动规模化农业经营主体的发展，还应侧重发展社会化服务，减少小农户对接现代市场的交易成本，促进小农户和现代农业的融合。

参考文献:

Barley, Stephen R.. 1986. "Technology as an Occasion for Structuring: Evidence from Observations of CTScanners and the Social Order of Radiology Departments," *Administrative Science Quarterly*, 31, 1: 78—108.

Woodward, Joan. 1980. *Industrial Organization: Theory and Practice*. New York: Oxford University Press.

Young, A.. 1928. "Increasing Returns and Economic Progress," *The Economic Journal*, 38, 152: 527—542.

陈义媛(2013):《资本主义式家庭农场的兴起与农业经营主体分化的再思考——以水稻生产为例》,《开放时代》第 4 期,第 137—156 页。

程秋萍、熊万胜(2016):《治理交易成本与农业经营组织形式演变——基于 1949—2015 年 J 市养猪业兴衰史的分析》,《社会学研究》第 6 期,第 143—168 页。

狄金华(2010):《通过运动进行治理:乡镇基层政权的治理策略——对中国中部地区麦乡"植树造林"中心工作的个案研究》,《社会》第 3 期,第 83—106 页。

道宾(2008):《经济社会学》,冯秋实、王星译。上海:上海人民出版社。

冯猛(2014):《基层政府与地方产业选择——基于四东县的调查》,《社会学研究》第 2 期,第 145—169 页。

符平(2018):《市场体制与产业优势——农业产业化地区差异形成的社会学研究》,《社会学研究》第 1 期,第 169—193 页。

高柏(2008):《经济意识形态与日本产业政策:1931—1965 年的发展主义》。上海:上海人民出版社。

古学斌、张和清、杨锡聪(2004):《地方国家、经济干预和农村贫困:一个中国西南村落的个案分析》,《社会学研究》第 2 期,第 79—88 页。

贺雪峰(2015a):《为谁的农业现代化》,《开放时代》第 5 期,第 36—48 页

贺雪峰(2015b):《农业问题还是农民问题?》,《社会科学》第 6 期,第 64—

77 页。

黄季焜、胡瑞法(2000):《农业科技投资体制与模式:现状及国际比较》。《管理世界》第 3 期,第 170—179 页。

黄季焜、胡瑞法、孙振玉(2000):《让科学技术进入农村的千家万户——建立新的农业技术推广创新体系》。《农业经济问题》第 4 期,第 17—24 页。

黄宗智(2011):《中国新时代的小农场及其纵向一体化——龙头企业还是合作组织?》。《中国乡村研究》第 8 辑,第 11—30 页。

黄宗智、高原、彭玉生(2012):《没有无产化的资本化:中国的农业发展》。《开放时代》第 3 期,第 10—30 页。

黄宗智、高原(2013):《中国农业资本化的动力:公司、国家、还是农户?》。《中国乡村研究》第 10 辑,第 28—50 页。

黄宗智(2014a):《"家庭农场"是中国农业的发展出路吗?》。《开放时代》第 2 期,第 176—194 页。

黄宗智(2014b):《明清以来的乡村社会经济变迁:历史、理论与现实》(卷三)。北京:法律出版社。

黄宗智、龚为纲、高原(2014):《"项目制"的运作机制和效果是"合理化"吗?》。《开放时代》第 5 期,第 143—159 页。

梁波、王海英(2010):《市场、制度与网络:产业发展的三种解释范式》。《社会》第 6 期,第 90—116 页。

林毅夫、沈明高(1990):《我国农业技术变迁的一般经验和政策含义》。《经济社会体制比较》第 2 期,第 10—18 页。

林毅夫(2011):《制度、技术与中国农业发展》。上海:格致出版社。

林毅夫(2014):《关于制度变迁的经济学理论:诱致性变迁与强制性变迁》,载科斯等著《财产权利与制度变迁:产权学派与新制度学派译文集》,刘守英等译。上海:格致出版社。

梁漱溟(2011):《乡村建设理论》。上海:上海世纪出版集团。

刘军强、鲁宇、李振(2017):《积极的惰性——基层政府产业结构调整的运作机制分析》。《社会学研究》第 5 期,第 140—165 页。

罗必良(2017):《农业家庭经营:走向分工经济》。北京:中国农业出版社。

马宝焜、徐继忠、孙建设(2010):《关于我国苹果矮砧密植栽培的思考》。《果树学报》第1期,第105—109页。

马克思(1972):《资本论》。北京:人民出版社。

马明洁(2000):《权力经营与经营式动员——一个"逼民致富"的案例分析》。《清华社会学评论特辑》,第47—79页。

[俄]恰亚诺夫(1998):《农民经济组织》,萧正红译。北京:中央编译出版社。

邱泽奇(2005):《技术与组织的互构——以信息技术在制造企业的应用为例》。《社会学研究》第2期,第32—54页。

邱泽奇(2008):《技术与社会变迁》,载李培林、李强、马戎主编《社会学与中国社会》第583—609页。北京:社会科学文献出版社。

渠敬东、周飞舟、应星(2009):《从总体支配到技术治理——基于中国30年改革经验的社会学分析》。《中国社会科学》第6期,第104—127页。

[英]斯密(2009):《国富论》,郭大力、王亚南译。上海:上海三联书店。

舒尔茨(2011):《改造传统农业》,梁小民译。北京:商务印书馆。

速水佑次郎、拉坦(2014):《农业发展:国际前景》,吴伟东等译。北京:商务印书馆。

孙新华(2017):《再造农业:皖南河镇的政府干预与农业转型》。北京:社会科学文献出版社。

唐皇凤(2007):《常态社会与运动式治理——中国社会治安治理中的"严打"政策研究》。《开放时代》第3期,第115—129页。

韦伯(1997):《民族、国家与经济政策》,甘阳等译。北京:生活·读书·新知三联书店。

威廉姆斯(2002):《资本主义经济制度:论企业签约与市场签约》,段毅才、王伟译。北京:商务印书馆。

温铁军(2009):《"三农问题"与制度变迁》。北京:中国经济出版社。

席莹、吴春梅(2017):《农民专业合作社的双元能力建设及其治理效应》。《农业经济问题》第8期,第35—44页。

熊万胜、石梅静(2011):《企业"带动"农户的可能与限度》。《开放时代》第4

期,第 85—101 页。

杨华、袁松(2018):《中心工作模式与县域党政体制的运行逻辑——基于江西省 D 县调查》.《公共管理学报》第 1 期,第 12—22 页。

姚洋(2010):《小农体系和中国长期经济发展》.《读书》第 2 期,第 20—30 页。

叶敏、马流辉、罗煊(2012):《驱逐小生产者:农业组织化经营的治理动力》.《开放时代》第 6 期,第 130—145 页。

叶敏(2016):《政策执行的"亮点工程"及其生产逻辑——以 X 市新农村建设的政策过程为讨论基础》.《甘肃行政学院学报》第 6 期,第 19—30 页。

严海蓉、陈义媛(2015):《中国农业资本化的特征和方向:自下而上和自上而下的资本化动力》.《开放时代》第 5 期,第 49—69 页。

张建雷、曹锦清、阳云云(2016):《中农经济的兴起:农业发展的去资本主义化及其机制——皖中吴村调查》.《中国乡村研究》第 13 辑,第 162—186 页。

张建雷(2018a):《基于嵌入性视角的新型农业经营主体发展研究》.《改革》第 6 期,第 115—126 页。

张建雷(2018b):《发展型小农家庭的兴起:中国农村"半工半耕"结构再认识》.《中国农村观察》第 4 期,第 32—43 页。

张茂元、邱泽奇(2009):《技术应用为什么失败——以近代长三角和珠三角地区机器缫丝业为例(1860—1936)》.《中国社会科学》第 1 期,第 116—132 页。

周雪光(2012):《运动型治理机制:中国国家治理的制度逻辑再思考》.《开放时代》第 9 期,第 105—125 页。

周飞舟(2006):《从汲取型政权到"悬浮型"政权——税费改革对国家与农民关系之影响》.《社会学研究》第 3 期,第 1—38 页。

Abstract: Based on field investigation in County B of Shanxi Province, this paper explores the relationship between technology and organization by examining the complex interactions between the government (technology supplier) and the differentiated agricultural managers (technology recipients) and the subsequent transformation of the agricultural economy. Past studies have argued that government intervention can significantly improve economic management, and the governmentled, highly organized model of agricultural technology promotion can effectively solve the problem of social cost in technology application by rural households. However, when technology promotion driven by political mobilization is over, the application of new technologies by rural households encounters difficulties because of the growing capitalization of technological factors on the one hand and the households' limited capital accumulation and consumption structure on the other. The government, for its own part, also redirects its technological services to the more capitalized, large-scale managements, which are considered to be able to accelerate the application of new technologies and the realization of the government's economic objectives. Nevertheless, the importance of rural households should never be ignored in the government's economic planning. It is possible that, with the support of the government, large-scale agricultural managements can integrate rural households into their growth model that combines production with marketing by outsourcing technological service. This will bring about profound changes in the local agricultural technology promotion system and accelerate the transformation of the agricultural management system.

Keywords: the organizational logic of technology, political mobilization, technology promotion, transformation of the agricultural economy

农地流转、资源重构与谋地型乡村精英的发展[*]

余练(西南大学国家治理学院,西南大学马克思主义学院)

袁明宝(西南大学教育学部中国乡村建设学院)

内容摘要:经济学认为,农地流转是资源优化配置,农民收入增加的过程。不过,在农地流转过程中,资源开始重构,农民利益并没有得到保护。资本精英、权力精英和社会精英通过多种方式进入农利资源分配中,抢占自上而下输入的农利增量资源,成为新时期攫取农地利益的谋地型乡村精英。伴随着作为最低社会保障的农地逐渐演化为可以交易的商品,原本均分的公平原则和生存原则被先占原则、强力原则和资本占有原则替代,依附在农地上的阶层关系开始重构。资本牟利型、权力攫取型和市场依附型的乡村精英通过手中资本量的多少、权力的大小和关系的远近,占有国家带来的增量资源。在资源输入过程中,他们形成分利秩序,构成农地流转中的精英俘获现象。

关键词:农地流转　谋地型乡村精英　分利秩序　精英俘获

党的十九大报告提出,实施乡村振兴战略,要"构建现代农业产业体系、生产体系、经营体系,完善农业支持保护制度,发展多种形式适度规模经营"。根据陈锡文介绍,截至 2017 年初,全国大约有 30% 的承包农户全部或部分流转出自家承包土地的经营权,流转总面积大约占农户承

---

* 本文系教育部人文社会科学研究青年项目,"乡村振兴战略下农村'三治融合'机制研究"(19YJC840056)、第 64 批中国博士后科学基金面上资助项目,"乡村振兴背景下农村'三治结合'治理体系构建研究"(2018M640891)。

包土地总面积的三分之一。全国农村经营土地面积在 50 亩以上的经营主体有 350 万户,一共经营耕地面积 3.5 亿亩,平均每户经营 100 亩(陈锡文,2017)。可以看出,新型农业经营主体的培育在过去几年已经取得长足进步。这得益于农地制度的变革,其中关键一步就是农地的规模化流转。

一、文献综述:农地流转意义的多重性

鉴于小农交易费用过高,在追求农业现代化过程中,市场和政府均存在双重"失灵"现象,(温铁军,2001)也因此农地流转成为当前农地制度改革的重要方向。十七届三中全会中央明确提出,"按照依法有偿自愿原则,允许农民以转包、出租、互换、转让、股份合作等形式流转土地承包经营权,发展多种形式的适度规模经营。有条件的地方可以发展专业大户、家庭农场、农民专业合作社等规模经营主体"。十七届三中全会土地政策出台之后,土地流转的速度逐步加快[①]。在一些经济学家看来,随着市场经济的快速发展和国家竞争的加剧,家庭联产承包责任制后小块土地所带来的局限性逐渐显现,对农业生产的激励效应在农村经济改革后不久就达到了极限,农业制度需要改革。(骆友生,1995;林毅夫,2012)姚洋认为,土地流转能够带来边际产出两种效应:一是边际产出拉平效应,土地的自由流转促进土地边际产出较小的农户将土地租让给土地边际产出较高的农户,在边际报酬降低规律的支配下,两者的边际产出趋于相等,目前在中国,土地市场的改善有助于优化资源配置;二是交易收益效应,土地交易性的提高能增加土地投资实现其价值的概率,从而提高农民进行土地投资的积极性。(姚洋,2000:57)

制度经济学认为,流动产生价格,在价格杠杆的调节下资源向生产

---

① 据统计,1996 年土地流转总面积占整个承包地面积还不到 1% ,2006 年为 4% ,2007 年为 5% ,2009 年为 8% ,2010 年达到 13% 。(参见赵阳,2011)

效率较高一方流动,从而形成资源优化配置,这得到经验数据的支持。据统计,在非农化程度颇高的江苏、浙江地区,由于农村社会工业化和城镇化的快速推进,农业产业结构得到调整,土地流转率高,流转形式多样,当地土地流转市场活跃,由此增强地方经济活力和稳定地方社会环境,调整和重构土地制度利益格局。(王景新,2004)在不少经济学家看来,土地流转不仅能够优化资源配置,而且在增加农民收入、释放农村劳动力和保障国家粮食安全等方面均具有重要战略意义,因此,加快承包经营权的产权制度建设、稳定农户承包权、化解农地流转的障碍和症结成为当前农地制度的发展方向。(钱忠好,2002;张红宇,2002)经济学家认为,土地作为一种生产要素,应该如商品一样自由流通。土地流转既是资源优化配置、提供农业竞争力的过程,同时也是增加农户收入、释放农村劳动力的过程。可以说,土地流转具有破解当前三农问题的显著作用。但是,经济学的研究只是从资源配置的角度讨论农地流转的积极效应,它所产生的负面影响,尤其在政治社会方面的负面作用还值得我们进一步关注。

关注农村政治社会的研究者指出,农地流转虽然可能带来资源的优化配置,但是会对农村政治和社会方面造成负面影响。有学者指出,长久的土地流转意味个体永佃制的兴起,是对集体所有制的掏空,它将导致村级治权基础丧失,从而走上制造城市"贫民窟"的菲律宾道路和拉美道路。(潘维,2009;李昌平,2009:132)从不同区域和不同经济发展水平出发,贺雪峰(2010)也提出大多数农业型地区的农民需要完善基本农田基础设施,而不是农地规模化流转和私有化。在微观层面,一些研究者也注意到土地流转对农民阶层分化、农村阶层重构和再造的作用,对农村新兴中坚阶层和弱势群体造成的不利影响。(陈成文,2006;陈柏峰,2009;杨华,2011)郭亮认为,山林流转中彰显的农户土地产权只是一种表象,乡镇政府、城市资本、混混、钉子户等各种利益主体的再行动消解了产权权利所应具有的效益。资本与农户争利是一个被隐藏着的、不争的事实。(郭亮,2011)认识资本下乡或大规模农地流转对于农村社会、农户和乡村治理的不利影响,被一些经验研究者强调。(王德福、桂华,2011;孙新华,2012)

综上所述,农地流转带来的效应和影响是多方面的。经济学认为,作为生产要素的土地如果可以自由流通,土地交易市场形成,农户就能够根据自己的需要对土地进行租赁,做出符合自身的理性选择。但是,这种完全的土地市场论,在当前农村实施起来较为困难。一方面,平等的市场假设受制于与其配套的政治环境和社会结构,比如,农地流转过程中权力和资本的介入,就可能导致流转中的平等交易逻辑遭遇阻碍,农地流转的实际过程可能带有强制性和被流转特征。(余练,2018)再比如,农地流转中引进外来资本,增加农村稀缺的资本要素,但是由于资本外来,难以与本地社会结构形成紧密互动,因此在经营过程中很可能存在"脱嵌"现象,影响土地的产出。另一方面,即使存在一个完全理性和纯粹的土地市场,由于中国巨大的农业人口压力,解决了农业问题,农民的问题可能依然得不到解决,而三农问题的核心是农民问题,而非农业问题。(贺雪峰,2009)对此,仅仅从假设的经济理论去审视农地流转所带来的经济效益是不够全面的,实践中的农地流转远比理论模型复杂和多元。

农地流转作为一种经济现象,它呈现出来的政治社会后果是多方面的。正如一些研究者指出,农地流转对农户生计、农村阶层结构、乡村治理和中国的城市化进程都会产生影响,是一个涉及全局的重大变革,需要系统性、全方位的考察。基于此,笔者将从资源重构的角度来谈农地流转对农村基层治理造成的影响。本文借鉴社会学者在研究农地产权时提出的一个概念——"谋地型乡村精英"——来呈现资源输入时代农利分配格局中的新权力精英结构,并试图解释他们的形成方式和牟利手段,以此讨论他们对当前乡村治理造成的影响。本文案例来源于2010年到2013年间笔者在安徽省番县萍镇的实地调研,调查累计时间半年多。调查时间分别为 2010 年底到 2011 年初,2013 年春和 2013 年夏。另外,2012 年底到 2013 年初,笔者专门调研职业农民一个月。案例介绍:番县位于皖南北部,长江南岸。曾为全国百强县之一,经济总量位居全省经济前列。在经济贡献率中,二、三产业占有重要比重。以 2016 年番县地区生产总值为例,第一产业产值为 9.4 亿元,第二产业产值为 171.3 亿元,第三产业产值为 66.4 亿元。萍镇作为番县唯一的纯农业镇,经济总量低,在农业转型的过程中,充分地分享了自上而下的农利资源。

二、谋地型乡村精英概念、实践原则与类型

在安徽萍镇的大规模农地流转中,旧有的权力精英与外来资本相结合,更新、替代和重构原有的村庄主体。一方面,旧的政治精英直接参与到农利分配过程中,另一方面,随着农地流转,资本下乡,新的精英与原有在村精英合谋,构成新的利益同盟,围绕自上而下的农利资源,新的利益群体形成谋地型乡村精英。

(一)谋地型乡村精英概念来源

对地方精英的研究构成政治社会学研究的一个重要内容。地方精英与社会力量的互动主要分为两个层面,一是地方精英与民众的关系,二是地方精英与国家之间的关系。从第一种关系出发,杜赞奇对近代社会华北地区的地方精英的演变做出了精彩论述。他提出,华北地方精英与农民之间有一种类似江南、华南盛行的庇护关系,是一种"保护性"地方精英,但由于乡村社会变迁,乡村政治领导权被以盈利为目的的"掠夺性经纪人"所替代,保护性、经纪性的乡村精英退出地方政治舞台。(杜赞奇,1996)对"保护性经纪人"和"掠夺性经纪人"性质的区别构成了地方精英与农民关系"好"与"坏"的两面。从这一概念出发,臧得顺在研

究农地产权性质时得出了一个类似"掠夺性经纪人"的分析性概念——"谋地型乡村精英"。"城市化、城镇化引发的大量征地、土地流转事件，催生了一个乡村'新群体'或称'新阶层'——'谋地型乡村精英'的出现，这个群体不同于杜赞奇所讲的乡村'保护型经济'，而类似于他所称的'赢利型经济'"。（臧得顺，2011：68）臧得顺提出"谋地型乡村精英"的概念具有时代性，是对杜赞奇"掠夺性经纪人"的一种再阐释。他把"掠夺性经纪人"具体应用到土地征用、土地流转事件中的牟利乡村精英，是"掠夺性经纪人"的具体化。

以上概念的提出对笔者有重要启发。不过，笔者所提出的"谋地型乡村精英"与臧得顺所提的具有一定差异。首先，臧得顺指出，他的概念不仅来源于杜赞奇，更直接地来源于周雪光老师"关系产权"（2005）概念。他认为在农地产权的实践过程中，村落共同体中的强者凭借其"威望""暴力""宗族势力"等社会资本，按照"强力原则"复制强化农地权益。在此，"强力"和"关系"等社会资本是其重要原则，但是并没有涉及农地过程中的市场和资本要素，这是本文要讨论的。其次，所谓"谋地"不仅指"农地流转"，而且包括了"土地征用"，在本文中主要指前者。最后，在"谋地型乡村精英"的所指上，臧所针对的群体有限，主要包括农地所有权的人格化主体乡村干部精英和"依附性平民精英"，（臧得顺，2012：99—100）本文的覆盖面更广。

相比而言，本文试图在更为特定的"土地利益"，即"农地流转"中谈谋地型乡村精英的生成。另外，对"谋地型乡村精英"的构成、牟利方式及其对乡村治理的影响，本文试图做更进一步的挖掘。文章在更大范围内去认识"谋地型乡村精英"的主体，并对他们的牟利方式、手段进行微观考察，深入地讨论"谋地型乡村精英"的范围、类型，对基层治理造成的影响。在这里"谋地型乡村精英"是指，在政府推动的农地规模化土地流转过程中，在乡村社会结构内部，各个权力主体和社会阶层依据权力大小、资本量多寡和社会关系强弱，不同程度地参与到自上而下的农利分配资源输入过程中,形成瓜分土地生产剩余和支农惠农项目的分利主体和利益集团。谋地型乡村精英既包括干部精英,同时还包括经济精英和社会精英。

(二)谋地型乡村精英实践原则

1.强力原则。强力原则可以被理解为,作为代表农民利益的基层政府乡镇和作为村民人格化的村集体组织,在农地流转中利用自身作为中介组织的身份,凭借其"威望""暴力""宗族势力"等社会资源,强力实施有利于自身利益的农业转型策略。当事人的势力,如人数的多寡、声音的大小、暴力的强弱等,构成了地权配置的重要侧面。在地权研究中,不乏对强力原则的讨论(例如熊万胜,2009;马良灿,2009)。熊万胜认为,由于利益主体内涵不断变化,主体的势力也在不断变化,在新的情势下,强大的一方谋求利益,建立对自己更为有利的规则,结果使得地权成为一个多身份参与下的、不停止的协定缔结过程。(熊万胜,2009:4)这些强力原则既可能是一种由行政权力构成的"权力",也可能是一种嵌入在社会地方关系中的"社会势力",如"灰色暴力",也可能是依托于传统村落组织中的宗族社会力量。在张静(2003)看来,土地使用规则的不确定性中,就包括由"地位"和"权力"所构成的"影响力",也包括由大多数人构成的集体意愿。也就是说,它可能是村干部决策,也可能是集体力量。但无论如何,由"权力""势力"所构成的"强力"是一种影响配置地权的重要因素。于是,我们在农地流转中看到了"强制性流转"和"被流转"现象。

2.先占原则。臧得顺在描述"关系地权"的四种原则中谈到,"先占原则"是指满足生存需求和政府均分田地之外基础上的"谁先占有就属于谁"的原则,比如开垦荒地。(臧得顺,2012:84)应该说,他指的地权占有中的先占原则还是有限的,先占原则是在均分土地以外,对其他土地模糊产权的一种占有原则。与"人人有份、机会均等"两权分离下的集体成员权不同,农地流转中的土地经营权具有市场属性,土地不再局限于村社集体范围。"三权分置"下的土地开始流动,农地具有商品属性,可以在市场上租赁,因此先占原则体现为"先到先得原则"。社会学家曹正汉在讨论产权规则界定时,提到"先到先得原则"是一个人们普遍接受的共享观念,比如,在企业裁员时,通常是老员工留下,新员工离开;公交车上的座位也是先上车者先坐,后上者站着。这些就业权和座位使用权的界定都是对"先占原则"的实践。(曹正汉,2008:203)对于农村集体所有制土地,由于生存压力约束,均分原则是一种受村民认同和普遍接受的分配原则,在人口流动和城市化背景下,农地的流转也是局部的、小范围的和人情式的,土地的流动受到地域和人情关系影响。当土地成为商品,土地的使用权从对内转向对外时,市场的先占逻辑和抢占逻辑就显而易见。

3.资本占有原则。资本占有原则,也被称为市场原则,体现的是一种资本逻辑,即资本的最终目标是追求剩余价值,体现为扩大再生产。资本作为一种与劳动、土地并列的生产要素,在农村是一种最为稀缺的资源,因此需要"引"资本下乡。生产要素的资本,参与了生产投入,它就有了占有生产剩余的条件。资本逐利,不同部门的产业商人都希望获得资本平均利润率,追求更多的剩余价值。在社会学研究中,有一个类似的原则,叫作"谁投资谁受益"原则。折晓叶、陈婴婴(2005)发现,在乡镇企业的社会性合约产权中,社区能人因投入了企业家能力,不仅在社区内获得较高声望,而且在企业中获得实际的控制权"谁办的长谁说了算",社区能人获得比一般社区成员高的地位和实际决策权力,成为对企业具有非正式控制权的重要人物。与此思路一致,刘世定教授(1998)的研究指出,在乡镇集体企业改革中,私人投资者的产权一般都能得到法律的正式认可,并未因集体资产的法律外衣,而在明晰产权的过程中被界定为集体所有,在这个过程中,社会认知和占有发挥着重要作用。与前两位学者所讲不同,这里主要不是指(带有"集体"属性)乡镇企业,本文的"谁投资谁受益"原则是完全的市场原则,即谁投资,谁流转,谁就享受土地使用权,这对想流转土地的贫困农户构成一种社会排斥,农地资源向资本掌握者集中。

(三)谋地型乡村精英的类型

在臧得顺的研究中,谋地型乡村精英主要包括以村干部为主体的干部精英和部分平民精英,这基本上还是属于权力攫取型土地精英。(臧得顺,2012)在其他一些研究者那里,对新土地精英也进行了分析,但主要还是以"权力精英"为主,(张明皓、简小鹰,2016)这缺少对谋地型乡村精英深入和立体的观察和描述。本文中的谋地型乡村精英,不仅包括干部权力精英群体,还包括资本牟利型乡村精英和伴随着市场生发出来的依附型市场精英。资本、权力和与权力资本有关的社会力量成为新时期的谋地型乡村精英。

资本牟利型乡村精英。农地流转和资本下乡是农业治理变迁过程中的两面。资本具有逐利性,资本参与农地的规模化流转,就是为了获取资本的平均利润。在新的农利资源分配中,资本通过与权力结盟、与农村土地资源和劳动力结合,获取自上而下的利益输送,成为新时期的"土地精英"。(黄增付,2015)在这里需要说明的是,资本牟利型乡村精英,不仅包括本土化的资本要素,还包括城市中的资本,即下乡资本。在身份来源上,下乡资本不属于乡村,但是由于发生的场域在乡村,因此下乡资本也是一种参与农利的乡村精英,他们或在前台,或在后台,或在公开,或在隐性的场合对农村社会施加影响,不仅参与农利分配,而且还影响到农村基层治理,(余练,2018)是当前农村社会最为活跃的一股力量,值得关注和重视。

权力攫取型乡村精英。如果说资本通过土地谋利是一种显性的市场行为,那么干部精英通过权力强制或诱导流转,在压力型体制下获得自身的政治空间或争取独立的财政支出,就是一种隐性的利益攫取。在一些相关研究中,权力攫取型乡村精英仅仅包括村级干部,这是比较片面的,笔者准备从县,尤其是从乡镇政府的角度来剖析农地流转中的权力精英。在"以县为主"项目制盛行的后税费时代,(周飞舟,2012;渠敬东,2012)县作为资源分配和锦标赛竞争的主要角色,在项目打包和分配方面具有重要作用,因此对农地流转中县政府逻辑和县主要涉农部门的分析必不可少。另外,在农地流转事件中,基层政府研究,更多聚焦到村干部,缺乏对乡镇政府必要的观察,这导致作为最重要推手的县和乡镇政府的缺失。在后税费时代,权力主体积极参与到农地流转中具有内在利益驱动,既有政治的因素也有经济的因素。

市场依附型乡村精英。农地流转不仅仅是农村土地的流转,而且是围绕农地,外来资本、本地资本、兼业农、中农和小农等各利益主体关系的一次重新调整。以土地为基础,农业生产产前、产中和产后的服务生产体系重构,在此过程中小农生产和服务体系崩塌和瓦解,新型农业经营主体基础之上的服务生产体系得到构建。(冯小,2017;周娟,2017)以农地流转为依托,新崛起的商业力量和庇护关系网络中壮大的市场主体,成为农业治理转型中依附型市场的乡村精英。以农资销售为例,小农在农资需求方面,注重价廉、品种多样,主要供给方是依靠乡镇一级的零售商,这些零售商一般是资金量不大的小个体户,他们充满竞争、薄利多销,依靠乡土熟人社会维持生计。但新型农业经营主体的兴起,使量小、没有较多资金实力的小农资经销商倒闭,公司代理商直接下沉到农村基层,处于商业末端的个体经销商被排挤出农资市场。留下的是与政府关系紧密的市场主体,比如在农业部门上班的农技推广人员和农业相关部门负责人,他们既是政府公益性技术推广负责人,同时又是政府公益代表人,成为资源下乡背景下农业转型过程中的市场依附性乡村精英。

三、资源重构背景下谋地型乡村精英的牟利方式

税费改革之后，国家为推动农业转型寻求内部化交易成本低的经济精英和乡村精英主体来对接，其主要的方式就是项目惠农。在集体经济时期，小农是农村基层综合治理①的一部分，是汲取型的体制。在"项目治国"时期，资源下乡，在维持体制存量的情况下，项目作为一种原有体制之外的资源增量，打乱、激活和分化了原有乡村利益共同体。项目制以"条条"方式重构了以前以"块块"为主体的资源分配结构，新的"条块"关系应运而生，新的利益集团开始形成。

（一）资本牟利型乡村精英及其牟利方式

从各地的经验来看，资本牟利型乡村精英几乎都是经济精英和涉农工作人员，主要有公司企业、私营企业主、个体工商户，其中粮食加工厂和农机商较多。另外，从地域上讲，资本牟利型乡村精英有外来和本地之分，既有本镇范围内，也有完全的城市资本。众多的研究表明，出于劳动力雇佣，大户农业具有难以监督、高雇工成本和产量较低的问题，很难在生产环节获利。虽然如此，但是仍然有不少资本继续下乡，部分下乡资本在农业领域也还在继续维持或壮大，究其背后原因是新增的项目资源不断向新兴农业经营主体倾斜，资本牟利不是经营性的而是政策性的。

1.直接承接国家大户扶持政策和地方各种补贴。进入新世纪后，国家开始实施税费改革浩大工程，农业领域引入项目制即从农业税费改革开始。以"条条"专政为表现形式的项目资源更加有利于国家监控和资源的有效输入，"技术治理"力图克服"块块"的常规化、弥散化和不规则

---

① 综合治理概念见欧阳静文章（2010）

化。为化解过高的交易费用,避免项目资金陷入政府与市场的双重失灵,(温铁军,2003)项目资金直接分配到大户,以达到精准惠农和激发市场活力的目的。为吸引大户,国家和地方在农业政策上做出重要调整,在笔者调查的皖南萍镇,政策性补贴包括大户补贴、地租补贴、土地整理补贴和农机补贴。《番县关于促进农村土地承包经营权流转工作的意见》提出:自2009年起,对受让耕地50亩以上,并签订流转期限3年以上规范合同,从事粮、油、菜等农作物生产的经营主体,受让耕地100亩以上,且流转价格不低于每年每亩350斤稻谷的,给予每年每亩50元的奖励;对流转价格不低于每亩400斤稻谷的,给予每年每亩60元的奖励;对流转价格不低于每亩450斤稻谷的,给予每年每亩80元的奖励,所需资金由县、镇共同承担。

另外,为诱导资本进入,地方政府对于第一批新型农业经营主体给予:(1)每亩400斤粳稻地租的减免,每亩减免50斤,而且不需要提前预付,也不需要缴纳保证金;(2)在土地平整这块,由于搞得不是很细致,因此另外补贴每亩20元的土地平整费;(3)在政府帮助下成立了水稻专业合作社和农机专业合作社,享受购机补贴添置了近400万的农业机械,主要有插秧机5台100万元(与机插秧试验项目有关)、烘干机6台66万元等①。

2.获取政治标签,享受政策性优惠和隐形福利。在调查中,我们发现资本进入农业生产领域,并不仅仅为种植粮食而来,而是有着更多的利益诉求,比如为企业获取更多和更低的政策性贷款;通过进入农业,扩大原有企业规模;通过土地流转,获得政府许诺,利用土地建更多的厂房;另外,与政府合作,做大做强企业,实现个人政治仕途。在安徽省番县萍镇的实地调研中,我们就发现作为农地规模流转的排头兵的HQ米业有限责任公司就通过农地流转实现了企业的大跨越,以及其负责人个人仕

---

① 番县县委办县政府:《番县关于促进农村土地承包经营权流转工作的意见》,2009年4月15日。

途的飞速发展。

HQ 米业有限公司成立于 2006 年,公司负责人任某。公司由小型粮食加工厂而来,经营已有 10 余年。2007 年,任某同 564 户农户集中签订了土地流转经营权,以每亩每年上交 400 斤稻谷,签订了 2244.3 亩土地 8 年的承包经营合同。为鼓励任某的流转行为,政府围绕他的企业成立了 HQ 水稻专业合作社。该合作社先后被市政府授予"先进合作社""农业生产规模示范户"和"粮食生产标兵"称号。同时,HQ 米业公司获得了大量的政策性银行贷款。随着政府的扶持,原有粮食加工厂扩大再生产,添置先进机械设备,投资扩建厂房、仓库,并且通过融资,吸收外面资金投入,注册了商标,提高产品市场知名度,大量占据当地粮食加工市场份额。2009 年,HQ 米业有限公司被评为"县级龙头企业";2011 年被评选为农业产业化"市级龙头企业"和"龙头企业标兵";2012—2013 年更成为"省级农业科技示范园"。随着企业地位的抬升,任某也由一个名不见经传的农民,变成了市人大代表、"全国粮食生产先进个人"和"全国劳动模范"。

3.利用国家公共品项目投入获得土地极差地租。为鼓励规模经营主体,番县政府加大对农田基础设施和现代农业设施投入。对受让面积较大、流转期限较长的经营主体,符合相关条件的,优先安排农田基本建设、土地整理、农业综合开发、"一事一议"财政以奖代补资金、特色农产品基地和农机购置补贴等项目。从 2007 年开始番县萍镇陆续获得国家部委和省市重大农业项目:农业综合开发项目、土地整治项目中低产田改造项目、高标准农田示范项目、省级农业龙头企业发展专项项目和现代农业示范基地项目等。这些项目为新型农业经营主体发育打下重要基础,极大地降低他们固定资本投入。但是,政府在做出规模化土地流转时,为降低政治风险,并没有提出有利于农户的地租。土地整治两三年后,随着地利向好,地租明显偏低,大户利用国家项目投入再次转包土地,不仅继续享有大户补贴,还获得土地极差地租,成为土地上的"二道贩子"、食利阶层和甩手掌柜。

"当地的地租是 400 斤粳稻。按照农户经营的情况,一般情况是早稻 700 斤,晚稻 1000 斤,那么一年就在 1700 斤上下。除去 400 斤粳稻,至少还有 1000 斤的收入。1000 斤的稻子收入也就在 1000 元左右。即使每亩年产只有 500 斤,能挣 100 元,国家还会补贴 60 元,每亩的收入 160 元,1000 亩地就是 16 万元。大家冲着 60 元而来,包地的人很多,好多都是办厂的,政府提倡规模大,竞标的门槛是 1000 亩。隔壁 LL 县很多人都过来包地,冲着上面补贴下来的 60 元/亩,大家都想包。"可是,由于规模化农业固有的"雇佣陷阱",两三年后,大户纷纷转包,200—300亩的"小大户"成为萍镇新型农业经营主体主力。但是,大户提高地租并继续获得国家政府各种补贴。这成为"一包"与"二包"或"三包"之间的重要矛盾点。"种地的不能享受补贴,不种地的享受补贴"。"一包"空手套白狼,每亩地租加价和享受公家补贴可以达 200 元,1000 亩地转手可以获取每年 20 万元无风险的收入。

(二)权力攫取型乡村精英及其牟利方式

1."打包项目":绩效合法性下县级政府的政绩冲动。目前,项目不仅是农村公共品的主要渠道,同时也是国家实现总体性支配到"技术治理"的主要手段,这样的一种新的国家治理体制,"旨在通过财政的转向转移支付等项目手段,突破以单位制为代表的原有科层体制的束缚,遏止市场体制所造成的分化效应,加大民生工程和公共服务的有效投入"。中央或中央部门通过项目继续拥有对地方公共服务资源掌控和分配的权力,是一种自上而下的控制逻辑,也是"公平"分配公共资源的重要渠道。但是,受到发展逻辑的支配,地方政府在对待公平分配的项目资源时,采取了倾斜性的政策投放,所谓"抓两头放中间"(条件较好的村或较差的乡镇或村),其中的重要方法就是对公平分配的项目资源进行"打包",如此就能避免"撒胡椒面",集中资源打造"亮点",树立"典型"。

> 谈到我们镇里得到这么多的项目,也是个偶然,很多地方的项目都是"跑出来"的。我们运气好,没怎么跑。2007年搞第一个项目时,是县里为我们争取来的。当时那个项目本是给LL县(隔壁县)的,但是为了平衡,就给到了我们县里。由于在番县,我们是唯一的农业镇,为了打造亮点,县里全部的农业项目都给到了萍镇,现在我们萍镇所有的(农业)项目都有。县里要把我们打造成为安徽省的农业现代化示范区,目前《番县萍镇现代农业示范区》的相关文件都出台了,里面有很多的项目规划,土地流转只是其中一步,特殊农业、农业产业化等,很多的。在土地整理上,目前的项目资金都上亿了,还有四个村没有项目,不过下半年菜铺和果仁也开始动工了,主要是山区,受地形限制,不好搞。目前县里也给我们配套,从2013年开始县里每年给400万元到萍镇搞现代农业。主管农业的领导很有些想法,对农业蛮擅长,我们有时候都不叫他县长,都叫他"教授",他一直很支持我们。(访谈资料20110716)

地方政府工作繁多,在锦标赛体制下,不同工作任务对地方政府的政绩和个人升迁权重不同,上级政府越重视的工作,对地方政绩和领导晋升越有利。历年来,中央一号文件和中央农村工作会议均强调农地流转、新型农业经营主体培育和农业转型,这成为农业型地区考核农业部门领导的重要指标。安徽作为农业大省,是推动农业现代化的重要省份,农业在经济发展中起着至关重要的作用,该省也是从各个层面推动农业的现代化转型。就项目的发包而言一般在国家部委,但是真正处于关键地位的却在县(市),县(市)不仅是项目的"中转站",而且是项目进行再组织的制度空间和平台,能够为单个的项目进行"打包",从而实现"集中力量办大事"的效果。我们可以看到一系列的项目都涌向一个镇或村,打造亮点,"不撒胡椒面",其实是新时期政府治理策略的一个重要侧面。

2."抓包项目":乡村基层行政机构的生存策略与利益考量。有研究显示,税费改革减轻农民负担的同时,却对县乡村三级政府和组织的财政收支造成巨大冲击,其中尤以乡镇政府为甚,乡镇政府日益"空壳化"。如此背景下,乡镇政府一方面靠向上级政府借钱和干部私人贷款筹钱,另一方面就靠项目"跑钱"。(周飞舟,2007)"大跑项目大发展、小跑项目小发展,不跑项目不发展",由于项目资金分配上具有的随意性,基层政府越来越重视"跑项目",这对于造血功能差的中西部农村地区尤其如此。"找活路","养活班子",成为贫困乡镇地区两委主要干部的重要任务。

> 大家都知道啊,在我们县只有我们(萍镇)是唯一的农业镇,是本市的"后花园",纯农业。从财政收入来看,全县25个亿,其他乡镇的收入都是1亿—2亿,我们的财政收入只有1700万。我们一个镇的年收入抵不过其他乡镇的月收入! 1997年萍镇的财政收入只有20多万元。曾经的萍镇"交通全部靠走,通讯全部靠吼,安全全部靠狗",在萍镇当书记都是向上面"讨钱"的。不过,旧林村进行土地综合整治以后,实验得不错,项目陆续地都来了。(访谈资料20110716)

番县工业经济发达,多次被评为全国百强县。各乡镇依靠活跃的市场经济,GDP增速颇快。与之对比,萍镇是完全的农业镇,取消农业税,乡镇缺乏相应的财力来维持运转和应付意外事件,因此,如果不能抓住国家大力发展农业的机遇,乡镇干部很难有一番作为。调研时,乡镇党委书记万某也向我们吐露他自己的这个书记不好当。不过,塞翁失马焉知非福,正是由于在这样一个财力匮乏的农业镇,万书记抓住农业大发展时机,2015 年调离了萍镇,升任 HW 市非公党工委副书记兼市组织部组织科科长。通过项目养活班子、改善民生、创造政绩,实现升迁,这正是地方政府热衷于项目经济的主要动力。

对于村两委而言,税费的取消虽然减轻了村干部的工作负担,但是也越来越脱嵌于农民,随着土地政策三十年不变,农村集体经济逐步丧失,项目制的出现无疑给资源匮乏的村庄带来希望。就项目本身而言,有普惠式的,也有竞争性。一般而言,"示范村"和"薄弱村"是上级政府更青睐的对象。选择"示范村",这具有锦上添花的效应,容易试点,容易出成效,也容易成为典型。"薄弱村"也由于资金能够带来立竿见影的效果,也可能成为项目投放点。萍镇旧林村的会计就指出,旧林村作为最新进行土地整治示范村是因为:(1)领导班子比较得力,争取项目的能力强;(2)旧林村是从"乡"转化而来,经济基础较好;(3)本村农户人均耕地面积比其他圩区要少,土地整理的难度小,容易推动规模化土地流转。可以看出,项目资源在一般农业型农村地区,是稀缺的,是需要争取的。

(三)市场依附型乡村精英及其牟利方式

市场依附型乡村精英,主要是指土地流转以后,依托于土地市场间接形成的利益群体被称为市场依附型乡村精英。土地流转以后,新型农业经营主体兴起,农业社会化服务体系得以重构。以农资服务为例,小的零售商和个体经销商面临重新洗牌和大量淘汰的问题。商业下沉,公司代理商直接与大户对接,只有依托于原有政府背景的个体经销商才能在这场淘汰赛中幸免。市场依附型乡村精英主要就是指依托于原有体制背景,在土地市场兴起后获取商业利润的这批人。

1.商业下沉:代理商对个体经销商的替代与排挤。20 世纪末,基层农技服务体系中,"七站八所"问题突出,以市场为导向的农技服务体系改革在一些省市得到了实施,基层农业服务体系呈现出"网破、线段、人散"的半瘫痪局面。小农由于对市场不敏感,对土地赢利的冲动不强,因此,大多依赖传统的种植技术维持着旧有农业的简单再生产。另一方面,在农资需求上,小户对农资产品的质量要求不高,用量不大,但是对农资产品的价格较为敏感,因此,这就决定了他们对政府或市场的农技服务的要求不高,对农资产品的质量要求较低。但是,土地流转以后,大户和小农对农技服务需求有显著不同,对农资产品的质量要求也显著提高。新型农业经营主体大户对农技服务、农资产品的甄选和质量提出截然不同的要求。大户们经常提到现在是"科学种田",种田不仅要遵循自然规律,在特定的时候播种、喷洒农药,使用先进机械进行耕作,尤其还要对农药技术进行更新。

在萍镇,一些外来职业农民(一般耕种 200 亩左右)提出,一些地区的农业公共服务虽然做得好,但是当地的药不行,很多农药喷下去之后没有明显的效果,比如除草剂,说明书上虽然明确说明只需要喷一次,但是除草剂打下去了却没有效果,杂草丛生,这直接影响粮食产量;一些杀虫剂喷下去之后没有杀死害虫,多次除虫仍然没有取得很好的效果,粮食因此减产。所以,很多农户到老家买农药,按照说明书使用,一次性就可以达到很好的效果。他们经常交流种田技术,也就各种药物的药效进行交流,农资店成为他们信息的汇集中心,及时将他们的要求和使用效果反馈到农药代理商,进一步反馈到农药生产厂家。因此,在这些职业农民老家,农药更新很快,厂家会根据这些职业农民的需求设计农药的用量,一瓶药够用多少面积,他们只需要根据自己的耕作面积选择使用,不需要自行计算用量。

大户兴起以后,注重农资产品的用量、质量和喷洒的次数。比如对种子,他们要求抗倒伏能力强、秸秆粗而短、稻穗密而饱满的品种;对除草剂、农药的要求也很高,而且每三五年又需要对产品进行更新。另一个非常重要的方面,就是对农技服务的强烈需求。一个新的种子品种和除草剂的使用,需要有专门的指导。"量大"和"专业性"的需求,导致大量公司开始下乡,公司技术人员会对新的农资产品进行宣传,对种子或药物的特性进行专门的讲解。代理商层次提高,农资代理商不仅需要卖产品,而且需要懂技术。销售商不仅仅充当商人,而且需要担当"农技员"的角色。随着大户与小农对农技服务和农资产品定位和需求的不同,以前乡镇,甚至村庄中的一些农资零售商大量倒闭,小而散的小作坊很难存活下来。

2.关系庇护:个体经销商中的"幸存者"。不同于以往零散的个体销售,如今农资销售已经形成网络,农资店的上游是农资代理商,农资店老板通过代理商与商家联系,同时也通过他们将农户的意见和农户的选择意向反馈上去。这些老板会到各地去采购合适的品种,同时他们的市场也分布在各地,如果订单足够大,他们还要负责将物资运到目的地。在农技服务商业化和农资产品公司化的环境下,大量小而散、资金量薄弱的农资销售店倒闭,但是,一些资金量大和依托于政府关系背景的人成为农业转型过程中市场的幸运儿。农资商业性公司的一级代理商到基层的经销商店主,大部分人都是本地的县乡农技部门或者供销系统在职或下岗的工作人员,这一现象引起了我们的注意。

案例1:陶主任为萍镇农业综合服务中心主任兼农技站站长,同时他在萍镇街道开有一家农资店。萍镇13个行政村土地流转几乎全覆盖,大户的兴起为陶主任农资店的生意打开了新的局面。在萍镇,由本地人构成的大户中,不少都会到陶主任的农资店购买农药、化肥。大户反映,"到他那儿买,有保证啊!"这里所谓的"保证"就是指陶主任作为农技站站长可以对他们进行技术指导,而且由于有"官方"身份,他更值得信赖。另外,除了这一层次,不少购买者表示,如果在陶主任这里购置农资,可以在土地流转和政府政策方面获得"方便"。

案例2:SYB以前是粮站的一名职工,后来供销社改革,SYB发现出售农资有很大利润空间,于是他开始在本地开农资店出售农资,如今已经经营了十几年,成为 SC 镇(萍镇很多外来职业农民大户来自 SC 镇,经常在 SC 镇购买农资)最大的一家农资店。他现有500 多个客户,包括本地和外地,多数客户种植规模在 200 亩左右,个别客户的种植规模达到了上千亩。当农户去买药的时候,老板会问他们农田的基本情况,然后根据具体情况给出建议。当店面某些药存货不足的时候,会及时联系该药物的代理商及时补充货源。

"庇护"关系是中国社会一种重要的社会制度,也一直是解释中国组织内部人际关系及组织关系的一个重要分析概念和理论思路。(周雪光,1999:31)庇护关系有个体寻求个人对自己的保护,比如村民寻求村干部的庇护;另外,还有个体需求组织的庇护,比如,陶主任和 SYB 这样的人他们依托于自己体制性的身份,寻求组织庇护,获取市场利益。当然,延伸出来,购买者愿意到这些具有体制性身份的商人那里购买商品,也是出于"个体庇护",比如,一些购买者明确表示,陶主任作为"农业综合服务中心主任",在土地流转方面可能会提供方便,作为"农技站站长",他懂技术,也会在政策上照顾到一些人,测土施肥配方技术就可能优先熟人。农地流转后,农业服务体系转型,不少零售商被淘汰,代理商的层次上移,一些有关系庇护的经销商做大做强,成为市场依附型谋地乡村精英。

四、分利秩序与精英俘获:谋地型乡村精英的发展后果

谋地型乡村精英由政治精英、经济精英和社会精英构成,在农地流转新的规则体系下,他们根据手中资本的多少、权力的大小和社会关系的远近,迅速形成新的利益联盟,在资源下乡中侵蚀惠农资源,形成分利秩序,构成农利中的精英俘获现象。

（一）规则替代与分利秩序

"分利秩序"一词最早由贺雪峰教授提出,他认为有利益的地方就会有争夺,在没有明确利益分配规则或明确规则不管用的情况下,就会滋生潜规则,这套潜规则逐步固化便形成"分利秩序"。(贺雪峰,2013:213—216)利益是分利的前提,利益有几种来源,一是村庄内生的无主体的公共资源,比如"灰地";二是村庄外输入的资源,包括政府自上而下输入的项目资源,也包括市场资源的进入。在贺雪峰的分利秩序概念中,"无规则""规则不明确"下或由资源掌握者获取利益延伸出的"潜规则"是分利秩序的牟利手段。但是,实际上,资源掌握者或者精英,他们可以根据形势的变化,利用规则的不同进行利益的再分配,这里的规则其实就是显性规则。农地流转中谋地型乡村精英的形成就是充分利用了资源输入时规则的变化,根据手中掌握的资源,在资源互补和各取所需的选择与配合中达到的共谋。资源输入是谋地型乡村精英构成分利秩序的前提,规则替代构成谋地型乡村精英构成利益联盟的重要契机。

资源输入和资源规则的变化构成谋地型乡村精英分利秩序形成的重要变量,有学者充分讨论了农村集体所有制中的村社集体支配权,认为这种集体支配权不仅受到宪法的支持,而且有着长久的历史传统,在不同时期不同国家呈现为宗族、酋邦、地主集团、自然村社、人民公社和现在的行政村委会等。(张静,2002:32)其中,最主要的依据就在于生存环境的约束导致了农村保险市场的不完备,村民的生存权被放在了最重要的位置,村社中的土地成为村民最主要的社会保障,均分土地成为一种人人认可的社会风险分担机制,因此生存原则和公平原则成为核心。但是在农业转型背景下,资源重构,在农地分配上新的规则应运而生。新的治理体系下,以程序规范,精准治理为主要目标。

首先,在农地流转的惠农资源中,农业治理规则变化之一是"强力原则"。曹正汉(2011)指出,地方官员控制的资源只有两类,一类是地方财政资金;另一类是土地。财政资金的使用受任期内财政收入的约束,可以透支,但所受约束较多,透支规模相对有限。在土地资源的开发使用上,其透支行为所受约束较少,因此官员倾向于尽可能多开发土地,把土地资源尽可能变成任期内的财政收入和经济绩效。(2011:52—53)税费改革以后,地方政府不再收税,资源下乡后,地方政府依靠转移支付开展工作,治理资源减少,将存量资源变成流量资源,同时从国家和社会获取更多的项目资源,从中争取发展,这是财政需要和政绩需要,同时也是解决问题的关键。在这一点上,不仅仅乡镇政府和村委会如此,甚至县级政府也是如此。农地流转成为一种任务,"强制流转"和"商品化"在地方社会大量存在,意图瓦解小农,推动规模化流转。地方政府与资本、社会势力在各取所需下形成"地利共同体"。

其次,农地流转中农业治理规则变化之二是"资本占有"原则。"资本占有",本质上是把惠农资源向经济精英转移,这是对一般农户的一种社会排斥,它是以资源享有者为惠农政策实施对象的。为承接上面不断发包的项目资源,地方各级政府"招商引资",在农地问题上,地方政府不断诱导有资金实力的工商企业、老板和地方社会精英进入项目整治后的土地经营中。在本文中就可以看到,只有一定经济实力的经济精英才有机会流入农地流转,而且资本量越大,越有可能进入政府视野,也越有可能成为权力结盟的对象。调查中我们发现,由于资本的稀缺,大资本最有可能进入农地流转中,资本的缺乏还可能导致"小"资本的联合,他们为了达到一定规模,小的企业主和私人老板会为了增加资金量和风险分担合伙流转土地。"规模门槛"成为小资本联合的主要原因。

再次,农地流转中农业治理规则变化之三是"先占原则",即"谁先占有就属谁"的原则。不同于村社制度下的公平分配,农地不再是按照"生存第一"的政治分配,政府推动下的农地流转是把土地作为一种商品,在市场上自由流动和租赁,这就把不可移动的土地推向了可交易的市场行为中,因此"先占先得"就是一种正常的市场行为。萍镇的土地农地流转市场的发展表明,本地资本具有资源易获得性,如果他们抢先占有,在一定时期内就具有变现资源和获取土地增值收益的可能。比如,萍镇中的HQ 米业有限公司,是本地最大的粮食加工厂,具有优先获得大规模土地流转经营权的条件。也因此,获得了优于其他后来者的很多优惠政策。等到土地流转市场逐渐发展起来以后,它就凭借着它一定时期获取的土地经营权再次发包,从中赚取土地极差地租,即农民所讲的"空手套白狼"的买卖。

项目治国,资源下乡,在新的农业治理理念下,原先强调公平,以"人人均等"的生存原则为主要分配标准转向了以市场为主导的"平等"原则。先占先得原则,看似是一种公平的原则,但是由于各个社会利益主体本身所具有的资源的不均等和不平衡,他们享有的机会是完全不平等的,以权力、资本为分配媒介,经济精英、政治精英和社会精英在"平等"的程序下完成了有利于自身的利益分配,或政治的或经济的,它构成一种结构化的利益分利秩序,这种分利秩序具有隐蔽性和固定性,其结果是公共资源的"私人化"。这种资源的吞噬,并不以农民资源的直接提取为目的,因此并没有直接激起农民的反弹。

(二)农地流转中的精英俘获

精英是指一个方面或多个方面具有特殊优势的社会成员。"精英俘获"指在发展中国家的发展项目或反贫困项目实施过程中,地方精英凭借其自身具有的参与经济发展、社会改造和政治实践的机会优势,支配和破坏社区发展计划和社区治理,扭曲和绑架了发展项目的实施目标进而影响了社区发展项目的实施和效果。(李祖佩,2012)"精英俘获"是发展社会学中的一个概念,虽然它起始于扶贫和反贫困研究,但是它的概念已经沿用到政治学和经济学等其他领域,比如,基层治理中的精英俘获,农贷资金中的精英俘获和农村经济合作组织中的精英俘获。在农地流转中,资本牟利型乡村精英、权力利益攫取型乡村精英和市场依附型乡村精英利用自身优势资源追逐利益,进而占有更多的资源,使小农和其他小资本的农户处于更加边缘地位的过程,这就是农地流转中的精英俘获现象。

在国家致力于提高农地规模效益,增加农民收入,保障农民土地权益的农地流转背景下,资本进入农地,农户虽然获得了一定量的租金,但是由于生产资料市场化,导致生活资料市场化,加之农民人情等消费相应提高,规模流转中依靠土地生存农户的福祉并没有提高。相反由于租金收入不足以维持生存所需,部分农户只能出卖劳动力,农民走向"半无产化"(受集体所有制的刚性约束,只是"半无产化",而非"完全无产化")状态。由自耕农到"半无产化",农民地位更加边缘化,自上而下的惠农资源,大量被精英群体攫取,"权利产权"建设成为精英利用强势资本、权力和社会关系霸占和垄断村庄公共利益的合法性基础和口号。作为"前台"的程序正义,并不能带来分配的实质正义。

从生产力的角度看,很多研究都证实,农地流转并没有带来财富的增量,而是对资源的利用和攫取,资本下乡具有政治逻辑和治理逻辑。由此,农地流转成为精英群体内部势力基础上的合作和共谋。农地流转中的精英俘获具有内外性的合力,各取所需,相互利用,成为他们分利的基础。压力型体制下,政治精英需要参与到农地流转的锦标赛体制中。为了争先和创优,他们不断扩大和加强与经济精英和社会精英的合作,而且在政府内部,不同层级的政府部门根据不同的权限和资源,调度不同的人力物力和财力,可以说,这是各级政府和社区内外政治精英、经济精英和社会精英不断合作、妥协的过程。

农地流转中的精英俘获造成了严重的后果,一方面,它造成惠农资源的社会排斥。随着大量惠农资源开始反哺农村,精英凭借着手中的资源优先抢占公共利益空间,农户地位更加边缘。大资本排挤小资本,小资本排挤农户,精英们利用手中优先获得的信息俘获他们所偏好的项目,造成竞争性的惠农资源成为精英的游戏,广大农民无法参与其中。另一方面,随着资源下乡,农业治理规则的变更,谋地型乡村精英崛起,精英俘获还造成了政治排斥。土地作为一种生产要素,不仅仅具有资源属性,而且还具有制度属性,即土地连接着国家与农民关系,通过土地的调整和变动,也可以撬动着国家与农民的关联。但是土地经营权流转到大户手中,基层政权更加脱嵌于农民。服务大户,疏离农民,村庄中活跃的不再是普通农户,而是"公司"、家庭农场、专业大户和专业合作社等。他们构成新时期的土地精英,进入村庄政治中。其一,他们构成新土地精英,掌握着村庄中最为重要的土地资源,实现了对农民的一种"控制"。部分农民为了生活所需,依附于这些新型农业经营主体,实现劳动力价值,维持劳动力的再生产。其二,这些新土地精英又通过土地的集中与村干部谈判,成为参与村庄政治的主体。村干部为了利益的实现,与这些新土地精英合谋实现各自利益。

资本下乡与项目治国,实现了内外精英的合谋,公共资源被侵占,形成结构化利益分配秩序,这也意味着资源输入的内卷化,从而进一步可能导致乡村治理的内卷化。土地的承包经营权的分离,以增加农民福利为宗旨,提高粮食产量和竞争力为目标。惠农资源的输入也是为了达到此目的。但是,按照项目资源的分配和利用来看,并没有达到此目标,同时,经济精英和政治精英等为了各自利益从项目中获取好处,而且资本牟利型乡村精英只是从中"套取"项目资金,直接转手土地,这使惠农资源内卷化。国家投入得越多,就会有越来越多的资本参与其中,然而资本进入粮食生产领域不仅不能增加粮食产量,反而可能导致大面积产量下降,这又致使资本转包土地,如此循环反复就是惠农资源内卷化。同时由于精英俘获带来社会排斥和政治排斥,惠农资源内卷化又会带来乡村治理的内卷化。

表 1　农地流转前后的资源分配、支配规则与分利主体

	政府主导的农地流转前	政府主导的农地流转后
资源分配	"集体制"：资源汲取或普惠式的资源输入，均平式分配。	"项目治国"：以项目制为特征，部分项目具有竞争性，向优势群体集聚。
支配规则	受生存压力约束，土地均分，村庄土地遵守集体共享，强调村社成员权。	效率优先，市场导向，"三权分置"中，土地使用权分置，土地占有遵循强力原则、资本占有原则和先占原则。
利益主体	农户直接与国家对接，土地激活村庄政治。村民作为村庄主体，人人参与村庄政治中。	权力精英、经济精英和社会精英，根据权力大小、资本多少和社会关系的远近的不同，得到不同程度的资源，"各取所需"。
对治理造成的影响	土地不仅发挥资源属性，而且发挥着治理属性，通过土地，农民与村社关联，与国家对接。村社利益共同体，通过土地实现。	国家惠农资源输入，与下乡或返乡资本对接，新土地精英与旧的权力精英形成分利秩序，呈现出农地流转的精英俘获现象，惠农资源内卷化与乡村治理内卷化。

五、总结

农地流转作为一种经济现象，它是在政府追求农业现代化的过程中，鉴于市场和政府的双重"失灵"而做出的制度性安排。在现实层面，它有其理论支撑。经济学认为"产权是一束权利"，产权概念界定了产权所有者对资本使用、收益和转移等方面的控制权，从而保证资源分配和使用效率，产权越清晰，农民在土地上的投入积极性越高，使用越有效率。但"集体所有制"不能动，土地私有化没有空间，那么农地配置的自由流动就成为市场改革方向。十七届三中全会中央明确提出，"按照依法有偿自愿原则，允许农民以转包、出租、互换、转让、股份合作等形式流转土地承包经营权，发展多种形式的适度规模经营。有条件的地方可以发展专业大户、家庭农场、农民专业合作社等规模经营主体"，以后的会

议精神也不断强调土地承包权 30 年不变。从"权利产权"出发,土地的自由流动,带来的是资源合理配置、农户经济收益的最大化和农业产业竞争力的大幅提升等。但是,从农地流转运行的实践看,农户所得利益较小,土地租金不高,务工机会有限,不少小农呈现出被流转现象。

从社会学出发,一些专家提出"关系产权"和"权力产权"概念,即农地流转不仅仅是一个经济过程,而且是一个嵌入社会的政治过程或社会过程。在农地流转中,农户并不一定是按照"依法、自愿"原则而进行的土地流转,"被流转"的现象时有发生。权力主体为了在锦标赛体制下绩效考核表现优异,并且也为了获得项目资金,主动地与资本结盟,成为侵占公共资源的谋地型精英。事实证明,农地流转是嵌入在特定权力关系网络中的土地制度实践。地权的关系不仅仅表现为人与地的关系,更直接地展现为人与人的关系。在权利产权改革过程中,农地流转其实是被放在一个更大的政治环境和社会环境中进行的土地改革。在考察这场农地改革是否有利于农户时,不应该看制度制定时宣称了什么,而是应该从结果上考察农地流转是否让农户分享到了资源市场化和资本化过程中充分的收益,并且这个受益能否很好地实现农户家庭人口的再生产,农户应该成为农地流转或乡村振兴资源输入中的主体,而不是客化对象。惠农项目的大量输入,权力利益攫取型乡村精英、资本牟利型乡村精英与市场依附型乡村精英联盟,各取所需,完成自己的政治任务,争先创优或直接、间接地套取项目资金,从中牟利。究其实质,农地流转是按照权力大小、资本大小分配农利的过程。

有研究指出,产权与治理存在很强的关联性,这种关联性通过单位来体现和衡量。一个村、一个组构成了产权的基本单位,好的产权结构能够促进治理绩效。(邓大才,2015)农地流转本质上是农地产权关系的变革,从"两权"到"三权",中央在不断地强化流转者经营权的同时,也大声疾呼保护农民利益,尊重农民承包权,农地流转要在"依法、自愿、有偿"的轨道上运行。但是应该引起重视的是,农地流转中,土地收益以及惠农资源的收入是如何分配的,不同的利益主体从中获得多少,尤其是依靠土地生存的农民从中获取多少,这是需要慎重研究的问题。

参考文献:

曹正汉(2008):《产权的社会建构逻辑——从博弈论的观点评中国社会学家的产权研究》。《社会学研究》第1期,第200—216页。

曹正汉(2011):《弱者的产权是如何形成的?——中国被征地农民的"安置要求权"向土地开发权演变的原因》。《中国制度变迁的案例研究(土地卷)第八集》,第52—53页。

陈柏峰(2009):《土地流转对农民阶层分化的影响》:基于湖北省京山县调研的分析。《中国农村观察》第4期,第57—64页。

陈成文、罗宗勇(2006):《土地流转:一个农村阶层结构再造过程》。《湖南师范大学社会科学学报》第4期,第6—10页。

陈锡文(2017):《论农业供给侧结构性改革》。《中国农业大学学报(社会科学版)》第2期,第5—13页。

邓大才(2015):《产权单位与治理单位的关联性研究:基于中国农村治理的逻辑》。《中国社会科学》第7期,第43—64页。

[美]杜赞奇(1996):《文化、权力与国家——1900—1942年的华北农村》。南京:江苏人民出版社。

冯小(2017):《公益悬浮与商业下沉:基层农技服务供给结构的变迁》。《西北农林科技大学学报(社会科学版)》第3期,第51—58页。

郭亮(2011):《资本下乡与山林流转——来自湖北S镇的经验》。《社会》第3期,第114—137页。

贺雪峰(2010):《地权的逻辑》。北京:中国政法大学出版社

贺雪峰(2013):《小农立场》。北京:中国政法大学出版社。

贺雪峰(2009):《为什么要维持小农生产结构》。《贵州社会科学》第9期,第4—9页。

黄增付(2015):《农村新土地精英的崛起与村庄治理》。《华南农业大学学

报(社会科学版)》第 2 期,第 113—121 页。

李昌平(2009):《大气候—李昌平直言"三农"》。西安:陕西人民出版社。

李祖佩(2012):《精英俘获与基层治理:基于我国中部某村的实证考察》。《探索》第 5 期,第 187—192 页。

林毅夫(2012):《解读中国经济》。北京:北京大学出版社。

刘世定(1998):《科斯悖论和当事者对产权的认知》。《社会学研究》第 2 期,第 12—21 页。

骆友生、张红宇(1995):《家庭承包责任制后的农地制度创新》。《经济研究》第 1 期,第 69—80 页。

马良灿(2009):《地权是一束权力关系》。《中国农村观察》第 2 期,第 25—33 页。

欧阳静(2010):《"做作业"与事件性治理:乡镇的"综合治理"逻辑》。《华中科技大学学报(社会科学版)》第 6 期,第 106—111 页。

潘维(2009):《农地应"流转集中"到谁手里》。《红旗文稿》第 5 期,第 13—16 页。

钱忠好(2002):《农村土地承包经营权产权残缺与市场流转困境:理论与政策分析》。《管理世界》第 6 期,第 35—45 页。

渠敬东(2012):《项目制:一种新的国家治理体制》。《中国社会科学》第 5 期,第 113—130 页。

孙新华(2012):《土地流转与农户家计:两种流转模式的比较》。《贵州社会科学》第 4 期,第 77—83 页。

王德福、桂华(2011):《大规模农地流转的经济与社会后果分析》。《华南农业大学学报(社会科学版)》第 2 期,第 13—22 页。

王景新(2004):《乡村现代化中土地制度及利益格局重构——对江苏、浙江发达地区的调研》。《现代经济探讨》第 3 期,第 3—7 页。

温铁军(2001):《市场失灵+政府失灵:双重困境下的"三农"问题》。《读书》第 10 期,第 22—29 页。

熊万胜(2009):《小农地权的不稳定性:从地权规则确定性的视角——关于1987—2008 年间栗村的地权纠纷史的素描》。《社会学研究》第 1 期,第 1—

24 页。

杨华(2011):《农村土地流转与社会阶层的重构》。《重庆社会科学》第 5 期,第 54—60 页。

姚洋(2000):《中国农地制度:一个分析框架》。《中国社会科学》第 2 期,第 54—65 页。

余练(2018):《新土地精英的崛起与村级治理重构》。《思想战线》第 1 期,第 164—172 页。

余练(2018):《被流转:规模化土地流转中的政府动员与策略》。《江苏大学学报(社会科学版)》第 2 期,第 21—29 页。

臧得顺(2011):《"谋地型乡村精英"的生成:巨变中的农地产权制度研究》。北京:社会科学文献出版社。

臧得顺(2012):《臧村"关系地权"的实践逻辑——一个地权研究分析框架的构建》。《社会学研究》第 1 期,第 78—105 页。

张红宇(2002):《中国农地调整与使用权流转:几点评论》。《管理世界》第 5 期,第 76—87 页。

张静(2002):《村社土地的集体支配问题》。《浙江学刊》第 2 期,第 32—39 页。

张静(2003):《土地使用规则的不确定:一个解释框架》。《中国社会科学》第 1 期,第 113—124 页。

张明皓、简小鹰(2016):《土地精英的阶层化与村庄政治——基于河北省宋村沙场调查》。《北京社会科学》第 9 期,第 21—29 页。

赵阳(2011):《城镇化背景下的农地产权制度及相关问题》。《经济社会体制比较》第 2 期,第 20—25 页。

折晓叶、陈婴婴(2005):《产权怎样界定——一份集体产权私化的社会文本》。《社会学研究》第 4 期,第 1—43 页。

周飞舟(2007):《乡镇政府"空壳化"与政权"悬浮"》。《中国改革》第 4 期,第 64—65 页。

周飞舟(2012):《财政资金的专项化及其问题——兼论"项目治国"》。《社会》第 1 期,第 1—37 页。

周娟(2017):《土地流转背景下农业社会服务体系的重构与小农的困境》。《南京农业大学学报(社会科学版)》第 6 期,第 141—151 页。

周雪光(1994):《西方社会学关于中国组织与制度变迁研究状况述评》。《社会学研究》第 4 期,第 26—43 页。

周雪光(2005):《"关系地权":产权制度的一个社会学解释》。《社会学研究》第 2 期,第 1—31 页。

Abstract: It is widely assumed among economists that farmland transaction, as a means of optimizing the reallocation of resources, contributes to farmers' income. Unfortunately, farmers received little protection in farmland transaction and the restructuring of resources. Investors, bureaucrats, and social elites were all involved in the reallocation of agricultural resources and competed for the newly available resources injected from the top down, thus becoming new types of entrepreneurial rural elites that controlled farmland-related interests. As farmland, a basic form of social security for decades, was gradually transformed into a transactable commodity, the principles of equity and subsistence intrinsic to the original equal distribution of farmland also yielded to the realities of seizure by force and possession by capital, hence leading to the restructuring of social relations embedded in the farmland. Rural elites of various backgrounds (profiteering investors, rentseeking bureaucrats, or market manipulators) all sought to seize the resources newly allocated by the state, hence the new phenomena of "the scramble for farmland by the elites" and "profit-sharing" among them.

Keywords: farmland transaction, land-seeking rural elites, profit-sharing, scramble for farmland by elites

互助的运行机制及效果[*]

——陕甘宁边区互助实践的研究

李展硕(中国人民大学法学院)

内容摘要:互助生成于中国传统社会生产要素不足的条件之下,是一种通过"损有余而补不足"来提高要素生产率的机制。所谓"损有余而补不足",是指当劳动力、资本与土地的比例未达到"适度规模"时,通过调整有无、余缺,使劳动力、资本与土地的比例关系趋于合理,使生产要素的总体规模趋于"适度规模"。互助提高要素生产率的原因首先在于,"损有余而补不足"可以实现有限生产要素的高效使用,即在给定生产要素的条件下,可以充分使用和节约使用生产要素。不同于现代资本要素投入带来的要素生产率直接提高,这种生产效率的提高是被动的、间接的。同时,由于社会接触可以引起劳动者的竞争心和精神振奋,互助也可以在一定程度上带来生产效率直接提高的效果。通过互助减少的要素占用时间和耗费数量可以用于开垦荒地、改良农作和兴修水利,从而为农业经济的增长提供了可能。

关键词:生产要素不足 互助 损有余而补不足 有限要素的高效使用

---

* 本文是提交给 2018 年 6 月 16 日—17 日中国人民大学历史与社会高等研究所召开的一年一度的论文工作坊的论文。感谢黄宗智教授的耐心指导和建议,感谢"2018 年中国人民大学历史与社会高等研究所论文工作坊"上高原、焦长权、陈传波、杨华等师友的建设性意见,感谢评审专家的评阅和建议。本文思考的形成得益于中国人民大学农业与农村发展学院研究生课程"农村政治社会专题研究"中的讨论,感谢主讲人仝志辉教授和陈锋、罗士轩等选课同学。

一、引言

传统农业是否有效率？如何提高传统农业的效率？这一问题引发了诸多争议。亚当·斯密和马克思将资本视为提高产品价值和生产率的关键,认为传统家庭小农场的资本规模较低,因而是效率低下的,随着资本投入的增加必然带来农业规模的扩大,传统家庭小农场必然为资本化的大农场所取代。[①] 新古典经济理论则认为传统农业是有效率的,市场必然实现生产要素的有效配置,生产者在多种可能的要素组合中会选择最有效率的生产方式,即生产要素供给成本最小而产出最大的生产方式。(马歇尔,2017:310—311、323—324、364—365;舒尔茨,2016:32—46)因此,对传统农业生产要素进行更有利的资源配置所能够获得的增长机会有限,进一步提高农业生产率就需要供给新的生产要素——隐藏在"技术变化"中的生产要素组合,包括饲料成分改进、杂交玉米发现、耕作技术和知识提高等。(舒尔茨,2001:112—124)这就需要向专业人力资本(如基础教育、研究开发)投资,而非向物质资本(如机械)投资,与之相匹配的农业组织形式则是(如美国)专业化的"家庭农场",这实质上是追求利润最大化的农业企业。(舒尔茨,2001:22—27)与新古典经济学理论预期不同的是,黄宗智对华北家庭农场的研究表明,在人口压

[①] 亚当·斯密认为增加土地和劳动生产物的价值有两种方法:提高生产性劳动者的数量和增加受雇劳动者的生产力。前者需要增加维持生产性劳动者的基金,后者需要增加、改良便利劳动、缩减劳动时间的机械和工具,或者使工作的分配更加适当(如分工)。但是,无论哪一种方法均需要增加资本。而在他的描述中,欧洲传统农业耕作所需的资本较低,因而土地生产物中只有极少的一部分来补偿耕作的资本;后来的欧洲各富国,则用土地生产物中的大部分来补偿耕作的资本。(斯密,2015:316、324—325)马克思认为资本积累(即剩余价值转化为资本的过程,表现为加入生产过程的资本量增加)是生产规模扩大的基础,也是(与生产规模扩大相伴的)劳动的社会生产率提高的基础。传统的小家庭农场(小土地所有制)就其性质来说是排除劳动的社会生产力发展、资本的社会集中、大规模畜牧和科学进步的应用的,因而必然被大工业和依照工业方式经营的大农场所破坏。[马克思,1953:781—787(卷一)、1054—1062(卷三)]

力之下,贫农家庭农场往往会在单位面积土地之上投入(较之经营式农场)过高的劳动力,而获得递减的边际报酬,即小农的"内卷化"("过密化")经营。(黄宗智,2014a:131—143)高原将这种现象形象地称之为"要素配置扭曲",并敏锐地指出土地改革和劳动互助缓和了这种要素配置扭曲。(高原,2018)基于中国人多地少的基本国情,黄宗智提出今天农业发展的出路不是资本化、规模化的农业企业(如美国的"家庭农场"),而是劳动和资本双密集的、适度规模的小农家庭农场,这是一条"去过密化"(而非报酬递减)的经营方式。(黄宗智,2014b)

虽然新古典经济理论与亚当·斯密、马克思在传统农业效率的判断及其提高上观点不同,但是无论主张物质资本投资和规模化生产,还是主张人力资本投资和专业化生产,上述理论均突出了单一资本要素的直接投入对提高农业生产效率的关键性作用,而忽视了不同生产要素的组织和高效使用带来的要素占用时间节约和使用数量的减少。本文通过研究革命根据地时期陕甘宁边区劳动互助的经验材料,展示了家庭小农户的互助在大多程度上可以提高生产要素的使用效率、如何提高生产要素的使用效率以及这种提高对农业发展的影响。与亚当·斯密、马克思和新古典经济理论的预期不同的是:家庭小农户通过劳动互助可以实现农业的"适度规模"和有限要素的高效使用(包括充分使用和节约使用),而非资本投入直接带来的生产效率提高。更进一步的是,这种生产要素使用效率的提高有助于开垦荒地、改良农作和兴修水利,从而为农业经济的增长提供了可能。

二、传统社会的生产要素不足

在研究"互助"的运行机制及其效果之前,需要对"互助"机制生成的生产要素(如土地、劳动力、资本等)条件进行考察。在传统社会,生产要素存在多方面的不足。这种不足首先体现在劳动力不足和土地不足之上。在二十世纪四十年代的陕甘宁边区(位于陕北、陇东、宁夏东南地区),生产要素的不足首先体现为相对于大量未开垦地而言的劳动力不足。该区可耕地面积(包括既有的耕地和未开垦地)约 4000 万亩。(《土地行政》)根据陕甘宁边区建设厅统计,1942 年耕地面积仅 1177.2 万亩左右,人均耕地面积 8.64 亩,而 1943 年上半年耕地面积增加了约 77 万亩,人均耕地面积则增加至约 9.21 亩。(《陕甘宁边区 1942 年各县已耕地面积统计说明表》)至 1945 年,与 1942 年相比耕地面积增加了约 24.6 万亩,人均耕地面积增加至 10 亩左右。(《边区经济情况简述》)与陕甘宁边区大致处于同一历史阶段的华北地区,同样存在生产要素不足的状况。不同的是,华北的生产要素不足则体现为人口压力下的土地不足。据统计,18 世纪中叶,华北的人均耕地面积从明初的 15 亩下降至 4 亩。(黄宗智,2014a:97)同时,土地要素不足的程度在不同农户之间会有所不同:在 1936 年河北、山东 5 个村中,较大的农场里单位男劳动力耕作亩数比村里的一般男劳动力多 40%—100%,甚至更多。(黄宗智,2014a:133)以 1937 年米厂村各阶层农户作为更细致的观察对象,可以发现在单位劳动力耕地亩数上的阶层差异:经营式农场为 22.2 亩/人和 25 亩/人;富农农场为 16.3 亩/人、15 亩/人和 16 亩/人;中农农场为 10.3 亩/人、8.5 亩/人、11.3 亩/人和 16 亩/人;贫农农场为 6.5 亩/人、21 亩/人、7.5 亩/人、5 亩/人和 6 亩/人。(黄宗智,2014a:146)在人地比率上,中农农场中除了一户(16 亩/人)与富农农场处于同等水平之外,其他均与富农农场相差 24.7%—47.9%;贫农农场除了一户(21 亩/户)人地比率较高之外,其他与中农农场的差距为 11.8%—55.8%。这种差异的原因在于,对于拥有较多土地的经营式农场、富农和较富裕的中农来说,可以通过雇佣劳动力来维持土地与劳动力的合理比率;而对于土地贫乏的贫困中农和贫农、雇农来说,(在一个劳动力平均可以种植 15—30 亩土地的情况下)自家的劳动力则相对剩余,同时,土地的稀缺性和昂贵的租金则阻止了他们租入土地的可能。(黄宗智,2014a:141、145—146、158)

除了人—地矛盾呈现出的土地要素不足,传统社会还存在着耕畜、肥料、水利等资本上的不足。耕畜在绝对量上充足与否,无从做经验上的判断,原因在于耕畜的充足与否在不同农户之间差异较大。正如宋应星在《天工开物》中说"贫农之家,会计牛值与水草之资、窃盗死病之变,不若人力亦便,假如有牛者供办十亩,无牛用锄而勤者半之,既已无牛,则秋获之后田中无复刍牧之患,而菽、麦、麻、蔬诸种纷纷可种。以再获偿半荒之亩,似亦相当也。"因此,对于一户"贫农之家"来说,养牛耕作或许并不是一件合算的事情。出于耕作的需要,他们大多与其他农户合买一牛,正如光绪年间《增修登州府志》记载:"用牛四,谓之一犋,贫者数家合一犋。"(《稼穑》)"满铁"在冀东农村的调查同样体现了这一面向:大北关村大部分耕作土地不足15亩的贫穷人家,只拥有驴的1/2、1/3,甚至1/6。(黄宗智,2014:126)这种耕畜在不同农户之间的配置差异,在陕甘宁边区同样存在。1941年《陕甘宁边区政府工作报告》就指出"贫中富农的分界不决定于土地多少而决定于有无牲畜"。陕甘宁边区建设厅的调查表明,在延安柳林区四乡,贫农、雇农均为无牛或者只拥有半犋牛的农户,甚至部分中农同样,而较富裕的中农和富农则拥有完整的一犋牛,甚至拥有两犋牛。[《边区农业统计表(1940—1943)》]肥料上的不足,可以从耕畜粪肥和猪粪肥供给的限制上得到证明。在华北,一头驴供应的肥料可供3亩地使用,一头猪供应的粪肥可供5亩地使用。然而,一头驴所能耕种的面积为20—50亩,耕畜所供应的粪肥远不能满足其所对应的耕种面积的需要;而农户养猪的数量则受到养猪的成本限制,只有在农场本身可以供应养猪的饲料(秕糠、黑豆等)时才合算,正因此,在二十世纪三四十年代的华北沙井村,大部分家庭都只养一口猪,完全不养的大约有20户,只有少数农户养两口。(黄宗智,2014:126—127)除了猪、牛等牲畜粪肥之外,陕甘宁边区还使用人粪作为补肥,以弥补牲畜粪肥的不足。[《边区农业统计表(1940—1943)》]但是,"人粪虽肥而性热,多用害稼,暴粪尤酷"(《耕心农话》),因而需要经过腐熟处理方能施用且耗时较多。同样,肥料上的不足程度也会在不同农户之间存在差异。据顺治年间《松江府续志》记载:"三通膏壅惟富农有之。若贫农荒秋糊口尚艰,奚暇买草子撒田为来年膏壅计。又无力养猪,只赊豆饼壅田。其壅力暂而土易坚,故其收成每歉。""三通膏壅"是一种将(紫云英等)绿肥、猪粪肥和豆饼肥依次施放的用肥技术,(过慈明、惠富平,2012)在松江等地,富裕农户可以采用这种施肥技术,而贫困农户由于买不起草籽种植绿肥,也无力养猪供给粪肥,因而没有可以广泛施用的基肥,只能直接施用作为"速效肥"的豆饼肥来刺激作物生长。(薛涌,2010)但是,豆饼肥作为"速效肥",其作用自然无法持久;而且,在没有基肥持续改良土壤肥力的情况下,仅施用速效的追肥刺激作物的生长则容易使土壤硬化,这种情况下收成经常不好,即"其壅力暂而土易坚,故其收成每歉"。水利建设上的不足,从各省灌溉面积占耕地总面积的比例可窥一斑:在1949年之前,河北的灌溉面积大约仅占全部耕地的7%,山东的灌溉面积则不到3%(黄宗智,2014a:45),而陕西的灌溉面积则仅占耕地面积的6%(珀金斯,1984:85)。虽然从20世纪30年代初到1949年之间这一比例有所降低,但是从20世纪初到20世纪30年代,上述三省的灌溉面积占耕地面积的比率不超过14%,其中陕西和山东仅处于6%—7%之间。(珀金斯1984:85)水利建设和灌溉上的不足虽然是华北和陕西、甘肃等地区较普遍的一类现象,但是这种不足在不同农户之间具有不同的意义:对于拥有较多土地的地主、富农来说,兴建水利和出租、耕种土地之间存在较大的替代性,一旦修筑水利,必然占用大面积的土地,当直接出租或耕种土地的收益大于(扣除兴建水利的人力、土地成本之后)灌溉带来的土地纯收益时,就无须兴建水利;对于土地贫乏的贫下中农来说,虽然拥有大量的剩余劳动力,却由于土地资源有限而无力修建水利,而高额的地租则使租入土地修建水利成为一件非常不合算的事情。在陕甘宁边区,"有地无人修,有人无地修"的现象就诠释了这一差异。(《边区的水利事业》)

上述生产要素不足的现象，可以区分为生产要素的"绝对不足"和"相对不足"两个范畴。在说明一个特定地区（如陕甘宁边区、华北）范围内劳动力、土地要素不足时，使用的是"绝对不足"的概念，指的是特定地区劳动力、土地的总体数量在当时生产条件下不足以匹配该区域尚有富余的其他生产要素（如未开垦的土地、高密度的农业劳动力）。这里使用"绝对不足"的概念，是限定在特定区域和特定生产条件范围内的。在考虑土地、劳动力要素在不同农户之间占有的差异时，则关注的是"相对不足"的面向，而这种差异同样是一种阶级差异，即阶级地位较低的贫农通常也是占有生产要素较少的农户，从而更可能陷于生产要素的不足。比如，在二十世纪三四十年代的华北，贫农占有较少的土地，存在土地上的不足，甚至由于农忙时打短工的影响而耽误在自家土地劳动的时日，由此出现季节性劳动不足，而经营式农场主、富农在拥有较多土地的情况下，可以雇佣劳动力来缓解劳动力的不足。（黄宗智，2014a：131—132）同理，资本上的不足亦体现为"绝对"和"相对"两个面向：在说明河北、山东、陕西三省灌溉面积，以及华北、陕甘宁边区的粪肥施用面积时，指向的是水利、肥料等资本的"绝对不足"；在研究耕畜、肥料、水利建设等资本在不同农户之间分配的差异时，则指向的是资本的"相对不足"。

在此区分的意义在于，劳动互助的直接作用（即充分使用和节约使用生产要素）是缓解生产要素的相对不足。生产要素绝对不足的缓解，有赖于将生产要素使用效率提高之后节约的要素占用时间和要素数量用于开垦荒地、改良农作和兴修水利。同时，还需要考虑的是，在涉及土地、资本要素相对不足的情况下，农户占有要素的不同往往伴随着阶级地位的差别，这种阶级的差别则导致了剥削的存在。在人口过剩和剥削性的阶级关系的双重压力下，贫农家庭农场必须同时依赖家庭农作和佣工来维持生计，同时必须忍受两者低于维持生活所需的报酬，而他们的短工廉价劳动力则支撑了寄生的地主制和停滞的经营式农场，后者往往依循农业外的途径进入上层社会体系而转化为地主经营，由此构成了一个恶性循环的停滞经济体系。(黄宗智,2014a:51—152、157—171)在这种停滞的循环体系中,单纯依靠体系内部的互助仅能在某种程度上缓解生产要素的不足,甚至同样可能出现剥削的现象。正如在陕甘宁边区人口过剩的靖边和绥德地区①,靖边有的农户1个牛工要变7个人工,绥德地区有的1个驴工要变4个人工,而当时通行的是1个牛工变3个人工,1个驴工变2—3个人工。(《边区的劳动互助》)在这种情况下,就需要一个强力的公共权威打破既有的恶性循环体系,才能实现平等关系下的互助调剂。这或许正是传统的劳动互助在革命根据地区域才转化为一项普遍性制度的原因:中国共产党实行的土地改革和减租减息政策消除了生成于生产要素相对不足的剥削性阶级关系,为劳动互助的正常运行提供了良性循环的环境。

三、传统的劳动互助及其效果概述

在陕甘宁边区,变工、扎工的劳动互助是调剂人(力)、畜(力)、土地和工具等生产要素的主要形式。就变工的交换形式来说,主要包括人力之间的交换、人力与畜力之间的交换、畜力之间的交换以及人、畜、地、工具等要素的合并。其中,人力之间的变工既包括一般形式的变工,也包括在绥德分区特有的"并地种""捎牲口"。人力和畜力之间的变工,是指两家或两家以上的劳动力和畜力的调剂、互换,既包括牛主只出畜力、不出人力的变工,也包括牛主与牲口一起出力的变工。畜力之间的变工,也包含人力之间的变工,但是人力的变工是畜力之间变工所致,主要包括"伙喂牲口""伙格牛""牛犋的变工"。人、畜、地、工具等要素合并的变工,包括"搭庄稼"和"伙种"。扎工则是人工变工的一种发展,是土

---

① 靖边县隶属于三边分区,绥德县隶属于绥德分区。据统计,1942年,靖边人均耕地6.73亩,绥德人均耕地7.11亩,而绥德分区之外的其他分区人均耕地多为9.09—10.09亩。即使人均耕地较少的关中分区,人均耕地面积也可达7.41亩,且其五个县中有三个县人均耕地面积在8亩之上。(《陕甘宁边区1942年各县已耕地面积统计说明表》)

地相对不足的农户之间的变工，农户在变工耕作完自己的土地之后，还向外出雇。（《边区的劳动互助》）

陕甘宁边区的劳动组织经历了从变工、扎工到劳动互助组织（变工队、扎工队）的过程。传统上，除了有些农业生产过程必须由几个劳动力共同操作，因而采取"活变""伙格牛"等劳动互助的形式之外①，变工、扎工的效果还主要体现在三个方面：

其一，变工可以减少变工农户的整体劳动时间，做到"不违农时"。陕甘宁边区的大变工以及牛犋的变工具有这种效果。（《边区的劳动互助》）在播种之后需要进行锄草，"播种之后，勤议耨锄"，"麦苗生后，耨不厌勤有三过、四过者，余草生机尽诛锄下，则竟亩精华尽聚嘉实矣"（《天工开物》），这就需要通过变工获得更多的劳动力；收割时节要早晚适当，"熟速刈，干速积，刈早，则镰伤；刈晚，则穗折；遇风，则收减；湿积，则槁烂，积晚则损耗，连雨则生耳"（《齐民要术》），所以需要在特定时间内尽快完成收割。

其二，变工可以节约劳动力等生产要素的使用。在绥德分区等人多地少的地区，农户会从事驮炭等副业或者外出揽工，因为驮炭、揽工等劳动可以让一个人进行，其他人轮流在各家田地耕作，这样就在保障收入不变的前提下节省了其他人的劳动时间。"并地种""抽牲口"等变工形式皆出于此目的。（《边区的劳动互助》）

其三，对于一些拥有畜力的农户来说，变工可以利用闲置的畜力。这是拥有畜力的农户和人力变工的主要目的，通过闲置畜力的变工，可以换取人工而无损于自己。（《边区的劳动互助》）但是，对于用人力换取畜力的农户来说，或者是出于"不违农时"的目的，或者是因为在种川地、平地、"杂田"时，有些地方不用牛力无法耕种或过于费力。（《边区

① 播种时，需要一个人耕地，另一个人播种、施肥，甚至还需要一个人在旁边从事打土等辅助劳动，这就需要两家农户的两三个劳动力之间进行"活变"；在利用牛力进行耕地时，陕甘宁边区的大多数地区（绥德分区除外）需要两牛组成一犋，因此各有一个牛力的农户会"伙格牛"，这种变工形式一般都要持续一个播种季节，参见《边区的劳动互助》。

的劳动互助》)

诚然,上述关于变工、扎工的劳动效果可以缓解生产要素的不足。但是,在没有确切的论证之前,这些效果的判断大多是经验性、推测性的,且不够系统。至于变工、扎工的运行机制是什么? 这种运行机制何以达到这种效果? 效果究竟达到何种程度? 尚不明确。由于陕甘宁边区的劳动互助是在传统变工、扎工的基础上逐渐发展而来,甚至形成了较为固定、长期的劳动组织。因此,在效果上,陕甘宁边区的劳动互助与传统的互助一脉相承,笔者通过对陕甘宁边区劳动互助效果的研究,可以管窥传统劳动互助的效果。

四、边区劳动互助的效果

(一)劳动互助效果的衡量标准

在具体分析劳动互助的效果之前,需要明确的是:什么是本文所述"劳动互助的效果"? 所谓"劳动互助的效果",是指劳动互助对劳动产量和生产要素使用效率的影响。因此,存在两个衡量指标:其一,生产要素的使用效率;其二,劳动产量(劳动量)。两个衡量指标的关系在于,在给定生产要素的使用量或使用时间的前提下,生产要素的使用效率与劳动产量(劳动量)成正比。因此,需要进一步研究的是:劳动互助是否有助于生产要素使用效率的提高?

(二)分析的对象

在对陕甘宁边区劳动互助效果进行分析之前,需要对涉及的分析对象进行说明。在陕甘宁边区,主要作物的耕作大都经过整地、播种施肥、中耕(锄草)、收获(收割、打场、收藏等)四个步骤。(柴树藩、于光远、澎平，1979）在此，本文涉及的分析对象是作为农业中主要劳动的播种、锄草、收割、打粮四个环节。这些农业中主要劳动的承担者大都是家庭小农户中的青壮年男子，在农忙时节，可能需要家庭中除青壮年男子之外的其他辅助劳动力（老人、妇女、儿童）参加。

播种和打粮需要使用畜力和人力配合完成。除绥德分区（用一头驴或牛"单耕"）之外的其他地区，大多用牛"双耕"，二牛合在一起成为一犋。在播种时节，通常需要一犋牛拉一耩。所谓"耩"，又叫"耧"，是北方播种、翻土的工具。"耩中间盛一小斗贮麦于内，其斗底空梅花眼，牛行摇动，种子即从眼下撒下。"（《天工开物》）在陕甘宁边区，一般情况下，播种需要二至三人照看一犋牛。[《边区农业统计表（1940—1943）》]在打粮食的时候，则需要用牲畜拉着碌碡碾压，所谓"碌碡"，是中间略大，两端略小的石制圆柱形农具。但是，有些碌碡没有碾压到的地方，需要用连枷打，所谓"连枷"，是一种由木轴连接的木柄和扇面。（《消失的农具》）通常情况下，赶牲畜碾压连带用连枷打粮食，需要两个人照看。

锄草和收割则需要大量的人力在特定时间内完成，做到"不违农时"。夏至之后，需要锄秋田，"一伏三锄秋，当年保丰收"（梁国栋，1994）；而小麦播种之后和麦苗出来之后，则需要用宽面大锄锄草，即"播种之后，勤议耨锄""麦苗生后，耨不厌勤有三过、四过者，余草生机尽诛锄下，则竟亩精华尽聚嘉实矣"（《天工开物》）。收割时节要早晚适当，"熟速刈，干速积，刈早，则镰伤；刈晚，则穗折；遇风，则收减；湿积，则槁烂，积晚则损耗，连雨则生耳"（《齐民要术》），这就需要在特定时间内尽快完成收割。

(三)陈建伯变工队—梁五地村数据与延安念庄数据的比较: 生产要素的充分使用

研究变工和不变工在劳动生产率和耕畜使用率上的差别,首先可以比较陈建伯所在的变工队(简称"陈建伯变工队")和邻村梁五地村的两组数据。从这组数据的数值上看,变工提高了不同农业生产环节的劳动生产率和耕畜使用效率(如表一)[1]:

表一 陈建伯变工队和梁五地村在劳动时间、劳动量
和劳动生产率、耕畜使用率上的比较

单位:劳动时间(天),劳动量(亩)

	劳动力(人)	牛力(犋)	锄麦		锄秋田		种麦		收秋	
			劳动时间	劳动量	劳动时间	劳动量	劳动时间	劳动量	劳动时间	劳动量
陈建伯变工队(变工)	16	11.5	7	360	6	180	6	350	8	240
梁五地村(不变工)	24	20	13—14	180	7	110	12	500	15	400

单位:劳动生产率(亩/人/天)、耕畜使用率(亩/犋/天)

	锄麦	锄秋田	种麦		收秋
	劳动生产率	劳动生产率	劳动生产率	耕畜使用率	劳动生产率
陈建伯变工队	3.21	1.88	3.65	5.07	1.88
梁五地村	0.56	0.65	1.74	2.08	1.11
提高比率	4.73	1.89	1.1	1.44	0.69

资料来源:《陕甘宁边区的劳动互助》。

---

[1] 表一数据根据赤水劳动英雄陈建伯的表述整理而成。在整理劳动生产率和耕畜使用率的数据时,考虑到锄麦、锄秋田和收秋一般不涉及耕畜的使用,因而只是整理了劳动生产率的数据。

从表一的数据比较可以发现,在这四个农业环节中,陈建伯变工队的单位劳动生产率和牲畜的使用效率比梁五地至少高出约 0.7 倍,在有些劳动环节甚至高达近 5 倍。然而,表二与表三中所示 1943 年延安念庄变工与不变工农户在单位劳动力/牲畜上的劳动量变化,与表一显示的数据出现了较大的差异①:

表二 1943 年延安念庄变工与不变工农户单位劳动力的劳动量变化

单位:垧/年,石/年

一个劳动力	种地(垧)	打粮(石)
不变工	11.7	6.45
变工	17.9	10.45
劳动生产率提高的比率	53%	62%

表三 1943 年延安念庄变工与不变工农户单位牲畜的劳动量变化

单位:垧/年,石/年

一犋耕牛	种地(垧)	打粮(石)
不变工	28.7	15.8
变工	36.8	20.9
耕畜使用效率提高的比率	24.7%	33.3%

资料来源:《解放日报》,1944 年 1 月 4 日。

表二与表三的数据表明,1943 年延安念庄变工农户在种地和打粮环节的劳动生产率分别提高了 53% 和 62%,耕畜的使用效率分别提高了 24.7% 和 33.3%。这与表一显示的结果差距甚大。上述两组数据在生产要素使用效率上的差异,展示了变工互助的机制对生产要素的不同效

---

① 表中劳动生产率和耕畜使用效率提高的比率为笔者计算而成。

果:表一中劳动生产率、耕畜使用率提高的原因无法(如延安念庄变工队一样)完全归结于"生产要素的节约使用"和"劳动效率的直接提高"这两个作用①;延安念庄的变工数据以年为单位进行统计计算,因而在考虑其生产要素使用效率提高的原因时排除了(如陈建伯变工队—梁五地村数据)按天计算使用效率时生产要素使用量上的差异,而这种使用量上的差异是变工对劳动力、畜力之有无、余缺的调整(即下文所述"损有余而补不足")而"充分使用生产要素"的结果。对这一机制的说明,需要结合陕甘宁边区的变工形式及其机制进行阐释。

从陕甘宁边区旧有劳动互助形式的介绍中,可以发现变工对劳动力、畜力之有无、余缺的调整机制:

> ……在参加的农户各户耕地不相等的场合,一般应当是都做完,长余或是不足的劳动日后来再'补工'或是按短工工价找工钱。(人工的变工)
>
> 没有耕畜的农户本来可以用撅头把地种上,但在种川地、平地、种'杂田'的时候,他们总还是设法变进几天牛工。这或是由于不用牛则地种不了,或是由于平地人挖起过于费力,或是由于怕误了播种时机。在有牛的农户方面,在种完一种庄稼之后,牛往往有几天闲下的时间,变出去于自己无损而且可以换进几天人工来,它使农村的人力和畜力都得到调剂,故而对双方都有利益。(人工变牛工)
>
> (《边区的劳动互助》)

上面的材料表明,对于有些农户来说,种完庄稼之后,其劳动力和畜力存在"长余"或"闲置"的状态;对于另一些农户来说,则存在"不足"的状态。这种情况出现的原因在前面两个材料中有所说明:第一则材料指

---

① 关于这两个因素的解释,参见本节第(四)部分"关中分区的三组数据:劳动力的节约使用"和第(五)部分"劳动生产率/耕畜使用率是否直接提高"。

出"参加的农户各户的耕地不相等"是劳动日长余或不足的原因,也就是说,对于耕地少的人来说,劳动力是富余的,而对于耕地多的人来说,劳动力则存在不足;第二则材料同样指出,如果没有耕畜,种有些地可能会更加费力(甚至无法耕种),或者"误了播种时机",这种情况下劳动力是"不足"的,而与之相对的则是畜力的"有余",即有些农户"在种完一种庄稼之后,牛往往有几天闲下的时间"。两则材料中耕种土地的多少或者费力的程度,可以用"劳动量"的概念加以表述。在此区分既有(劳动力、畜力)条件下可以完成的合理劳动量(简称"合理劳动量")与实际需要完成的劳动量(简称"实际劳动量")。与合理劳动量相比,农户的实际劳动量较小,则劳动力和畜力存在富余,此时劳动力、畜力完成实际劳动量所需要的时间(比合理劳动时间)较少,因而存在"闲置""不足"的现象;反之,实际劳动量较(合理劳动量)大的,则劳动力和畜力存在不足,此时农民需要花费(较合理劳动时间)更多的时间来完成他的实际劳动量。

正因为不同的农户在劳动力、畜力上存在有无、余缺,通过劳动力、畜力的"调剂",可以更充分地使用劳动力、畜力。利用老子《道德经》中的一句话解释,就是"损有余而补不足"。也就是说,当人力、畜力与土地的比例未达到"适度规模"时,通过调整有无、余缺,使人力、畜力与土地的比例关系趋于合理,使生产要素的总体规模趋于"适度规模"①。其中,"损有余而补不足",是"调剂"的应有之义,其作用之一便是生产要素的充分使用。进一步地讲,生产要素充分使用的意义在于:可以减少农户的整体劳动时间,从而提高整体劳动效率,并且做到不违农时,即对有些农户来说,实际劳动时间较合理劳动时间更多,而对有些农户来说,实际劳动时间较合理劳动时间更少,通过调剂,双方都可以在合理的劳

① 这里的"适度规模",借用黄宗智教授提出的概念,与主张"越大越好"的"规模化"相对,参见黄宗智(2014);在此,笔者结合恰亚诺夫提出的农民农场组织的基本原则对"适度规模"进行解释:所谓"适度规模",是指与农民劳动的自我开发程度保持最优比例关系所要求的其他各种生产要素的量的总和(A.恰亚诺夫 1996:64—97)。

动时间内完成合理的劳动量。如果考虑到中国农学传统上"农时""天时"的概念,不难理解整体劳动时间的减少带来的产出增加效果,即"不违农时,谷不可胜食也"(《孟子·梁惠王上》)、"顺天时,量地利,则用力少而成功多"(《齐民要术》)。事实上,中国传统农学中的"三才"理论即将"天"视为土地、人力之外的第三种农业生产要素。[①]

(四)关中分区的三组数据:劳动力的节约使用

上文分析指出,在陕甘宁边区,劳动力和畜力存在"富余 vs.不足"的现象,即劳动力、畜力所能够完成的合理劳动量与实际劳动量不匹配,因而有些农户劳动力、畜力在种完庄稼之后"闲置",而有些农户会耗费更多的劳动时间完成实际需要的劳动量。互助的机制在于,通过"损有余而补不足"来更充分地利用劳动力、畜力,即生产要素的充分使用。然而,互助除了可以"充分使用"生产要素之外,还可以"节约使用"生产要素。从关中分区的三组数据可以发现,变工节约了单位时间内劳动力的使用,因而劳动力的生产率有所提高(如表四):

表四 关中分区 1943 年下种劳动中变工与不变工所需劳动力

劳动组织	户数（户）	人力与牛力之比		需要人力数量（人）		集体劳动节省人力	
		个体劳动	集体劳动	个体劳动	集体劳动	节省人力（人）	百分比
赤水四区任志魁的搭种	9	2:1	7:5	10	7	3	30%
赤水一区二乡某村换工班子	13	8:3	5:3	8	5	3	37.5%
淳耀白塬村的搭种	54(9 组)	3:1	5:4	81	45	36	44%

---

① "三才"理论的最经典表述见于《吕氏春秋·审时》:"夫稼,为之者人也,生之者地也,养之者天也。"参见李根蟠(2000)。

资料来源:表中赤水四区任志魁搭种队、淳耀白塬村的搭种队的数据,根据《边区农业统计表(1940—1943)》中所列表格"个体劳动与集体劳动效率比较"的数据整理而成;赤水一区二乡某全村换工班子的数据根据《解放日报》1944年4月20日所述的信息整理。

表四的数据显示,在赤水四区任志魁的搭种队中,不变工的个体劳动一犋牛需要二个人,变工的集体劳动五犋牛只需要七个人,节省劳动力三人;在赤水一区二乡某全村换工班子中,不变工三犋牛大约需要八个人,变工之后集体劳动三犋牛只需要五个人;在淳耀白塬村的搭种队中,个体劳动一犋牛需要三个人,集体劳动五犋牛只需要三个人,节省劳动力四人,总共节省劳动力三十六人。在劳动总量不变的情况下,赤水四区任志魁变工队劳动力节省了30%,淳耀白塬村变工队劳动力节省了44%。节省劳动力的原因可以从淳耀白塬村搭种时的操作过程得到解答:种玉米时,不变工一犋牛连犁带纳粪、点籽需要三个人,变工之后隔犁耕三犋牛只需要五个人。(《解放日报》1943年12月8日)关中赤水一区二乡一个全村换工班子的操作过程也给予了相同的答案:在秋天下种时,一起搭种三犋牛连溜粪、丢籽、捉犁拐只需要五个人,节省了三个人;此外,在不能用犁揭地的斜坡下种,一个人挖地,另一个人拿着笼斗下籽、放粪,比其他村挖地耕作可省一个人工。(《解放日报》1944年4月20日)

除了上述数据之外,1943年毛泽东在《论合作社》一文中也指出:

> 根据陕甘宁边区的经验:一般的变工扎工劳动是二人可抵三人,模范的变工扎工劳动中是一人可抵二人,甚至二人以上。

在毛泽东所述的经验中,陕甘宁边区变工、扎工后,劳动力节省了33.3%—50%(甚至50%以上)。如果综合赤水四区任志魁变工队、淳耀白塬村变工队以及毛泽东对陕甘宁边区变工、扎工经验的数据,大体上可以确定变工节省劳动力的比例为 30%—50%。倘若将上述比例换算成劳动生产率,可以计算得出劳动生产率的提高为 42.9%—100%。

通过上述的研究,可以得出的结论是:陕甘宁边区的劳动互助可以节约劳动力的使用,节约劳动力的比例为 30%—50%。劳动力的节约是因为,在农业生产的某些环节或者在某些环节的某个操作过程中,一个劳动力可以同时完成两个以上劳动力的劳动量。如此,在给定生产要素的条件下,节约了劳动力的使用,从而达到劳动生产率间接提高的目的。在更为抽象的意义上,上述机制可以阐释为:在人力(劳动力)、畜力、生产工具总量不变的情况下,变工互助降低了人力对畜力(及生产工具)、土地的比率,从而提高了劳动生产率。

然而,是否可能通过互助来节约耕畜的使用量,进而提高耕畜的使用效率呢?在陕甘宁边区流行一句农谚:"犁怕二犋,锄怕五张",即两犋牛耕地或者五个人一起锄地效率会更高。(《边区的劳动互助》)陕甘宁边区民丰地区变工、扎工的经验也提供了佐证:民丰统计指出,同一时间,一犋子揭二咽地,而二个犋子一起揭六咽地,平均每个犋子效率提高了 50%。(《米脂县 1944 年春耕变工总结报告》)陕甘宁边区的史料并没有揭示这一原因,对此可以根据农业操作的要求作出推测:在耕作中,需要用耧在原来犋出的垄沟上再犋一遍,这样会犋得更深一些。(缪启愉校释,1982:142)在《齐民要术》的《种薤》《种葱》《种姜》《种苜蓿》卷中均曾提及"重楼犋地""两耧重犋"的耕作方法。(《齐民要术》)在畜力不足的情况下,只能通过一犋牛犁耕,反而将畜力和劳动时间浪费在田间移动和更换犁铧之上。

(五)劳动生产率/耕畜使用率是否直接提高?

通过前面的研究,可以确定劳动互助在生产要素的充分使用和节约使用方面的效果。然而,劳动互助是否有助于劳动生产率的直接提高呢？分析表二和表三的延安念庄变工数据，如前文所述，该数据按年统计劳动生产率、耕畜使用效率，因而排除了按天计算要素使用效率时充分使用生产要素的作用。在已知劳动互助能够带来生产要素节约使用效果的情况下，如果延安念庄变工数据统计的生产要素使用效率提高的幅度超出了节约使用生产要素所能够带来的幅度，那么可以认为，劳动互助可以带来劳动生产率、耕畜使用率直接提高的效果。

表二和表三的数据表明，通过变工，一个劳动力在一年之内可以种更多的地，打更多的粮食；同样，一头耕畜的使用率也更高。如果以劳动生产率和耕畜的使用效率来计算的话，劳动生产率分别提高了 53% 和 62%，耕畜的使用效率提高了 24.7% 和 33.3%。也就是说，变工前后单位劳动力和单位耕畜在一年中的劳动产量增加，单纯从数值变化上看，劳动生产率和耕畜的使用率是提高的。但是，意欲得出表二和表三中的数据，需要计算劳动量与劳动者数量/耕畜使用量的比值，表二和表三的数据因此存在三种可能性：(1)劳动生产率/耕畜使用率可能是自变量(例如，劳动力/畜力在单位时间中从事更多农业劳动)，在劳动者数量/耕畜使用量不变的情况下，劳动生产率/耕畜使用率提高，劳动总量上升。(2)劳动量可能是自变量(例如，开荒导致劳动总量增加)，在劳动者数量/耕畜使用量不变的情况下，劳动总量增加，可以得出劳动生产率/耕畜使用率提高的结论。这个时候单位劳动力的劳动量虽然是提高的，但是是由于劳动总量的提高所致。(3)劳动者数量/耕畜使用量可能是自变量，在劳动总量不变的情况下，劳动者数量/耕畜使用量减少，可以得出劳动生产率/耕畜使用率提高的结论。但是，劳动力减少/耕畜使用量减少又可能存在两种情况，一方面是劳动力/耕畜的被动减少(死亡、战争等)，剩余的劳动者/耕畜可能会将一年中更多的天数投入到农业劳作中，防止因劳动力/耕畜不足而致使产量下降；另一方面是劳动力/耕畜的主动减少，也就是说，通过变工节约了更多的劳动力，从而得出劳动效率/耕畜使用率增加的结论。

上述分析提出了三种得出"劳动生产率/耕畜使用率提高"这一结论的可能性,计算方式分别是将劳动生产率/耕畜使用率、劳动总量和劳动者数量/耕畜使用量作为自变量。仅从表二和表三很难得出进一步结论,需要对另一组关于延安县念庄变工与不变工的农户的资料进行研究(表五):

表五　延安念庄变工与不变工农户的比较

	全劳动力(个)	半劳动力①	牛(犋)	种地(垧)	扎粮(石)
变工	12	0	6	215	125.4
不变工	23	3	10	287	158

资料来源:《解放日报》,1944年1月4日。

表五所列的数据为上文关于"劳动生产率/耕畜使用率提高"的推测提供了更加详细的资料。从表五的数据可以看出,表二和表三中所述的劳动生产率/耕畜使用率提高并非由劳动量增加所致,因为不变工农户的土地面积和打粮数量要多于变工农户。再者,由于比较的是同村同一年变工与不变工的农户,因而排除了劳动力、畜力被动减少(战争、死亡等)情形的干扰。因此,表五显示变工农户的劳动者数量/耕畜使用量少于不变工农户的劳动者数量/耕畜使用量,存在两种可能的原因:(1)变工直接提高劳动生产率/耕畜使用率;(2)劳动生产率/耕畜使用效率的提高是被动的,直接原因是变工可以节约劳动力/畜力。下文在计算变工对生产要素节约使用的效果和直接提高要素使用效率的效果时,以劳动力要素作为参照。

根据表五的数据可以计算延安念庄变工队节约劳动力的比例,进而

---

① 所谓的半劳动力,是指家庭中的妇女、老人、儿童等主要农业辅助劳动的人,而全劳动力,主要是指家庭中的青壮年男子,他们从事农业中的主要劳动。在表一的计算中,一个全劳动力等于二个半劳动力。

得出变工的劳动组合对劳动生产率的间接提高作用。通常来说,在未变工的情况下,一犋牛需要二到三个劳动力。根据表五所示延安念庄的情况,一犋牛需要三个劳动力的情况是不现实的,否则未变工的农户十犋牛就需要三十个劳动力,而未变工的农户劳动力总数仅 24.5 人,就会有二犋牛闲置。这对于正常的农户来说是不合算的。因此,在此可以明确一犋牛需要二个劳动力。根据表四的数据,在个体劳动时,当人力与牛力的比例为 2∶1,劳动组合的最优比例关系为 7∶5,这时能够节约 3 个劳动力。反观表五的数据,延安念庄变工队有 6 犋牛,其中,5 犋牛需要 7 个劳动力,剩余 1 犋牛无法实现最优组合,需要 2 个劳动力,因此节约的劳动力仍为 3 人,据此得出延安念庄变工队的劳动力节约比例应当为:

3÷12＝25%

如果将变工节约 25% 的劳动力换算成劳动生产率,则为 33.3% 。结合表二的数据,已知变工(通过节约劳动力)间接提高劳动生产率的比例为 33.3% ,可以计算出种地变工的农户劳动生产率直接提升的比例为:

53%－33.3%＝19.7%

打粮变工的农户劳动生产率直接提升的比例为:

62%－33.3%＝28.7%

为什么劳动互助可以在不改变生产条件的情况下直接提高劳动生产率呢? 在马克思关于协作的论述中,协作的效果可能包括多个方面:(1)可以通过社会接触引起劳动者的竞争心和精神振奋;(2)可以使一个劳动对象较快地通过一个连续的生产阶段或者使劳动对象的不同部分同时成长;(3)可以在紧急的情况下投入大量劳动力,以及时获得劳动成果;(4)可以扩大劳动的空间范围;(5)可以在空间上缩小生产场所;(6)可以使个人劳动带有社会平均劳动的性质,消除个人劳动的偏差;(7)可以通过共同使用生产资料达到节约的目的。(马克思,1953:390—394)马克思的观点对理解抗日根据地时期的劳动效果是有帮助的,例如，淳耀以集体接力的办法运粪，变工比不变工的效率高三分之二，这可以解释为互助使劳动对象较快地通过一个连续的生产阶段（《介绍陕甘宁边区组织集体劳动的经验》）；白塬村石明德的变工组收麦时，二个人割麦、二人捆、一人拾麦穗、一人赶驴往回送，比不搭工节省了三百多个工，这可以解释为互助使劳动对象的不同部分同时成长；"在播种、锄草、收割时节，需要"不违农时"，互助可以集中力量锄草大的地，或者先收割熟的庄稼，这可以解释为在紧急的情况下投入大量的劳动力（《陕甘宁边区的劳动互助》）。劳动生产率的直接提高，即可以解释为：变工引发了劳动者的竞争心和精神振奋，提高了个体劳动者的劳动生产率。例如：变工互助可以激发劳动热情，"红火"，情绪高，可以互相"协膘"，"三懒一勤，想勤不得勤，三勤一懒，想懒不得懒"，"工变工、挣断筋"等。（《陕甘宁边区的劳动互助》）

（六）亚当·斯密、马克思和新古典经济理论关于农业生产率提高的思路

在上面马克思所述协作提升劳动效果的七个原因中，（1）是由于劳动生产率的直接提高所致；（2）（3）可视为劳动量增加所致，但是就整体必要劳动时间的降低来说，是由于（熟练工人）分工带来的劳动生产率的提高；（4）（5）（6）（7）都是劳动者数量、劳动生产率和劳动量三个变量之外的因素所致，这些因素与之前三个因素存在的关联关系，不在本文的讨论范围。仅就本文涉及的劳动生产率的提高来说，更应当考虑前三个因素。这三个因素虽然指出劳动生产率直接提高的可能性，但是就（2）（3）原因来说，并没有揭示劳动生产率提高的作用机制，（1）虽然将劳动生产率的提高归为"社会接触引发劳动者的竞争心和精神振奋"，但是马克思并没有对这种因主观因素诱发的劳动效率提高给予过多关注。（马克思，1953：390）更重要的是，马克思论述的（2）（3）原因虽然指出了分

工和集中劳动对劳动生产率提高的影响，但这一思路显然不是关乎农业的思路，而是关乎工厂（规模化生产和分工的）组织思路，在对待农业的态度上，马克思和古典经济学家亚当·斯密本质上是相同的。

在工业化条件下，生产效率提高的关键在于利用"无机矿石能源"（主要指煤炭）来直接且最大限度地提高单位生产要素的产出，劳动力、土地的节约是作为生产效率提高的后果出现的。也正是在这一经济运行逻辑的主导下，资本成为生产中的关键性要素。亚当·斯密和马克思对生产规模化的青睐，实质上是基于物质资本规模的扩大来替代其他生产要素，进而实现节约成本的考量。① 然而，正如恰亚诺夫在论述工业和农业中"横向一体化"的不同特点时，曾经举例：拥有 100 马力设备的工厂主意欲增加产量，只需要安装 1000 马力的设备，同时降低成本；而拥有 1 匹马耕作的农民意欲扩大产量，不能增加购买十倍大的马，而必须购买 10 匹品质类似的马；即使用拖拉机替换马匹也一样，不能通过购买十倍马力的拖拉机来扩大产量，而是需要购买 10 台类似的拖拉机。原因在于，农业企业的扩大，不能与土地面积的扩大相分离，从生物学角度上看，辐射于 100 英亩土地上的阳光不能集中到 1 英亩的土地上。（恰亚诺夫，2017:249）换言之，工业企业规模的扩大与土地面积的扩大并非存在必然联系，事实上，规模经济效益的来源之一正是在于通过工业资本的扩大和空间上的集聚来尽可能降低劳动力、土地要素的成本。新古典经济学家舒尔茨虽然将投资专业化人力资本作为报酬递增的源泉，并且试图论证农业机械在生产中的假不可分性，即农业机械的使用与规模经济无关，借此证明农场规模并不是提高农业生产效率的必要条件。

---

① 亚当·斯密认为机械的利用可以实现更加专业化的分工，而分工带来生产效率的提高，由此极大地便利和节省劳动。参见亚当·斯密（2015）。马克思强调机械动力带来的生产效率提高，认为在机械生产中，劳动的主观分工消失，被机械按照生产本身的性质客观地划分为各个生产阶段，整个生产过程由一个发动机推动许多工具机来完成，而机械生产率就它所替代的劳动力程度来衡量。参见马克思（1953）。虽然亚当·斯密和马克思对于机械资本推动生产效率提高的机制，理解有所不同。但是，他们均指出了机械资本规模的扩大对生产效率的直接提高作用，以及生产效率的提高对其他生产要素的替代作用。

（舒尔茨，2016:105—107）然而，舒尔茨与亚当·斯密和马克思的思路异曲同工:通过现代资本的投入实现对生产要素（劳动力、土地）的替代。（舒尔茨，2001:10—105）由此，舒尔茨所支持的专业化"家庭农场"仍然不免成为一个在资本利润最大化目标推动下可以近乎无限扩大规模的农业企业。

无论是亚当·斯密、马克思所关注的物质资本，还是舒尔茨所关注的专业化人力资本，均是现代资本的不同面向，其共同的特征是与工业革命带来的能源和技术进步相结合，并直接推动要素生产效率的提高。但是，与工业化思路不同的是，农业生产中生产效率的提高可以是被动的、间接的，在生产要素既定的条件下，生产要素的充分使用和节约使用同样会带来要素生产率的提高，即"有限生产要素的高效使用"。同样与工业化资本和工业化生产思路不同的是，前现代时期的资本投入（如耕畜、农具、肥料等）虽然也包含技术（知识）上的改良，但是这种前现代的资本投入的目的在于生产要素的集约、高效使用，而非利用无机能源和现代科学技术直接推动要素生产率的提高。

五、开荒、改良农作和水利事业

农业生产过程中组织变工互助，可以提高生产要素的使用效率，这意味着（较之不变工生产）变工生产完成相同的劳动量所耗费的要素占用时间和数量更少。但是，与此相关的一个不可避免的问题是，在前现代技术条件下，互助减少的要素占用时间和耗费数量如何加以吸纳、利用？换句话说，在缺少新生产要素的条件下，要素使用效率的提高如何克服生产要素的绝对不足，从而带来经济的增长？在陕甘宁边区，这主要通过两种方式实现:一种是利用富余的要素占用时间和数量来增加生产要素的供给，如开垦荒地；二是利用互助带来的要素占用节约来增加前现代资本的投入，这样可以更加高效、集约的使用既有的生产要素，如改良农作、修建水利。

（一）开荒

在陕甘宁边区，除了绥德分区（包括绥德、清涧、米脂、葭县、西川和吴堡六县）之外，其他分区有大量可供开垦的荒地。正如上文所述，该区可耕地面积（包括既有的耕地和未开垦地）约4000万亩（《边区民政》），而至1945年，陕甘宁边区可耕地面积仅1500万亩，占可耕地面积的40%左右（《边区经济情况简述》）。增开荒地，成为陕甘宁边区政府扩大农业产量的主要方法。荒地的开垦不仅需要大量富余的劳动力、耕畜，还需要疏通水利，甚至需要国家在政策上（如防止土地兼并、税收政策的优惠等）的配合。（《农政全书》）在陕甘宁边区，土地革命和减租减息之后开垦荒地的数量明显上升，从1936年840余万亩地增加为1939年的1000余万亩，增加了160余万亩耕地。（《解放》，1940年11月16日）抗日战争时期，开垦土地数量的第二次大幅度增长，则是发生在1943年。据统计，1943年各分区开荒（不包括秋开荒）总计达76余万亩，部队开荒达20余万亩。[《边区农业统计表（1940—1943）》]究其原因，在于移民增多、组织劳动互助、调剂土地、发放农贷和借给粮食等。（《陕甘宁边区农业》，1945；《陇东分区1943年上半年经济建设工作总结报告》；《子长县长谈增加耕地面积的原因》）

组织劳动互助对于开垦荒地的直接作用，在陕甘宁边区调查研究室总结的模范变工队的经验中有所提及："组织娃娃驮水、放牛，省出全劳动力开荒"；"警区、关中和吴旗有些地方采'并地变工'形式，抽出专人（本人土地由旁人变工捎种），发展运输业与手工业（或下南路开荒种地打短工）。"（詹武、云天，1945）可见，通过劳动互助的调剂机制，节约的劳动力、劳动时间可以从事开荒种地工作，进而可以扩大耕地面积、提高粮食产量。除了上述经验中提到的"节约劳动力和劳动时间"的效果之外，通过互助提高土地等生产要素的使用效率,也为开荒提供了条件。子长县县长在谈及耕地面积增加的五个原因时,将土地的调剂作为原因之一:"调剂了1247垧土地,使没有地与少地的人都有了地种。"(《子长县长谈增加耕地面积的原因》)再者,在开荒的过程中同样可以采取劳动互助方式提高生产要素的使用效率。延安念庄变工队采取的"刘秉温式"变工,就是开荒过程中组织变工的一种形式。它复合了"人工的变工""人工变牛工""牛犋的变工"以及"并地种"等多种变工形式,通过"损有余而补不足",可以提高单位劳动力、牲畜的使用效率。陇东分区的许多"集体开荒队"亦同。(《陕甘宁边区的劳动互助》)

此外,农业贷款作为边区政府推行农业政策的一项金融手段,在开荒中是劳动互助的重要补充,它可以提供耕牛、农具和粮草,从而为贫农和(无地、无耕畜、无农具的)移民提供开荒所必需的生产要素。1942年,陕甘宁边区政府在农贷政策上开始鼓励开荒。1942年1月10日《边区农贷的基本任务和目前实施办法》在综合了"边区有广大的可耕而未开发的土地""耕牛分配不均现象"等事实之后,提出了建立边区农业金融机构、投资农村、将生产条件和需要结合起来的政策(《边区农贷的基本任务和目前实施办法》)其中,"目前的农贷方针"部分规定:"应当以迅速求得生产的实效,增加粮食生产,为贷款的前提,所以此次以耕牛、农具贷款为主。"(《边区农贷的基本任务和目前实施办法》)毛泽东根据1942年放贷经验,在《经济问题与财政问题》中指出,1943年的农贷实施应当注意"贷款应放给荒地多的区域内有劳动力而缺乏耕牛农具或缺乏粮食接济的新旧移民及老户贫农,以及土地种得多而无钱雇人锄草的农家","明年农贷既已增加,应相当地改变今年集中延安周围数县放款的方针……而要有计划地在荒地多、需款迫切而又能生产获利的那些县区与农家"。(边区农贷的基本任务和目前实施办法)《陕甘宁边区1943年度农贷实施办法》在农业贷款的区域及种类、贷款对象方面更加明确:耕牛、农具贷款的区域"以荒地尚多,须增加耕牛、农具,以扩大农业生产之地区为限"；贷款对象上，借给"有强的劳动力，平时生产勤劳，没有耕牛或租用耕牛的贫苦农民及移难民"为主，且贷款后能保证"多开荒地，增加生产"。就贷款的效果看，发放农业贷款极大地增加了垦荒面积：边区银行于1942年在延安、甘泉等七县发放了158万元与耕牛、农具有关的贷款，加之农民自筹资金103余万元，共购买耕牛2674头、农具4980件，结果增开荒地10万余亩，可增产粗粮26000余担。（《经济问题与财政问题》）

但是，由于农贷资金的有限，无法满足农民的广大需要，因此，边区政府在贷款政策上的帮助（相较于农民自发的劳动互助而言）仅作为一种补充性机制。1942年《边区农贷的基本任务和目前实施办法》就指出，"农贷必须配合生产互助运动"，应当发扬互助传统（借给贫农种子、农具和牛力）来解决贫苦农民的生产困难，并通过安庄稼、调份子、伙种等变工形式来安插移民、难民的生活和生产。（边区农贷的基本任务和目前实施办法）《陕甘宁边区1943年度农贷实施办法》附件《农贷小组（或生产小组）暂时组织办法（草案）》则直接将生产小组组员在农业生产上的变工互助作为一项生产义务①。

（二）改良农作

在缺乏荒地的绥德分区〔包括绥德、清涧、米脂、葭县、西川、吴堡六县（《陕甘宁边区1942年各县已耕地面积统计说明表》）〕，因组织劳动互助节约的生产要素占用时间和耗费数量可以用于改良农作（包括深耕、施肥和积粪、锄草、修改地形等具体措施）。根据边区农业统计的比较，绥德劳动英雄刘培尚耕作法比一般的耕作方法耕地深度多2—3寸、耕地次数多2次、施肥多40袋、锄草多2次，结果1垧谷地多收粗粮1石

---

① 《农贷小组（或生产小组）暂时组织办法（草案）》第（8）条规定："各组员在生产上应做到变工及其他互助合作的义务。"

2 斗、多收草 500 斤。[《边区农业统计表(1940—1943)》]由于深耕、施肥、锄草、修改地形等措施对劳动力需求较大,因此中共中央西北局调查研究室提出了利用劳动互助节约的劳动时间来改良农作的方案。(《边区改良农作问题》)变工互助对改良农作的作用可以见于米脂七里庙模范变工队的案例。

米脂七里庙变工队中,李善珍队(8 个人,耕驴三头半,耕地 95 垧)实行"并地种"的变工形式:土地不足、劳动力有余的几家农户合作,各家土地打散,参加变工的农民轮流在各家土地上进行耕作,以一工还一工,给谁家种地,就在谁家吃早午饭;再抽出一个或者几个到外面揽工,土地由其余在家的劳动力共同代为耕种,揽工挣的钱或者在各家分,或者给每家还工。(《边区的劳动互助》)这是土地缺乏的绥德分区常用的一种变工形式,是调剂土地与劳动力、畜力有无、余缺的一种形式。绥德分区另一种调剂土地、劳动力和畜力的变工形式是抽牲口,参与变工的农户抽出一个人吆上几家的牲口去外面驮炭,土地由其余在家的农户代为耕种,驮炭挣的钱在各家均分。(《陕甘宁边区的劳动互助》)

1943 年 2 月到 10 月,李善珍变工队在改良农作方面的成果主要包括:人工掘地(比牛耕得更深)14 垧半;在修改地形、平整土地方面,溜崖 14 垧、拍畔 9 垧、摇圪楞 9 处、打水窖 25 处;除了冬小麦之外,61% 的土地能够锄草 4 次。比较 1942 年,尚未组成变工队的这些农户掘地只有 2 垧,溜崖 3 垧半,拍畔 2 垧,没有摇圪楞和打水窖,且大多数土地锄 3 次草较为普遍。(《陕甘宁边区的劳动互助》)这些改良措施通常需要集中大量劳动力在特定时间内完成,方能"不误农时",而变工在高效使用生产要素上的作用,有助于抽出大量剩余时间完成上述改良。

不仅如此,"并地种"和"抽牲口"节约的劳动力、畜力可以用于打短工、驮炭挣钱。例如,李善珍变工队在春耕之后的 4 月间抽出 3 人外出揽工,另外 5 人有驴的去驮炭卖,驮时采取捎驮(1 个人赶 2 头驴)的方式,可节省 1 个人工,而捎一次仅还工半天。更重要的是,打短工和驮炭挣的钱可以作为改良农作的资本；李善珍变工队就利用外出打短工或者驮炭挣钱，向城里购买了肥料，因此，1943 年变工队在 18 垧麦地施大粪 81 担、干粪 184 担，比 1942 年（上大粪 66 担、干粪 169 担）施肥更多。（《陕甘宁边区的劳动互助》）

（三）水利事业

修建水利［包括修建"水漫地""修埝地""流水灌溉"等（《边区的水利事业》）］对于农业增产的效果是显著的，在陕甘宁边区有"多修一亩埝，顶置一亩田""水漫一亩田，顶上三次粪"的说法。边区水利建设不足的原因是多方面的，既涉及土地、劳动力等要素占有不均，也涉及地方家族势力的阻挠、水量分配不均等。（《边区的水利事业》）

对于这些阻力的克服，一方面，需要利用互助的调剂机制调整土地、劳动力等要素的有无、余缺。例如：边区水利建设中存在的"有地无人修，有人无地修"的现象，有地无劳动力的农户除了可以减租免租找人代修、出钱雇工之外，还可以通过以地换工、变工互助的方法解决这一问题，这就是互助机制的调剂作用；水量的分配不均可能是由于土地所处位置的高低不同导致的，也可能是由于不同农户引水灌溉量不均导致的，因为土地所处位置不同导致的水量分配不均就需要打破原有的土地范围，进行高低土地的调剂。（《边区的水利事业》）

在修建水利的过程中，也可以通过变工互助的方法修建水池，如赤水修埝地组织 24 个人集体修筑埝地，7 天修成 70 多亩，比原计划快 4 倍；淳耀柳林区二乡就是通过扎工组织了两个唐将班子[①]，35 个劳动力，15 天修成水池 170 亩。（《边区的水利事业》）

另一方面，克服水利建设过程中的阻力还需要一个强力的公共权威

---

① 唐将班子，是陕甘宁边区关中分区（包括新正、新宁、赤水、淳耀、同宜耀五县）特有的一个名称，内容上和陕北各地的扎工基本相同。参见《边区的劳动互助》。

(中国共产党及其组织的边区政府)的组织和协调。例如："有地无人修，有人无地修"的现象不仅涉及土地、劳动力要素占有的差别问题，还涉及地权问题，即土地由地主占有，而在剥削性的阶级关系之下，地租可以为地主带来丰厚的回报，而舍弃土地兴建水利成为一件不合算的事情。[①]因此，需要边区政府作为一个公共权威的介入，首先将修筑水利作为一项原则确定下来，在此基础上协调水利建设之后水地地权的分配标准。再者，当水量的分配不均是由于不同农户引水灌溉量不均导致时，就需要政府和群众公议，并共同推举公正人士划拨水量；当地方家族势力(如定边彭家滩的"雅尔堂"集团、梁家圈的"庙尔堂"集团)霸占坝水时，需要由边区政府宣告这种行为无效。(《边区的水利事业》)

六、余论

陕甘宁边区的劳动互助实质上是一种"损有余而补不足"的调剂机制，其作用在于有限生产要素的高效使用，即在生产要素给定的条件下，充分使用和节约使用生产要素。生产要素使用效率的提高进一步推动了边区农业的开荒、农作改良和水利建设。

然而，需要注意的是，在农业生产要素的条件上，如今的中国与传统时期的革命根据地相比已经存在明显的不同。由于食物消费转型推动高值农产品生产、生育率下降和农业外就业增加三大历史性变迁的交汇，中国农业发生了"隐性农业革命"，其中，食物消费的转型推动高值农产品生产(即"新农业")是主要动力。(黄宗智，2016a：10—17)与"旧农业"的生产相比，"新农业"在生产要素条件上存在明显不同：首先，"新农业"具有更显著的劳动和资本双密集的特点，单位面积土地上吸纳的

[①] 兴建水利和出租、耕种土地之间存在较大的替代性，一旦修筑水利设施，必然占用大面积的土地，当直接出租或耕种土地的收益大于(扣除兴建水利的人力、土地成本之后)灌溉带来的土地纯收益时，就无需兴建水利设施。相关论述参见本文第一节"传统社会的生产要素不足"。

农业劳动力和资本更多，从而更容易实现适度规模的农业。（黄宗智，
2016b：109—110）再者，由于"新农业"对资本的需求更多，因而更依赖于
外购资本实现资本化，即农民利用外出务工的收入购买"新农业"所需的
流动资本（如肥料、饲料、果袋等）。（黄宗智，2016b：165—166）虽然这与
革命根据地时期陕甘宁边区中绥德分区的做法存在相似之处：在绥德分
区，米脂七里庙李善珍变工队利用"并地种""抽牲口"等变工措施变出
来的劳动力、畜力外出揽工或者驮炭挣钱，再购买化肥来改良农作。
（《陕甘宁边区的劳动互助》）然而，在"旧农业"的根据地时期，这种利用
外购资本改良农作的做法仅是偶有提及，更多的做法是利用人粪和自养
牲畜的畜粪作为肥料，并且采取深耕、锄草、平整地形等方面的改良措
施。（《边区改良农作问题》）正因为"新农业"更容易实现有限生产要素
的高效使用和适度规模的农业生产，因而在生产中变工互助的需求减
弱。然而，"新农业"对外购资本的需求提高，而农民在资本的来源上却
受到"双重剥削"：不仅在外出务工方面由于其（不受到劳动法保护的）
"非正规经济"的特征而获得较低的工资报酬和福利待遇，而且在另一个
可能的资本来源——"新农业"的产品销售利润上，也由于流通领域中榨
取性商业资本的存在而受到限制。（黄宗智，2016b：198—202）这就需要
生产、加工、销售、金融的"纵向一体化"组织来克服"剥削"，通过纵向一
体化的组织整合外出务工的劳动，并且通过加工、销售来获得新农业在
流通领域中的附加值，实现农民收入的提高和资本投入的增加。

参考文献：

亚当·斯密（2015）：《国富论》，郭大力、王亚南译。北京：商务印书馆。

马克思（1953）：《资本论》，郭大力、王亚南译。北京：人民出版社。

［英］阿弗里德·马歇尔（2017）：《经济学原理（上）》，廉运洁译。北京：华夏
出版社。

［美］西奥多·W.舒尔茨（2016）：《改造传统农业》，梁小民译。北京：商务印

书馆。

[美]西奥多·W.舒尔茨(2001)：《报酬递增的源泉》，姚志勇、刘群艺译校。北京：北京大学出版社。

[俄]A.恰亚诺夫(1996)：《农民经济组织》，萧正洪译。北京：中央编译出版社。

[俄]A.恰亚诺夫：《农村经济中纵向集中的概念以及进程：作为替代选择的农民合作社》，王东宾、贾开译，载全志辉主编(2017)《地方》(第1辑)，北京：中国社会科学出版社。

[美]德·希·珀金斯(1984)：《中国农业的发展(1368—1968)》，宋海文等译，上海：上海译文出版社，

黄宗智(2014a)：《明清以来的乡村社会经济变迁(卷一)：华北的小农经济与社会变迁》。北京：法律出版社。

黄宗智(2014b)：《"家庭农场"是中国农业的发展出路吗？》。《开放时代》第2期，第177—186页。

黄宗智(2016a)：《中国的隐性农业革命——一个历史和比较的视野》。《开放时代》第2期。

黄宗智(2016b)：《明清以来的乡村社会经济变迁：历史、理论与现实(卷三)》。北京：法律出版社。

高原(2018)：《工业化与中国农业的发展：1949—1985》。《中国乡村研究》(第十四辑)，第200—203页。

柴树藩、于光远、澎平(1979)：《绥德、米脂土地问题初步研究》。北京：人民出版社。

李根蟠(2000)：《"天人合一"与"三才理论"——为什么要讨论中国经济史上的"天人关系"》。《中国经济史研究》第3期。

缪启愉校释(1982)：《齐民要术校释》。北京：农业出版社。

《消失的农具》，载《甘肃日报》2015年1月26日，第4版。

梁国栋(1994)：《农谚》。《农村·农业·农民》第4期。

毛泽东(1942)：《论合作社》，载中国共产党晋察冀中央局《毛泽东选集》(卷五)。石家庄：晋察冀日报社。

过慈明、惠富平(2012):《近代江南地区化肥和有机肥使用变化研究》。《中国农史》第1期,第62页。

薛涌(2010):《一场肥料革命?——对于彭慕兰"地缘优势"理论的批判性回应》,王大任译,载[美]黄宗智主编《中国乡村研究(第七辑)》。福州:福建教育出版社,第108—110页。

杜新豪(2018):《金汁:中国传统肥料知识与技术实践研究(10—19世纪)》。北京:中国农业科学技术出版社。

《土地行政》,载陕甘宁边区财政经济史编写组(2016):《抗日战争时期陕甘宁边区财政经济史料摘编·第二编·农业》(以下简称《边区史料·农业》)。武汉:长江文艺出版社。

《陕甘宁边区1942年各县已耕地面积统计说明表》,1943年9月,载《边区史料·农业》。

《边区经济情况简述》,1945年1月30日,载《边区史料·农业》。

《陕甘宁边区政府工作报告》,1941年4月,载《边区史料·农业》。

《边区农业统计表(1940—1943)》,1944年,载《边区史料·农业》。

《边区的劳动互助》,1944年,载《边区史料·农业》。

《陕甘宁边区的劳动互助》,1944年,载《边区史料·农业》。

《解放日报》1943年12月8日,载《边区史料·农业》。

《解放日报》,1944年1月4日,载《边区史料·农业》。

《解放日报》1944年4月20日,载《边区史料·农业》。

《把劳动力组织起来》,1943年1月25日,载《边区史料·农业》。

《陇东分区1943年上半年经济建设工作总结报告》,载《边区史料·农业》。

《子长县长谈增加耕地面积的原因》,1943年2月22日,载《边区史料·农业》。

《米脂县1944年春耕变工总结报告》,1944年5月14日,载《边区史料·农业》。

《介绍陕甘宁边区组织集体劳动的经验》,1945年12月1日,载《边区史料·农业》。

《解放》周刊第119期,1940年11月16日,载《边区史料·农业》。

《陕甘宁边区农业》,1945年,载《边区史料·农业》。

《陇东分区1943年上半年经济建设工作总结报告》,载《边区史料·农业》。

《劳动互助的一些经验》,1945年3月7、8日,载《边区史料·农业》。

《边区改良农作问题》,1944年,载《边区史料·农业》。

《边区的水利事业》,1944年2月15日,载《边区史料·农业》。

《边区农贷的基本任务和目前实施办法》,1942年1月10日,载《抗日战争时期陕甘宁边区财政经济史料摘编·第五编·金融》(以下简称《边区史料·金融》)。武汉:长江文艺出版社。

毛泽东(1942):《经济问题与财政问题》,载《边区史料·金融》。

《陕甘宁边区1943年度农贷实施办法》,1943年1月15日,载《边区史料·金融》。

Abstract: Mutual aid was a mechanism that emerged under the condition of insufficient factors of production in traditional Chinese society; it aimed to improve the productivity of factors by applying the principle of "deduct from the more-than-sufficient and add to the insufficient". Mutual aid worked to improve the productivity of factors chiefly because it could lead to high efficiency through the full and economical utilization of factors of production that were given and limited. Unlike the input of modern capital that could result in immediate gain in productivity, mutual aid only led to indirect and passive improvements in productivity. Increased social interaction through mutual aid could further boost laborers' morale and willingness to compete with one another, thus adding to improved productivity. Finally, mutual aid reduced the time spent on and the consumption of factors of production, thus permitting more farmers to engage in wasteland reclamation, sharpening of farming skills, and construction of water-control projects, which also contributed to agricultural growth.

Keywords: Inadequate factors of production; mutual aid; "deduct from the more-than-sufficient and add to the insufficient"; high efficiency of limited factors

话语、现实与乡村社会

——以二十世纪前半期江汉平原的租佃与雇佣关系为例*

张家炎(肯尼索州立大学历史与哲学系)

内容摘要:阶级斗争学说把二十世纪前半期的中国农村描绘成剥削与被剥削两大阶级间的尖锐对立,现在不少研究则倾向于从市场关系与道义经济角度出发,侧重当时农村和谐的一面。以清末、民国及 1950 年代对江汉平原租佃与雇佣关系的不同调查与话语为基础,本文指出不同话语强调农村的不同方面,清末调查与部分民国调查可能比较接近事实,1950 年代初期的调查与编修的地方志出于政治宣传与政策的需要,导致意识形态色彩浓厚、夸大主佃冲突,二十世纪末所编修的地方志则开始淡化政治宣传而更接近晚清民国时期的情况,而现在那些否定剥削与恶毒地主的观点可能就矫枉过正了。江汉经验显示,当地既有阶级间的剥削、也存在道义经济与市场竞争。由于江汉平原频繁的洪涝灾害,要理解这里的租佃与雇佣关系,我们还得考虑到环境因素的特殊影响。

关键词:话语　乡村社会　租佃　雇佣关系　江汉平原

一、引言

二十世纪四十年代末、五十年代初,旨在平均地权的土地改革运动

＊本文非立项成果。作者非常感谢本刊主编黄宗智先生的评论与建议。文中的江汉平原大致包括二十世纪八十年代的江陵、公安、石首、松滋、监利、洪湖、潜江、沔阳、天门、荆门、钟祥、京山、云梦、应城、孝感、汉川、汉阳、武昌、当阳、枝江及沙市等县市。

是近现代中国历史上影响深远的重大事件之一。按当时的说法,那时的中国约百分之十的地主富农占有农村百分之七八十的耕地,而百分之九十的农民只占有百分之二三十的耕地。这一说法现已被大量研究证明是出于意识形态考量的夸张,多以个案代替全部,更普遍的情形是地主富农占地在五成左右或更低。[①] 而黄宗智曾经指出,在华北的某些村庄,其实根本就不存在官方定义下的地主,显现出"表达性现实与客观性现实"之间的偏差。(黄宗智,2004)

除了没收地主、富农的土地分给无地少地的贫雇农外,土地改革的另一主要内容是改革租佃与雇佣关系。中共中央政府在《为什么要实行土地改革(宣传提纲)》中说:

> 在未经土地改革的农村,广大农民不得不以高租租入地主的土地。地租一般占土地产物的百分之五十,地租高的地方,土地产物几乎全部要缴给地主。
>
> 地主对农民还有各种各样的额外剥削,"献新"、"送礼"、大斗收租、无偿劳动等等。
>
> 许多地方农民租种地主土地还要缴付押金,押金至少等于其土地一年的收获量,一般常达地价的四分之一。农民多数是无力缴出押金的,往往是以高利从地主手里借来钱谷,再以押金形式缴付地主;押金到了地主手里以后,则又成为地主放高利贷的资本,又用以盘剥农民。
>
> 高利贷的利息之高是难以想象的。在过去币制稳定的时期,"钱三分""谷五分"是农村借贷最普通的利息。高者有所谓"大加一""集集翻""驴打滚"等。高利贷是地主兼并农民土地的重要手

---

① 这方面最早的研究之一当属章有义(1988):《本世纪二三十年代我国地权分配的再估计》,《中国社会经济史研究》第 2 期,第 3—10 页。更多的相关研究可参考 Jiayan Zhang. 2009. "Who owned more land? Reappraising landownership in pre-1949 China: a case study of the Jianghan Plain." *The Chinese Historical Review*, 16,2:178-207。

段之一。

重租高利是地主绞杀农民的两根绞索。农民在这种残酷绞榨之下，"受的牛马苦，吃的猪狗食"（农民自己的谚语），终年劳动，不得一饱，而地主则不劳而获，过着奢侈的生活。（人民出版社编辑部编，1951：147—148）

上述宣传的核心是控诉地主的重租高利。根据一则民谣，简单说就是"农民背上两把刀：租米重，利钱高！农民面前路三条：投河、上吊、坐监牢！"（杜润生主编，1996：21）这也是民国时期不少文章、书籍及二十世纪五十年代至八十年代官方出版物特别是地方志在谈到民国时期租佃与雇佣关系时的主基调。这一说法强调的是阶级斗争话语中地主阶级对农民阶级的剥削。但白凯对晚清民国时期长江三角洲租佃与赋税的研究认为租佃关系中阶级斗争（抗租、少交租）只是其中的一部分，还应包括道义经济（减租）与市场竞争（不在地主、货币租），即要从阶级斗争、道义经济与市场竞争三个角度全面理解旧中国的租佃关系。（白凯，2005）

经过长期的研究，高王凌对清代地租与主佃关系又提出了不同的看法。以清代地租实收率为切入点，他认为当时的地租实收率只有单位面积产量的三成左右，而非通常理解的对半分成。（高王凌，2002）在他看来，"影响到地租增减的，并不是那些暴力反抗和武装起事，也不是抗不交租，而是农民日常生活中的一些不起眼的行为"。包括"少交租、迟交租、拖欠敷衍"（硬抗、软磨）等。一些人认为如果采用的是定额租制，农民就比较容易拖租欠佃；而如果采用的是分成租制，拖欠就比较难，因为地主会亲自看课。但亲自看课实际上麻烦既多、代价又高，还可能产生矛盾，因此地主并不一定临田监收。农民还可以用其他方法抗租（如罢种、交湿谷等）。农民甚至不怕退佃，因退佃操作起来并不容易。《江村经济》里面就说到，退佃后并不容易找到合适的续佃者，为利益起见，地主会容忍拖欠。作者调查中也被告知不管丰歉与否,佃户总归是要少交租子(地主不可能收足),因有"做人要厚道"的家教理念,地主不会拒绝佃户减租的请求。那么佃户抗租究竟是阶级斗争、道义经济,还是市场交易?这很难回答。[①] (高王凌,2005)

高王凌虽然对三种解释未置可否,但其所描述的似乎是一幅充满人情味的佃户抗租、地主无奈的农村图景,这与土改宣传中充满高租重利盘剥、佃农地主生活苦乐严重不均的农村图景迥然不同。在他之前,秦晖以陕西关中地区资料为基础也认为清末民国时期的关中地区虽有封建土地制度,但地主很少,租佃率极低,自然也就不存在地主对佃户高租重利的盘剥,从而质疑全国其他地方地主制的普遍程度。(秦晖、金雁,2010:43—66)

虽然高王凌本人(并认为秦晖也)认为"土地改革的历史意义并不因此而有改变"(高王凌,2005:184),如果进一步深入分析,他们的研究也可能被解读为有质疑(或至少暗示)土地革命的合理性的倾向。因此杜润生认为不能因为一些历史资料,如地主收租薄提到不少地方地主只收七八成租来说明"地主的所有权是残缺的",他认为这种调查的广泛性存疑,且"近代中国的历史天灾战祸频频发生,地租既高,收租又难。但不能由此得出'有地主无剥削'的结论,也不能否认土地改革的合理性。"(杜润生,2005:22)虽然没有明指,但这显然是对秦晖、高王凌等人(及持有与他们相类似观点者)的批评与回应。[②]

高王凌与秦晖的研究都有资料支持,而杜润生本人则是中南区土改的主要负责人与实际执行人。他们对同一问题的不同观点说明当时的

---

① 在曹树基与刘诗古看来,传统中国的租佃更接近于市场行为而非阶级关系:"在这个看起来复杂但却井然有序地租结构中,地主与佃农的关系、债权人与债务人关系已经不再是传统解释中的阶级关系。"(曹树基、刘诗古,2014:247)

② 杜润生的回应比较含蓄,但在民国时期成都平原租佃问题上,李德英与刘克祥两人却是指名道姓、针锋相对:前者从押租、押扣的角度认为当地"租佃双方的经济关系比清代以前更趋平等"(李德英,2007),而后者则认为"近代特别是民国时期,增押增租、频繁撤佃成为地主压榨佃农的主要途径"(刘克祥,2012)。

租佃关系远非黑白二元分明那么简单。如果将问题弄得更复杂一点,在进一步讨论此问题之前让我们先看一看民国时期相关学者的观点:

> 不过对于荒歉的减租,向来没有明文规定,至多只有"临场议租"这种写法而已。所以每逢歉收的年岁,业佃间常争多论少而起纠纷。同时代理收租人,更可以乘机勒索,从中渔利,这都是租约的内容不完善所发生的弊端。……
>
> 关于我国这种不健全租约存在的原因,实在是由于:"自大体上说,中国仍然是一个落后的农业国家,并且还是一个人浮于地的古国。人民之以农为业者,除去耕种土地以外,很少还有其他正当的出路。因此在中国农业社会的中间,有的是过剩的劳工,过剩的佃农,并无过剩的耕地。换言之,即在租佃市场的供求关系上,总是供不应求,而无供求平衡或供过于求的现象。在地主出租耕地给佃户时,其意义不仅是一种契约的行为,还带有慈善的性质。租种土地是佃农一家数口的生存源泉,衣食凭借,除此以外,他们的劳动便失掉发挥的场所,结果多数便只好向他方漂泊与逃难。
>
> "在这种供求关系中间,佃农的讲价能力,可谓完全没有的。地租的高低,完全听由地主单方面来决定。在我们的社会上,还没有所谓现代的与公开的租佃市场。这句话并不是我们故作奇论,大概在农村中居处比较长久的人,皆能证实这种观点。我们社会之所以没有租佃市场,因为地主与佃农并非处在一个阶层,因而亦并不能站在一个平行的立场上讲话。在中国的租佃关系上面,有的是血缘关系,戚友关系以及主奴关系,单纯的契约关系是不存在的。"
>
> 因为这种事实,佃户只知纳租,地主只管收租,其他全不过问。
> (章柏雨、汪荫元,1943:74—75)

这里所说的与高氏、秦氏所说又完全不同,亦即佃农根本没有讨价还价的能力。这是全国的大致情况，不排斥个别地区情况稍好、关中租佃少的情形，但全国不少农村地区人多地少、地主不愁佃户应该说得过去。这是民国时期的出版物，并不是后来出于意识形态需要的宣传。它提醒读者不宜过分美化当时的租佃关系。

这些例子也告诉我们，从不同的角度出发，人们可以找出不同的例子来证明不同的观点。① 支持土地改革者可以找出土地占有不均的例子（大地主与无地农民），反对社会变革的人可以找出主佃关系融洽的例子。但农村社会远比这些个例复杂，强调任何一方的证据而忽视另一方的证据恐怕都不利于全面了解二十世纪前半期的乡村社会。

二十世纪前半期中国的社会政治经济均经历了激剧的变革，政治形态从帝制王朝变为社会主义制度，农村社会形态亦发生相应的改变。社会剧变，不少观点亦随之发生改变。这一变化可以从二十世纪上半期大量的不同意识形态影响下的调查中得到印证。这些调查主要包括清王朝农商部的调查、民国政府组织的调查、充满不同意识形态的学者的个人调查以及1950年代政治色彩浓厚的调查。本文将以江汉平原的租佃与雇佣关系为例，分析不同意识形态下的话语如何描绘二十世纪前半期的中国农村社会，以尽可能地还原当时的农村面貌。

江汉平原是位于长江中游湖北省境内的一个湖积、冲积平原。对该地明清以来经济史的研究虽然不少，但涉及租佃关系者不多。仅有的几则研究提到清初两湖地区"强佃霸种"之事，或认为既存在剥削、也存在道义经济的成分，②但这些研究多侧重两湖地区，来自江汉平原的例子很少，且几乎不涉及民国时期。③ 笔者以往的研究曾专门探讨过江汉平原晚清民国时期的农村土地占有关系，认为那种占地二八开的说法在此地

---

① 以民国时期河北定县为例，李金铮强调当时"所谓地租过高或过低都不切合实际"、当地主佃关系也比较缓和，不能用某些个案来妖魔化地主或佃农。（李金铮，2011）

② 如谭天星（1992）、周荣（2006）。

③ 官互进简要讨论了北洋时期两湖地区的租佃情况，其例子也几乎没有一则来自江汉平原，而其讨论明显仍属于阶级斗争话语框架。（官互进，2002）

不成立,主佃关系可能也没有传统马克思主义学者认为的那样尖锐对立:地主、佃农、雇工作为生活在一个乡村社区的共同成员具有类似东南亚农民的道义责任,也不能脱离人情准则;那些对佃户或雇工刻薄的雇主更多地是受其吝啬的性格决定,而不一定是天然的敌人。(张家炎,2016:126—134、144—147)

但限于篇幅,上述研究并没有从不同的话语角度细究租佃与雇佣关系,尤其是1949年以后的话语及其变迁。本文将重点讨论不同话语下二十世纪前半期江汉平原的租佃与雇佣关系。文章指出不同话语强调农村的不同方面,清末调查与某些民国调查可能比较接近事实,二十世纪五十年代初期进行的调查与编修的方志出于政治宣传与政策的需要,导致意识形态色彩浓厚、夸大主佃冲突,而二十世纪八九十年代所编修的方志则开始淡化政治宣传,更接近晚清民国时期的情况,不少其实就是直接引用自晚清民国时期的材料。

从一首歌谣开始:

长工歌

正月里来正月中,穷人无钱做长工,丢得父母心难过,丢下儿女疼心窝。

二月里来二月中,破衣烂衫做长工,整米推磨样样做,卷起裤脚到田中。

三月里来三月中,贾头犁耳下到冲,耕得一冲搭两塝,月亮出来没收工。

四月里来四月中,蛤蟆出来闹哄哄,老板睡到太阳红,鸡叫半夜喊长工。

五月里来五月中,割肉打酒骗长工,财主不劳不愁吃,长工累死腹中空。

六月里来六月中,蚊子出来闹哄哄,老板睡在帐子中,蚊子吸血咬长工。

　　七月里来七月中，秧草田里脸晒红，白天下田扯秧草，晚上要我把米舂。

　　八月里来八月中，扛起钎担下大冲，挑了一冲搭两塝，老板不准我收工。

　　九月里来九月中，我求老板把衣缝，老板瞪眼说没钱，牛栏马圈熬过冬。

　　十月里来十月中，一年到头望场空，不缝衣裳不给钱，明年不来做长工。（《荆门市志》，1994：776）

　　这是一首收录在新修地方志中、描述民国时期长工艰苦生活的歌谣。它既代表了对旧社会的控诉、也说出了民国社会的某些事实。这一歌谣旨在控诉地主的剥削与长工的辛酸：人穷才去做长工，长工的活儿很多且似乎永远做不完，而待遇与老板（地主）相比却差远了，等等。这些乃是革命话语中对地主阶级剥削的典型描述，因此能得以被新编地方志完整收录。虽如此，从该歌谣中却仍然可以看到地主做的某些事与意识形态浓厚的宣传不尽相同，如地主（老板）还是"割肉打酒"了的（而这却与乡村习俗更吻合），虽然长工认为这是在骗取其劳力（阶级斗争意识形态话语）；老板是应该给长工缝衣服的，虽然老板以无钱拒绝，但长工也并非只是逆来顺受的待宰羔羊，所以在此歌谣的末尾该长工可以威胁"不缝衣裳不给钱，明年不来做长工"。这说明长工在主雇权力关系中也可以采用"弱者的武器"（詹姆斯 C.斯科特，2007）——不干——进行反抗，而真要是没人做长工，地主（老板）的地就要荒芜、家里也没有米吃，等等。地主当然不愿意看到这种现象发生，因此来年他可能会有所让步，允诺给长工加工钱或做一套衣服什么的。

　　那么为什么这首歌谣中的长工可以以"不缝衣裳"就不来做工相威胁呢？原来，地主给帮工提供衣服是当地（荆门）通行的传统。早在清代嘉庆年间,当地一位雇工在地主罗大昌家干活,除议定工价之外,罗大昌还得"每年做给布褂一件",半年后该雇工自己因事辞工,罗大昌以干活未满一年而"未给布褂",两相争论并引发命案。(南开大学历史学院暨中国社会史研究中心、中国第一历史档案馆编,2008:429)既然按道理地主是应该给长工缝衣服的(干活满一年),作为当地普遍存在的"民俗",地主(老板)一般还是会做的。因为这些都属于约定俗成的习惯,是不好破坏的。这里长工与地主之间的价值观是建立在传统乡规村约的基础之卜,与阶级斗争意识形态学说所强调的剥削与被剥削无关。

此案主要讲长工找雇主要衣服,另一则案子讲的则是长工找雇主要工钱。钟祥县某地主先是雇了黄成明种地,嘉庆十四年(1809年)初又雇袁大名为帮工。主雇之间"彼此都是平等称呼",袁大名在十月中旬想辞工回家,但要全年工钱,雇主不肯,只愿按月算。双方起冲突,黄成明劝架误伤对方致死。(南开大学历史学院暨中国社会史研究中心、中国第一历史档案馆编,2008:863)

这两则例子均是长工找雇主索要钱物,下面再举两则田主向佃户追讨欠租的例子。例子一是江陵的金先声将田租给吴任玉种,吴欠租。乾隆十九年(1754年)七月十五日,金去吴家讨租未果;次日吴至金家解释,金不在;金母讨租,吴说要等到八月。金母说吴欺负寡妇,对骂。金回家,责吴系佃户,怎敢与其母嚷骂。吴骂得更厉害,且揪金的头发。两相争斗,吴死。(中国人民大学清史研究所、档案系中国政治制度史教研室合编,1979:70)此例中的地主显然不是恶霸,而佃户也并非温驯之辈。例子二是公安有邓姓三人,将地佃与邓姓另三人耕种,因佃户历年欠租,田主将地收回,欠租屡讨不得。后讨得四串五百文,剩下五百文该邓光明还。田主继续找他要,回说是陈年旧账,责骂田主不该追究逼讨。双方对骂、互殴,一人伤重致死。(南开大学历史学院暨中国社会史研究中心、中国第一历史档案馆编,2008:1855)此例中的主佃其实是亲族关系,佃户不仅比地主还强势,而且蛮不讲理。这两则例子都与阶级斗争学说所宣传的主强佃弱刚好相反。

当然不是所有的地主都弱势。在邻省湖南安仁县，乾隆年间某监生威逼其周姓佃户一家"父子五人先后服毒投塘身死"，案报朝廷，皇帝震怒，改充军为拟斩监候、财产充公。安仁两任知县亦因受贿保护施害人而受处罚。（陈振汉、熊正文、李谌、殷汉章编，1989：323—325）也就是说，农村并非如有的"翻案者"认为的那样没有坏地主。

必须注意，这些案例都是特例，只是因为死了人、上报刑部，于是才有这些记录。不能因此而认为清中期的主佃关系或雇佣关系皆是如此。但这些例子也可以印证《长工歌》中的某些内容（农商部的调查或民国时期的调查说地主要给长工做衣服是对的）有与土改时期宣传不一致的地方。

下面即分别讨论清末、民国、1949年后不同时期对租佃与雇佣关系的调查及其观点。

二、清末民事习惯调查

为了发展中国的经济，清末新组建的农商部在全国进行了民事习惯调查，这一调查到民国初才结束。

由于这是涉及全国的调查，各省只是抽样而已，调查中与江汉平原有关的内容不是很多。这里首先讨论租佃关系，比如永佃。在钟祥一带，"卖约内凡载明自卖自种字样者，即系卖主，仍保留其永佃权之意义"，即是永佃制的表现形式。在这种情况下，虽然土地所有权已经转移到买主手中，但买主却不能佃于他人；而卖主自己却可以将永佃权让与他人，买主不得阻碍。在汉阳一带称这种田为"已业田"。佃户原为该田业主，在出卖此田时保留佃权，"并于卖契内注明为仍归自种之田，俗所谓'贱卖图耕'是也"。如果佃户不想自种了，可找另一佃户"顶种"，其顶种人要签"认种字"契给该佃户，"其租课即由业主向顶种人催收"。

另外,在汉阳的一般租佃关系中,如果是田主辞佃,则田主要赔偿佃户冬作种子与肥料;但佃户自辞则田主不用赔偿。(前南京国民政府司法行政部编,2000:325、336、652)

其次是主雇关系。清末民事调查的是农村各种惯习,主雇关系自然是其中的一种。其中甚至包括一旦雇工患病之后的扶养与医药费处理问题:"雇工在雇主家内患病,其患病期内之养膳、医药等费,……汉阳……膳养费归雇主负担,医药费归雇工负担";而在京山、潜江等地则"养膳费亦归雇主,医药费则视雇工之久暂、勤惰及与东有无感情而定。潜江并有因雇工患病而觅替工者"。(前南京国民政府司法行政部编,2000:653、669)

从此民事习惯调查可见,将二十世纪上半叶租佃关系说得完全是剥削或完全是人情关系都不对;而且仅在江汉平原所调查的数县就有这么多的不同,全省、全国差别应该更大、更不能一概而论。

这里有必要对当时的调查作一点说明。按眭鸿明的说法,当时的调查强调"全面与真实",且以调查为主。(眭鸿明,2005:52)也就是说,这一调查比后来的充满意识形态的调查可能更接近农村真实。这也可能是为什么二十世纪八十年代及以后的有些地方志直接引用这些调查中的有关材料的原因之一。

三、民国时期的调查

中华民国在中国大陆的统治虽然只有短短的三十八年,但上承晚清、下启中华人民共和国,其间各种思想激荡交锋。这里主要以国民政府时期湖北省政府主持的一些调查——特别是1934年由湖北省民政厅出版的县政概况调查(1933年调查)及1938年由湖北省政府秘书处组织、出版的分县农村调查——为基础对租佃与雇佣关系进行讨论,同时辅以一些新近开放的省县档案材料。

(一)租佃关系

在有的地方如武昌,如系良田,主佃关系中地主明显占上风。根据调查,"地主有任意更换佃户之权,此多为良田,故条件虽苛(有时预缴一年之租金),农民亦原意承佃"。但有的佃农也有永佃权,"即佃农有永远承租与转租之权,地主无任意收回之权,此永佃办法之成立,大多因佃户先缴'批头'于地主或曾出劳力于本田"。(《武昌县》,1938)这种情况在江陵也存在,佃强者谓软佃、主强者谓硬佃,"软佃有永久地上权,有田主数易,而佃户如故者,承种之人已死亡,而子孙仍袭种者;硬佃则地主可以随年更换。此项习惯,不知始于何时;又地主如人丁繁盛,尚有收回自种之可能,否则佃户之权力,高于一切,竟至纳课之多寡,亦以意为之,地主无可如何"。(《湖北县政概况》,1934)

从这两地的例子可以看出当地主佃关系中各有强弱,汉阳的例子则表明当地地主不一定能收到全额租课,特别是谷租,因"佃农多疲玩,能照额缴租者,十不一见"。(《汉阳县》,1938)这其实是当地清代就有的传统,连表达方式都差不多:"近来一切佃户,驯善者少,刁顽者多。"(《汉阳龙霓戴氏宗谱》)此点似乎与长江三角洲的佃农认为交租乃天经地义之事有区别,(费孝通,1986:133)它同时也说明阶级斗争观夸大了主佃关系中地主一方的力量。同样是在汉阳县,有的主佃其实是亲戚关系,地主在外谋生,于是将土地"交亲族耕作,故主佃间之感情殊为融洽"。(《汉阳县》,1938)

孝感县的佃户也"多不能照纳"其租,额定每年一石二斗五升的租谷,"事实上地主只可收到八九斗"。如果如此,地主是否可以随时换佃呢?"大地主不常更换佃户。如为本湾零星田地,随时可改佃他人。"(《湖北县政概况》,1934)在二十世纪三十年代的松滋,"农人最苦者在写田(俗谓秾田为写田),而地主之最畏者,亦在换庄(更换佃户,谓之书换庄）"。四十年前地主还担心田租不出去①，故不敢轻易加租；此时则农人要请"劣绅"出面说情求租，但前佃要把所有投资（塘堰、肥料）作价、且将树木、门壁等拆空，以此主佃皆"视为畏途也"。（《松滋县志》，1937）

至于最为马克思主义学者所抨击的额外交租情况，并非空穴来风。如最近发现并经整理出版的《湖北天门熊氏契约文书》就表明在清咸丰年间，其佃户要送田主"每年每亩新面、米各一升，每四亩新鸡一支"。（张建民、唐刚卯编，2014：603）在民国时期的汉川，佃户"每佃田一斗，须为地主栽秧割谷各二日"。（陈正谟，1936：11）但在1930年代不少县的调查中这些都不普遍、或说这种"额外租"（如过年过节送礼、帮工等）已很少或被取缔（如武昌、枝江、松滋），而在应城则说佃户除交租外没有任何其他别的义务，监利县佃户不仅没有其他义务、甚至"地主佃农之间，情感亦厚"。（《武昌县》，1938；《湖北县政概况》，1934）

这种主佃间"情感亦厚"的说法当然要慎重对待，但沔阳县小河口乡小河口村贫农张光贵租种该乡地主熊建清3.99市亩水田三十年（1920—1950）②，这么长时间没有换佃足以说明该主佃关系的稳定性。沔阳因地处江汉平原腹地，洪涝灾害频繁，有"沙湖沔阳洲、十年九不收"之谣。如果考虑到沔阳因频繁的洪涝灾害而导致的不稳定环境，这一主佃关系显得更加不同寻常。

此种情况其实并不难理解，农民、地主都生活在人情社会里，多居住在同一或相邻村庄，不好随意加减租、退佃，除非事先说好，否则会闹矛盾。甚至在帝制时代统治者也提醒田主要注意此点，如雍正皇帝就告诫乡村富者对穷佃户不要太苛："凡邻里佃户中之穷乏者，或遇年谷歉收，或值青黄不接，皆宜平情通融，切勿坐视其困苦，而不为之援手。如此则

---

① 这应该是因为当地当时围挽了很多新垸。

② 湖北省档案馆 SZ37-1-238"沔阳县小河口乡小河口村逐户调查简明表"（注：SZ37-1-238 系档案编号，其中 SZ37 为全宗号、1 为目录号、238 为案卷号，下同。有的档案编号有四个部分，这些是电子化了的档案，第四部分系其电子版页码。）

居常能缓急相周,有事可守望相助",否则贫民闹事,贫富皆失。(陈振汉、熊正文、李谌、殷汉章编,1989:316)

另外,1949年以后新修的方志中常常提到地主如何靠剥削暴富发家,如在洪湖,民国时期"戴家场的大地主涂大谓……1929年趁洪水泛滥之机,在天成垸又荡浆圈地1500余亩,使96户农民失去土地沦为赤贫"。不少占地数千亩的大地主即靠"荡浆圈地"发家。(《洪湖县志》,1992)但当时对其他县的调查情况则不同(见表一)。

从表一可以看出,除汉川,其余受抽查各县内大多数地主的田产来自继承,那种靠残酷剥削一夜致富的例子并不十分普遍,而更类似民间理解的地主产业都是"勤扒苦做"得来,亦即要靠多代的积累才可能拥有一定规模的土地。因此对地方志中洪湖地区那种荡浆圈地、一夜暴发的说法应慎重对待。

表一 1930年代江汉平原若干县地主田产来源百分比

县别	汉川	江陵	当阳	天门	应城	云梦	京山
祖遗	30	80	87	90	86	85	95
自置	70	20	13	10	14	15	5

资料来源:佚名(1977[1938])《湖北省之土地利用与粮食问题》,成文出版有限公司(重印),第24269页。

表二 三十年代江汉平原若干县水田稻租租率百分比抽查

县别		京山	江陵	当阳	天门	应城	云梦	汉川
租率	上等田	52	37	34	34	58	30	50
	中等田	41	42	42	32	49	34*	40
	下等田	39	51	51	30	47	39	46

*原表为43%,但以147市斤租额,占产量439市斤的百分比当为34%。

资料来源:佚名(1977[1938])《湖北省之土地利用与粮食问题》,成文

出版有限公司(重印),第 24271 页。

地租率是不少研究争论的核心问题。根据民国时期的调查,江汉平原的地租率应该不到通常所认为的 50%,即主佃对半分成(见表二)。

表二中的租额清楚显示在所抽查的地方,很少有租额超过 50% 者,而以 30%—40% 为多数(如果考虑到多数田为中产田则这一比率更为普遍)。

此表只是七县一种作物的租率(水稻乃当地主要粮食作物),如果包括整个江汉平原、综合各种作物则可以看到租率更低。虽具体数字存疑,但可以看到除汉川与松滋两县外,所有其他各县的地租率都低于正收获的三分之一,最低甚至只占正收获额的 16%(潜江)(见表三)。

表三　江汉平原各县 1948 年租佃及田赋情形

县名	地租占正收获额百分比	佃农所占百分比
应城	34	50
沔阳	33	30
钟祥	33	30
天门	33	5
枝江	32	30
云梦	32	30
武昌	31	20
荆门	30	30
监利	30	25
京山	30	40
汉阳	30	15
孝感	30	20

续表

县名	地租占正收获额百分比	佃农所占百分比
江陵	27	—
当阳	27	35
石首	22	30
公安	20	60
潜江	16	34
汉川	50	20
松滋	61	20

资料来源:湖北省档案馆 LS2-1-42:"湖北省各县租佃及田赋情形"(1948)。

由于江汉平原水灾频繁,租佃关系也深受影响。如越是洪涝灾害频繁的地方,佃农的分成越高,地租率视田块高低(有无收获保障)以及因灾而改变付租方式(如将定额租改分成租)等而定。(张家炎,2016:137—144)同时还得注意到,如果遇到灾荒年份,地租可以全免或部分减免。在监利县,减租办法由佃户请地主临田查产,视具体情况决定减租与否或多少,"地主佃户间因此发生争议者亦屡有所闻"。(《监利县》,1938)

为了抵御频繁的洪水,江汉平原各地修筑有大量的堤防。某一堤防的修筑维护一般由受益于此堤防的田主负责,新修方志认为旧社会地主们想方设法将负担转嫁到佃户头上。这一指控在最近发现的一批天门租佃契约(主要是道光年间)中得到佐证,这些租佃契约上载明:佃户每年每亩要负担堤夫一名,否则田主可以收田另佃。这些租佃契约是熊氏家族大量契约文书汇编中的一部分,从中可以看出几个特点:首先讲明租课、旱田均系钱租;重阳节交纳,纳后方可耕种;租田若系白田(旱地),必含"每亩岁修要帮夫一名"字样,说明此地堤防岁修任务重,田主将负担转嫁租户;如果租户违反其中任何一项,田主另佃他人,有完全的主动权,至少理论上如此。若系水田则交谷,每亩一石,且要送到指定地点、不是地主上门收,但没有岁修帮工要求。另外,地块面积都不大,一丘多为一亩或以下,这符合从其他文献中得到的印象。这一汇编中的契约近七成集中在道光年间,此期水灾频发("道光道光、十年九荒"),灾民售地、熊氏购地,也反映了环境不稳定对土地占有与租佃关系的影响。(张建民、唐刚卯编,2014:第509—673)在清代公安有一些滨江学田,佃户每借受水无收而不缴租,因此地方官要修好堤防、保障收成(这样佃户就没有借口不缴租了)。(《公安县志》)1935 年武汉大水后,因深受水灾之害,住在汉口后湖地区的数百名租户甚至"情愿各自出人力将该湖原有堤身用土筑加三尺"以防水患。[1]

但有的地方当时的记录展示的却是另一回事。如在监利县,民国时期"田赋概由地主负担,如遇征工筑堤,则由佃户代劳"。(《监利县》)而在民国末年的松滋县,由于不少田主并不住在垸中,垸修防处很难或无法找到这些人收取堤费、土费,于是召开垸民大会决议并报县府批准由这些人的佃户代缴,之后让这些佃户再去与田主交涉减租,而且要求田主给这些佃户某些补助"以昭平允"。也许是因为这一缘故,在某些垸中佃户也可以列席垸民会议,且领工赈款时佃民也有份。[2] 当然这实质上也可理解为一种转嫁,地主交了就没有佃户的事了,但修防处不可能到外地去找地主,只好找佃户。不止一垸有此决定,这也是没有办法的办法。而且佃户也有一定的权益,并非完全如新修方志所言为地主压迫、剥削所致。佃户也并非完全的无依无助,当时的国民党政府也出台了很

---

[1] 湖北省档案馆 LS19-4-6235:"为预防水患自力加筑湖堤以利农村恳请转呈湖北省政府饬令汉口市政府出示晓谕并饬公安局派警保护"。(1936)

[2] 见于松滋市档案馆 2-1-99(第 35 页)(1946)、2-1-182(第 60 页)(1945)、4-1-38(第 62 页)(1947)、4-1-87(第 58 页)(1945)、4-1-108(第 26 页)(1947)、赵 423(第 59 页)(1947)。

多法令保护佃农的权益或在主佃纠纷中为佃户撑腰。① 种公产田的佃户因遭受水灾或家中出现变故,会向去现场验租的政府雇员要求减租并一般能得到减免。② 某些种公产田的佃户甚至状告修防处滥收费,认为自己既然缴了租就不应该再承担筑堤任务。③ 也有一些佃户不听修防处工作人员的催促,拒绝上堤作工,修防处只好请当地警察出面威慑。④ 按照曾经的革命意识形态话语的标准说法,这是反动修防处对贫苦农民的欺压;但事实上这些人拒绝做堤、不承担他们分内的义务,并不是受害人。该县最新出版的地方志已比较客观地描述此事:"境内民垸堤工,主要采取业主(地主)出资、佃户出力的方式。"(《松滋水利志》,2008)

表四　三十年代江汉平原若干县佃农向地主告贷百分比

县别	佃农向地主告贷者	借款的用途	借款之月利率
京山	3	购买种子及特别事项	3.0
江陵	9	购食粮、种子、农具、耕牛、肥料	3.0
当阳	13	购食粮、牲畜	1.8
天门	10	购种子、耕牛、肥料	2.5
应城	36	购食粮	2.3
云梦	8	购食粮	2.7
汉川	3	购种子、耕牛	2.0

资料来源:佚名(1977[1938])《湖北省之土地利用与粮食问题》,成文出版有限公司(重印),第24273页。

---

① 松滋市档案馆1-2-394(第18、25—26页)(1946)。同一时期成都平原的类似例子可见李德英(2013)。
② 松滋市档案馆1-2-78(第14—18页)(1946)。
③ 松滋市档案馆4-1-155(第30—36页)(1946)。
④ 松滋市档案馆4-1-160(第128页)(1946)。

本文开头所引中共中央在《为什么要实行土地改革(宣传提纲)》中提到的重点是旧中国"重租高利",既然在江汉平原租额并不是高得惊人,那么利率如何呢? 请看表四。

表四显示佃农向地主借钱主要是为了购买农业生产资料与粮食,亦即不得不借钱。但这种人并不是很多,除应城外、江陵、当阳、天门、云梦约为10%,而京山与汉川只有约3%的佃农借贷。这一调查说明那种佃农因走投无路不得不找地主借款、最后因无力偿还而被迫用土地抵押(注:佃农身份并不表明他没有土地)并最后失去土地的例子应该不甚普遍。

此系列调查书的主编萧铮主张土地改革。按秦晖的说法,萧铮的地政研究所是当时国民党内主张土地改革最为积极的一派,因此"他们的各种报告与研究论著一般都是强调土地问题的尖锐性"(秦晖、金雁,2010:72),亦即偏向于土地剥削之类的说法,因此可以认为上述抽查并未美化事实。

而且地方政府也一再下令地主不得升庄加租,请看下面一则档案:

> 查租田完稞为佃农应尽之义务、额外加租实地主不当之利得。近来竟有一般刻薄地主唯利是图、大肆升庄加租以剥削佃农,稍有不遂即被勒迁或驱逐,视国家法令若具文、置人民生计于不顾,为所欲为,使贫苦佃农终岁辛劳所获不得一饱,且又辗转称贷以应付升庄加租之急需,以致生活日艰,甚至因负担之重受环境之迫铤而走险流为盗匪,影响治安何堪设想。本府保护民众责无旁贷,特重申禁令以遏习风。[①]

如果不加说明的话,熟悉革命意识形态话语的读者可能会很自然地

---

① 松滋市档案馆1-2-394(第17—18页)(1946)。

联想到这应该是共产党的宣传品。实际上这是 1946 年一则国民党籍的松滋县长(秘书代)要求其所辖各乡镇在乡参议员晓谕大众的公函。从这则公函可以看出,刻薄地主不仅存在而且不少,以致县长要各"在乡参议员随时宣导或检举"。县政府此举既是为了保护佃户、更是为了维持社会秩序,不致佃户因被加租而"铤而走险流为盗匪"。

(二)主雇关系(特别是雇佣工人的工资与待遇)

雇佣关系与租佃关系紧密相关。除了临时受雇作短工者外,月工、长工多是没有产业的贫民,他们的收入纯系出卖劳动力的回报。江汉平原的主雇关系同样表现出与通常所认为的有不一致的地方(见表五)。

表五　二十世纪前期江汉平原雇工工资及待遇简表

县别	长工(年资)	月工(月薪)	日工(日薪)	其他待遇	物价(每石米)	年人均耗粮(斤)
武昌	200—300串		1串200文,插秧割谷时2—3串	供给伙食	5.6—8.4元	413
汉阳	15—20元	2—3元	0.25元,农忙时0.5—0.6元	管饭食	6—8元	392
孝感	20—25元	20—24串	1串200文—1串500文	管饭食		
云梦	约25元		0.23—0.38元	麦头(即工头)有外五件套(巾帽鞋裤褂一套)		312
应城	25—30元		0.25—0.3元	长工或工头有裤褂鞋袜手巾一套(外五件)		322
天门	30元	6元	0.2—0.3元		8.18元	

县别	长工（年资）	月工（月薪）	日工（日薪）	其他待遇	物价（每石米）	年人均耗粮（斤）
汉川	约 30 元		0.3—0.4 元	麦头有裤褂手巾帽鞋袜等件		
沔阳	30—40 元		男 0.25 元、女 0.15 元	长工有裤褂手巾一套	5.2 元	
京山	约 20 元	约 4 元	0.1—0.2 元	长工有褂裤手巾鞋袜一套		
钟祥	约 15 元		0.2 元左右			
潜江	约 24 元		0.1—0.3 元	工头有手巾褂裤两样		
荆门	15—20 元		0.15—0.2 元			
监利	20—30 元		0.2—0.3 元	当家长工供食宿，有鞋手巾等赠品		347
石首	10—40 元	2—5 元	0.1—0.4 元			
公安	15—25 元	20—30 串	1 串 500 文—2 串	均供饮食		
枝江	百余串—二百数十串	约 3 元	1 串 200 文—1 串 600 文			
松滋	30—40 元		0.15—0.2 元	长工食宿工薪外有衣服鞋袜之赠		
当阳	白余串或二百串		700—800 文	长工有粗布单衣并手巾鞋袜一套		

资料来源：《湖北县政概况》(1934)。湖北省政府民政厅编辑出版，第 42、48、69、71、647、699、729、761、764、785、810、814、834、837、860、884、926、955、980、1007、1032、1056、1350 页。其中年人均粮食消耗据 1938 年各县农村调查，此调查包括大米、小麦、大麦、豆类、小米、甘薯、玉米、高粱及面粉，为简略计，这里仅作算术相加没有换算，仅表示大概 [转引自张家炎 (2016):183]。

从表五可以看出民国时期江汉农村的主雇关系并无势不两立之处，刚好相反，雇主待长工不错。在监利的调查甚至指出当地"农家待遇长工极厚，……此外尚有当家长工，对于地主家事主持大半"；松滋也是，"农村对于长工待遇甚厚，有所谓当家长工，对主人家事例多主持"，这已经不仅仅是长工，而差不多是准家庭成员了。即使认为这两地的做法只是个别地区或某些特殊时节的现象，①管饭、提供衣服鞋袜等穿着则是很普遍的事。除了供伙食、给工钱外，雇主还得送长工巾帽裤褂鞋袜等（两件或多件）。但在云梦、应城、汉川、潜江等地，如果某家所雇长工不止一位，则只有麦头（在汉川叫"掌掉司务"）或工头（在潜江称"大司务"）一人才能得到这些东西，它们在云梦、应城等地被称作"外五件"。（《湖北县政概况》，1934）

在江汉平原的田野调查中，常听到当地的所谓地主富农多是勤苦劳作、省吃俭用买田置地而来的说法。这些在文献中也有反映，如当阳就有这样一种自耕农兼地主，调查发现他们"多系由佃农出身，故虽有一部分之田租可收，然其一种坚苦耐劳之精神，并不让于佃农，……而其对佃农、雇农也，又无轻薄之态度与行为。"（章有义编，1957：443）根据农村社会的常识，薄待雇工于情于理均说不过去：薄待长工会在乡里间留下刻薄、吝啬的恶名而增加下次雇佣的难度；薄待短工则短工们会磨洋工而使雇主遭受损失，农忙季节如抢收抢插之时尤其如此，雇主要对雇工酒肉招待生怕得罪。有调查也表明，雇主对短工的招待比长工更好：（湖北）长工"每年除食宿由雇主供给外，尚可得工资七、八十串，乃至百串。……短工除由雇主供给酒食外，每日可得工资五、六百文。"（《鄂省农业经济状况》，1926）

在华北农村，民国时期许多贫苦的无地小农只好辗转各地靠出卖劳动力佣工为生，这些人往往只能自己养活自己，无法供养他人，所以终身

---

① 如监利县新修方志就认为：长工中的"掌作师傅"实"为监工，待遇较优"，而一般"长工的伙食，除大忙期给点酒肉外，平时甚为刻薄"。

未娶的单身穷汉较多,这因而成为一大社会问题。但在二十世纪前期的江汉平原可以看到,长工们自己不用负担食宿,且有部分简单衣物供应,如果他们把工资全部节省下来(尽管可能性不大),则理论上他们的年终收入依当时当地的粮价高者可买7.69石(或1199.64斤)大米(沔阳)、低者可买1.875石(或292.5斤)大米(汉阳)。[①] 换句话说,某些长工理论上还可能用他们的工资养活另外的0.75人(汉阳)(这里0.75人纯粹是为了说明问题的方便),至多"一个半"人(天门)。一则1950年的调查证实在当阳县庙前乡解放前一个长工的工钱确实可以供"一个半人生活"[②]。这表明江汉平原虽然也是多灾之地,但雇工们的生活处境似乎要好于华北平原的雇农。如果考虑到江汉平原即使在水灾情况下仍可利用水生资源(捕鱼捞虾、采集水生植物)以补食物之不足,则江汉平原一般民众的生活条件更要好于华北地区民众。

四、五十年代的说法

二十世纪五十年代的调查,要为当时的阶级斗争现实(特别是土地改革)服务(自然不会讲地主给长工缝衣服的事)。

这里以启贤的调查为例说明当时新政权是如何描述旧社会的租佃关系的:如劳役租,沔阳县佃户租田一亩,"约需给地主做三十个工到六十个工"。此外还有"额外剥削",如得为地主无偿"当小工、推磨、抬轿子、跑腿等。妇女给地主家抱孩子、洗衣服、挑水、割草、做鞋子、挖野草、喂猪等。过节时,佃户要拿上鸡、鱼、猪肉、鸭、糯米、糖等给地主送礼。还要送随年礼钱、随年课、随年谷……进门礼等。其他还有麦课、油课、鸡课、柴课、花生课、棉花课、红薯课、鱼塘课等剥削"。这种负担占"全年

---

① 长工年收入与当时当地米价均参见表五,每市石大米折156市斤[许道夫编(1983):344]。
② 湖北省档案馆SZ37-01-0721-001"当阳庙前—观音两区一九五〇年农业普查分村按户调查表"。

收获量的百分之十五至二十左右"。①

张根生则视这些无偿劳役、请酒、送礼之类的"额外剥削为地主阶级对佃农超经济的残酷剥削"。在当阳服力役要"骑马坐轿,一叫就到,如期不到,何处也不要"。一般情况下佃农一年要请地主三次酒(栽秧前、成熟时、收割后)(或至少两次),还有频繁的送礼("每过端午、中秋、年节,以及地主婚丧生辰,佃户皆要给地主送鸡鱼肉鸭茶蔬菜等礼物")等。(张根生,1950)

而当时所新编修的地方志中自然要强调重租高利以及贫苦农民的凄惨生活。如在汉阳,"许多贫苦农民为了维持最低限度的生活,不得不向地主租种土地,因交不出田租而落得卖儿卖女,家破人亡"。这是当时的典型话语。该方志进一步描述旧中国农渔民所遭受的各种具体剥削:"农民和渔民还要给地主湖霸从事无偿的劳役,如抬轿、驾船等。佃农每年农忙时要为地主劳动,先种好地主的田,才能再种自己的田。每到过年过节、收租时,农民和渔民穷得无米下锅,还得向地主湖霸送鱼肉、鸡、鸭、糖、糯米等礼物或是请酒。如肖全胜家的佃户家里遇有红白喜事或收租请酒时,须得请他们坐首席,如子侍父,否则来年地主湖霸就不许下湖捕鱼和有夺佃的危险。"对所放的高利贷,"地主逼债也异常苛刻,如杨易盛借了恶霸地主刘蟠桃的钱,因还不清,大年三十刘蟠桃把杨易盛的大门下了"。(《汉阳县志》,1960)这里描述的汉阳农村乃是一个阶级完全对立的社会,地主有产阶级残酷剥削农民、渔民、佃农。与民国时期的调查强调汉阳农村主佃融洽截然不同。杨易盛的例子极有可能是个案,但也反映出有些地主是绝不讲情面的。或者说恶毒的地主虽只是少数,但也不是没有,利用这些少数地主的行为作例子来进行意识形态宣传,表明地主富农均如此。这并非没有事实基础,但也是以个体代全部之表现。

① 可见启贤(1950),但不知其中杂派例多少属于江汉平原。

至于主雇关系,当时所修的地方志由于意识形态浓厚,因此主雇关系中剥削观是主基调。如监利地方志说:"每逢地主庆、吊事件,佃户必须为他效无偿的劳役;五、八、腊三个节日还送节礼;其他季节送新米时菜。"这些服务被明确强调是"额外剥削"(《监利县志》,1959:71)。石首地方志也说当地存在类似的"额外盘剥",包括佃户要给地主送米、送鸡、缴稻草、节日送礼、好酒好肉款待来看稞的地主以及为地主无偿劳动等。(《石首方志》,1958:106)孝感亦然,"地主看稞时,要招待酒肉;立租约时,要请人担保,喝酒吃饭";每年佃户还要免费给地主帮几个工;等等。《孝感县简志》,1959:27)

当时阶级斗争话语常说的剥削观几乎体现在所有的出版物中。比如孝感一带民国时期流行有两首歌谣,曰:"麦子种完,整米上坛,挑土填牛栏,才可说工钱。""穷人交好运,要到四月尽,早上有人请,晚上有人问。"原资料(1959年)以括注形式说明这两首歌"充分地体现出地主阶级对雇佣劳动过度的劳力剥削,在适时利用的时候,又是如何以'争购'的方式来收卖"。(丁世良、赵放主编,1991:336)但从字里行间并不能解读出这种剥削,相反表现出主佃关系并非敌对关系,且更接近于由供需决定的市场关系。春末夏初农时紧、农事开始繁忙,要雇人者多,故早晚都有人来找雇工,这实际上是雇工挑选雇主,与"剥削"说不太相符。

再举一则地方志的例子。新修《汉川县简志》载当地民国时期长工每年约30元的工资并不够用,于是"向地主富农高利借贷,年复一年,无法解雇脱身"。说是"雇农无土地,或有极少土地,不能独立从事生产,被迫为地富阶级当长工或做日工,而所得工资,不足维持生活,如地富解雇,则靠挖野荸荠、菜根、野藕、藜蒿等物充饥度日"。(《汉川县简志》,1959)首先,此志完全不提当地麦头可得"裤褂手巾帽鞋袜等件"之事;其次,此志中所说长工工资不足维持生活与民国时期邻县的调查结论(可以养活除自己以外的其他人)截然相反(参见表五)。此志书出版于1959年,当时阶级斗争意识形态浓厚,很多解释是从阶级斗争角度出发的。

五、大众观点与革命意识形态之间的冲突

革命话语把民国时期的乡村社会描绘成不同阶级间的对立，实际生活中人们了解的却是强调遵纪守法的传统伦理社会。

这里先讲一个民国时期熊式辉主政江西时的故事。在国民党军队重占苏区之前，一般认为"所有地主的土地既被没收而分配于农民，原有契据必被焚毁，原有田塍必被铲平"。那么原地主回来后肯定会有各种各样的土地纠纷，熊为此制定了大量的条例准备处理这些纠纷。但在黎川和广昌，情况并非如此，他发现"黎川农民分得田地之后，竟有私自向逃亡在外县之地主纳租金者，而广昌田地分配之后，仍各耕其原有之田，而对于新得之田，则多置之不耕"。这是因为中国的"土地制根深蒂固，所有权的观念等于天经地义，一旦无条件地夺他人田地据为己有，良心终觉不安"。（熊式辉，2008：169—170）

江汉平原离江西不远、传统与风俗比较接近。当土改刚开始时，中南地区的民众显然并未轻易相信宣传，其中包括某些地主仍然要分得土地的农民交租，①而有的农民则认为"地主中有恶有善，分了善良地主的土地，于心不忍"，"分田是政府分给我的，没有政府我是不敢要的"。因为这确实是亘古未有之事，政府部门因此专门发布政策小册子批评农民的此类思想。（中南军政委员会土地改革委员会编，1950：4）

另外，农村中的宗族影响无处不在。如福建的某些村庄"内部的以土地占有多少为界限的社会分层被温情脉脉的宗族亲情掩盖了"。（朱冬亮，2003：97）江汉平原也是如此，共产党的干部在调查中"发现最好的村干到了土改也拉不开宗族与私人情面，斗争外姓地主恶霸很积极，斗

---

① 湖北省档案馆 SZ1-5-65："（沔阳地委）五月上半月工作情况通报"（1951）。

到本姓地主恶霸或知己亲朋就不参加或不表示态度,一般的村更可想而知"①;在沔阳,有贫协主席"在群众斗争地主时哭了"②;在汉阳长新渡乡,"群众情绪不高,劲头不大,认为恶霸杀的杀了、反的反了,地主也'老实'了",不忍或不敢斗地主,地主则采取"斗争时暂时低头,等机会再说"③的策略,同时分散家财、或装穷出外讨米以软化群众。

也就是说,土改之初农村流行的传统伦理习俗仍尚未被纯粹的革命意识形态所取代。这当然对于打开土改的局面非常不利。为了打开局面,土改工作队从穷人中寻找突破口。这里以中兴镇为例,来展现他们是如何发动群众的。中兴镇的农民土改开始时"仍生活在'温情'的家族网络和伦理秩序中",镇中除少数经商致富买地的大地主外,"普通户间土地占有并不十分悬殊。当地村民说,那时真正无地的农户很少,几乎每户人家都有土地,占有大量土地的地主并不多";"其次,虽然贫穷农民感受到与富有人家的差距,而且,为了能够租种地主的土地,他们有时不得不低三下四,甚至请客送礼,有些地主对佃户也非常苛刻,夺佃赶人的现象时有发生,但总的说来,中兴镇的地主和佃户、雇工间的关系,仍笼罩在温情血缘或拟血缘的社会关系之中,赤裸裸的冲突并不明显"。那些穷困潦倒时受人雇佣或招佃的贫农甚至对雇主心存感激,因这等于是雪中送炭。这些人很难接受工作组要他们揭露地主的剥削,"种田完课(租),借钱付息,在农民看来如同人要吃饭才能生存一样简单的道理。……绝大多数家道殷实,田地宽广的农户,基本上都是靠勤扒苦做,辛勤经营积累起来的"。这当然与革命的意识形态格格不入,但工作组成员循循善诱,一步步激起穷人的愤慨。比方说,有位穷人说他佃种其堂叔的田,"在歉收时还要被逼租"。这里虽然表现出明显的冲突少,但显然

---

① 湖北省档案馆 SZ1-5-65"沔阳地委十二月份综合报告"(1951)。
② 湖北省档案馆 SZ1-5-65"(沔阳地委)五月上半月工作情况通报"(1951)。
③ 湖北省档案馆 ZNB-156"汉阳长新渡乡土地改革试点的情况"(1951)。

退佃之事还是存在的,且主佃之间的关系并非真的"温情",灾歉逼租之事的发生给了土改工作队成员机会发动此穷人起来斗争原地主。(吴森,2007:43—53)

政府或土改工作队员采取此类措施而将本不激烈的农村人际关系挑激烈以发动群众土改是当时常见的现象,特别是在华北地区。(李金铮,2006)没有这样做的人或地区甚至要受到上级的批评,如在中南地区,"和平土改是把摧毁封建阶级这个翻天覆地的具有历史意义的革命运动,看成简单的技术工作,因而也就实际上取消了土地改革",指没有发动群众(特别是贫雇农),把革命家的身份降为事务工作者的水平,土改做不起来、不彻底。土改就是要发动贫雇农而不只是依赖中农,因中农对土地要求不强烈(一般不分进土地),"因此他就认为'得罪人划不来',就表现了软弱"。①

所以在沔阳基本上是从在贫雇农大会上宣讲开始(哪些是地主)以动员农民起来,"如沔阳十一区石码头重点划阶级后,农民打破了宗族观念,认识到地主都是剥削人,有钱就有亲戚,穷人才是一家人,都姓穷。因此也解决了中贫农内部团结问题……群众情绪高"。② 这是用革命的话语破除农民的宗族观,仍是挑起群众斗群众。土改还在进行时,有的地主仍要分得土地的农民交租。地主利用不同花样破坏土改:分散财产、利用宗派(如二区一地主说"我们张家湾是个杂姓,可是都是亲戚关系,人杂心不杂,只要我们泥巴[篱笆]打得紧,哪怕野狗子来钻")、造谣威胁、曲解政策,等等。③ 因此政府的工作人员"尚须十分重视发动后进群众,拆掉地主'篱笆',才能迫使地主完全低头。总之,要依靠发动群

---

① 湖北省档案馆 SZ1-2-31:"变相的和平土改,是当前土改工作中的最大危险——刘建勋同志于本月十一日在中南人民广播电台的广播词"。
② 湖北省档案馆 SZ1-2-59"沔阳地委关于划分阶级成分情况的简报"(1951)。
③ 湖北省档案馆 SZ1-5-65"(沔阳地委)五月上半月工作情况通报"(1951)。

众,贯彻阶级斗争,结合运用策略,才能达到彻底消灭地主阶级的目的"[1]。

这一套革命术语把原本至少表面上可和睦共处的一村民众人为地分为不同的对立阶级。在这种强调革命、宣传对立的话语体系下,表现主佃融洽关系的信息是要屏蔽的,缴租方式即是一例(见表六)。

表六　监利等县佃农缴租地点与手续(1946)

县名	缴租地点	缴租手续
监利	由佃农送至地主住宅	佃农将租稞送至地主住宅后当面量收,酌给力资并留宿留膳
当阳	地主家	掣给收据
京山	送至地主家	
公安	由佃户将验定实物担送东家	由东家临田验定租额后再由佃户担送归仓解除责任
天门	田主家中	或由佃户送缴或由田主自收均凭中人纳租

资料来源:湖北省档案馆 LS2-1-74:"湖北省各县土地经济状况调查表"(1946)。

上述缴租方法一般人并不在意,因此相关信息不是很多,这些是笔者在查找水利档案时无意中发现的。从上表中可以看出这些方法在现实中却合情合理,如在当阳"掣给收据"(只有得到收据方能证明已交过租),特别是监利地主留宿留膳送租的佃农非常合乎农村的人情习俗,但却与阶级斗争学说所宣传的主佃关系大相径庭,在地主—佃农关系似敌我关系的阶级斗争学说看来,这并不可能。因此在强调地主剥削的官方出版物中读者基本上看不到类似的信息,但这种描述在民国时期的出版

---

[1] 湖北省档案馆 ZNB-170"湖北荆州专区土地改革试点工作的初步总结"(1952)。

物中却是很平常的。①

共产党宣传中所讲的主佃阶级斗争乃是一种革命意识形态下的夸大，一般农民并没有这种革命意识形态，但这并不是说他们都认为地主乃慈眉善目的大菩萨。这里以陈敬全的个人经历展现佃农是如何的弱势。他出生贫农、三代为佃户。为确定主佃关系，首先要写"佃字"，注明承租人、承租地块、租额等相关事宜。交租外还有节庆送礼及其他"敬献"——如老板家有事要无偿"帮忙"、正月初八要给老板拜年、栽秧收割时均要请老板喝酒、收割后要给老板送农产品"尝新"（这些开销可达总产的50%以上），老板一不如意就可换佃。其祖、父皆勤劳、会种田，将山区一块块分散的丘田（怕旱怕涝产量低）种成好田，但地主却由此加租。陈敬全系独子，其母让其读书，但上私塾也成为地主加租的理由。由于没有别的出路，他家只能忍气吞声接受。写佃、请客既费时也耗钱，但佃农并不愿换种。（陈敬全，1993）。从他的亲身经历可以看出，其祖其父作为佃农是如何的低声下气求佃，别人也许可以说他们应该感谢地主给他们田种，但这种长年辛苦劳作还要看人脸色的屈辱人生却非外人可以体会。以前对地主的一边倒的控诉也许掩盖了某些良善地主或地主的良善一面，但陈敬全家的经历显示地主对佃户苛刻的本性也是不应该漠视的。新修方志中对地主的种种剥削控诉并非空穴来风——一则回忆材料声称，有地主甚至会在晚上在长工们睡觉之后将他们的裤子收起来，以防他们开溜。（钱斌，1989）

六、八十年代以来新修方志中的观点

八十年代某些方志的编修者仍深受五十年代革命意识形态的影响，因此在对"旧中国"租佃关系与雇佣关系的看法上仍然充满意识形态特

---

① 如华世出版社辑，1978:74。

征,但有的编修者这方面的思想已开始淡化,或则直接引用晚清民国时期的调查。

这里先以两则地主富农占地比为例。第一则是 1982 年出版的《石牌志》,说是 1949 年以前该地"地主富农占有大量土地,农民缺少耕地",可在接下来的表格中明明写着地主富农只占有不到三成耕地,农民占有七成多。(《石牌志》,1982)编纂者显然由于深受阶级斗争意识形态宣传的影响而认为当地多数土地为地富所占,却没有注意到自己的说法与自己所附的表格完全相反。第二则是 1987 年出版的《沔阳陈场区乡土志》,在提到当地的土地占有时,该志开宗明义指出:"建国前,土地大部为地主、富农所占有。"但在随后所引的各阶级占地比例数字却是地主与富农共占有13 580亩耕地,只占全区全部耕地50 975亩的 26.6%;而中农贫农占地比例其实高达 73.4%。也就是说,明明是地主富农占地少,但因为受意识形态或宣传的影响,还是要说(或不得不说)"土地大部为地主、富农所占有"(《沔阳县陈场区乡土志》,1987:52)。这显然是自我矛盾的。有些最近出版的方志虽然不再有这么明显的自我矛盾,但从其对旧中国农村不同阶层耕地占有比例的表述中仍然可以看出经典意识形态的深刻影响。(《后港镇志》,2013:162;《长丰乡志》,2016:84—85)

在租佃关系方面,此时的一部分方志继续沿用五十年代的做法,即强调收租之外的"额外剥削",包括请酒、尝新、送礼、帮工等,有的甚至与民国时期的说法相反(如民国时应城、松滋两地县志均说没有额外剥削)。(《京山县志》,1990:94;《武昌县志》,1989:191;《应城县志》,1992:131)有的则直接引用民国时期的调查,如在汉阳:"如不收租谷的,每亩年缴纳租金 2.6—4 元(银元)不等。地主先期收租金,佃户下季种地。"(《汉阳县志》,1989:164)也就是说,后来的修志者也开始认同当时的调查结果,尽管他们在此强调的仍然是地主的剥削,特别是突出不少农民生活凄苦、无力娶妻,而大地主、湖霸则妻妾成群、生活奢华。

在雇佣关系方面引用晚清民国调查材料的例子更多,如在应城、孝感、汉川、潜江等县的新修方志中均出现了雇主除供食宿、发年薪外还给领头长工另发衣帽鞋袜等物件（"外五件"）的信息，而这些在五十年代的方志中是没有的。（《应城县志》，1992：131；《孝感市志》，1992：126页；《汉川县志》，1992：107；《潜江县志》，1990：222）京山新县志除了提到雇主给长工"年发单衣1套、洗手巾1条、草帽1顶"外，还提到长工"患病自理，雇主供食宿"。（《京山县志》，1990：95）这后一点应该就是引自农商部民事习惯调查报告。当阳新县志继续提到某些"额外的剥削"，如佃户在腊月、端午、中秋及地主家有红白喜事时要给地主送礼、要免费帮工，以及"吃看课酒：每年庄稼即将收割之时，佃户要摆筵席，请地主下乡看课，请当地士绅……等作陪，吃喝一顿"。[①] 中国是一个人情社会，这些习俗既可以理解为革命话语中的剥削，也可以理解为乡村邻里间的人情往来。但同时该方志也提到，"民国二十三年（1934年），'一名长工种地40亩，除供食宿，每年冬夏季衣服鞋帽各一套，工钱100—200串'"。（《当阳县志》，1992：145—146）其中的民国年代提示这可能是引用的民国调查。确实如此，民国调查的说法是："长工劳资每年纳百余串或二百串，雇主得给予粗布单衣并手巾鞋袜一套。"（《湖北县政概况》，1934：1350）

与这些方志间接提示其信息引自晚清民国调查不同，汉川新县志（1992：107）直接点明其民国时期租课的数字就是"据1934年《湖北县政概况》记载"。江陵新县志（1990：262）中的佃农交租额、石首新县志（1990：156）中民国时期地主占地情况及枝江新县志（1990：783）中民国时期的民间疾苦等内容皆标明直接引用自《湖北县政概况》。天门新修方志虽然也照录了《湖北县政概况》中长工、月工、短工的工价，但并没有标明这些数字的出处，且特别提到主雇关系中"工资名为主、雇面议，实则是主说算数"。（《天门县志》，1989：174）也就是说该方志并不认同民

---

① 按陈正谟的看法，虽然某些佃户可能因为农村看重"庆吊之谊"的习俗而在地主家有红白喜事时免费帮工，但这也是一种力租的残余。（陈正谟，1936：13）

国调查中的说法,坚持认为主雇关系仍是一边倒的关系。不过这里只是指工资方面,如果地主给的工钱少,雇工可以磨洋工不出力,还是有方法抵抗的。

七、结语

阶级斗争学说把旧中国农村描绘成剥削与被剥削两大阶级间的尖锐对立,现在不少研究则倾向于从市场关系与道义经济角度出发,侧重当时农村和谐的一面——按照秦晖的说法,那种"把传统乡村看成一个非常和谐的、温情脉脉的大家庭"的"乡村和谐论"其实早在民国时期就已经是一个很有影响力的认识模式或理论。(秦晖,2006)以清末、民国及 1950 年代对江汉平原租佃与雇佣关系的不同调查与话语为基础,本文指出不同话语强调农村的不同方面,清末调查与部分民国调查可能比较接近事实,1950 年代初期进行的调查与编修的地方志出于政治宣传与政策的需要而导致意识形态色彩浓厚、夸大主佃与主雇冲突,而二十世纪末所编修的地方志则开始淡化政治宣传而更接近晚清民国时期的情况。

二十世纪上半叶江汉平原的租佃关系显示,当地既有阶级间剥削、也存在道义经济(灾年减租),同时也存在市场因素的影响。更进一步的考察可以发现,在(雇工)供过于求或(租地、借贷)求过于供的情况下则容易导致超额剥削行为,在亲戚或社区关系较紧密的情况下,更多是道义经济的体现;而在市场较发达或需求急(如短工或日工)的客观条件下,则比较倾向按市场规律行事。由于江汉平原频繁的洪涝灾害,有时是田之高低位置(易洪与否)决定其租额,水灾多的地方分成租低,以及佃农要负担堤工等,因此要理解这里的租佃关系,我们还得加上环境因素的特殊影响。

以江汉平原的例子衡量,不能把农民的抗租权力说得过大,主佃关系说得太温和,有厚道的地主,也有刻薄的地主。民国时期江汉平原的租率也显然没有马克思主义学者声称的高。主佃或主雇双方都生活在同一社区中,有一定的惯习要遵循,两者关系的好坏多取决于两人的个性,而不一定是阶级意识形态,或彼此间根本就没有这种意识形态。虽然江汉平原农村各阶级之间的界限并非那样泾渭分明,但也不是如关中地区那样"有地主、无租佃"。有的地方不易找到佃户,别的地方可能很容易。

现在不少人在为地主翻案,但那种完全否定有剥削与恶毒地主的说法就矫枉过正了。只强调某一方面显然都与乡村实际不符。应该说好地主/雇主、坏地主/雇主都存在,共产党的部分宣传肯定有夸大其词之嫌,但亦不能完全否认,当时肯定存在剥削与待人刻薄、狠毒的地主/雇主。从民国时期江汉平原的租佃与雇佣关系可以看出,过于简单与脸谱化的黑白二元观、过于意识形态化的话语均无助于了解当时纷繁复杂的农村社会。

参考文献:

黄宗智(2004):《中国革命中的农村阶级斗争——从土改到文革时期的表达性现实与客观性现实》,载黄宗智编,《中国乡村研究》第2辑,第66—95页。北京:商务印书馆。

人民出版社编辑部编(1951):《土地改革重要文献汇集》。北京:人民出版社。

杜润生主编(1996):《中国的土地改革》。北京:当代中国出版社。

白凯(2005):《长江下游地区的地租、赋税与农民的反抗斗争(1840—1950)》,林枫译。上海:上海书店出版社。

高王凌(2002):《地租征收率的再探讨》。《清史研究》第2期。

高王凌(2005):《拟解地租率》。《读书》第11期,第65—71页。

高王凌(2005):《租佃关系新论——地主、农民和地租》。上海:上海书店出版社。

曹树基、刘诗古(2014):《传统中国地权结构及其演变》。上海:上海交通大学出版社。

秦晖、金雁(2010):《田园诗与狂想曲——关中模式与前近代社会的再认识》。北京:语文出版社。

杜润生(2005):《杜润生自述——中国农村体制变革重大决策纪实》。北京:人民出版社。

李德英(2013):《佃农、地主与国家:从成都平原租佃纠纷看民国时期佃农保障政策的实际执行(1946—1948)》。《社会科学研究》第 1 期,第 147—159 页。

李德英(2007):《民国时期成都平原的押租与押扣——兼与刘克祥先生商榷》。《近代史研究》第 1 期,第 95—115 页。

刘克祥(2012):《关于押租和近代封建租佃制度的若干问题——答李德英先生》。《近代史研究》第 1 期,第 105—130 页。

章柏雨、汪荫元(1943):《中国农佃问题》。北京:商务印书馆。

李金稳(2011):《矫枉不可过正:从冀中定县看近代华北平原租佃关系的复杂本相》。《近代史研究》第 6 期,第 124—135 页。

谭天星(1992):《清前期两湖农村的租佃关系与民风》。《中国农史》第 3 期,第 30—37 页。

周荣(2006):《明清社会保障制度与两湖基层社会》。武汉:武汉大学出版社。

官互进(2002):《北洋军阀时期两湖农村租佃关系述略》。《湖北社会科学》第 5 期,第 28—29 页。

张家炎(2016):《克服灾难:华中地区的环境变迁与农民反应,1736—1949》。北京:法律出版社。

詹姆斯 C.斯科特(2007):《弱者的武器:农民反抗的日常形式》,郑广怀、张敏、何江穗译。南京:译林出版社。

南开大学历史学院暨中国社会史研究中心,中国第一历史档案馆编(2008):《清嘉庆朝刑科题本社会史料辑刊(第一册)》。天津:天津古籍出版社。

中国人民大学清史研究所、档案系中国政治制度史教研室合编(1979):《康雍乾时期城乡人民反抗斗争资料(上)》。北京:中华书局。

陈振汉、熊正文、李湛、殷汉章编(1989):《清实录经济史资料》(顺治—嘉庆朝一六四四——一八二 O)(农业编第一分册)。北京:北京大学出版社。

前南京国民政府司法行政部编,胡旭晟、夏新华、李交发点校(2000):《民事习惯调查报告录(上、下册)》。北京:中国政法大学出版社。

眭鸿明(2005):《清末民初民商事习惯调查之研究》。北京:法律出版社。

许道夫编(1983):《中国近代农业生产及贸易统计资料》。上海:上海人民出版社。

费孝通(1986):《江村经济——中国农民的生活》,戴可景译。南京:江苏人民出版社。

张建民、唐刚卯编(2014):《湖北天门熊氏契约文书(下)》。武汉:湖北人民出版社。

陈正谟(1936):《中国各省的地租》。北平:商务印书馆。

张家炎(2016):《克服灾难:华中地区的环境变迁与农民反应,1736—1949》。北京:法律出版社。

秦晖、金雁(2010):《田园诗与狂想曲——关中模式与前近代社会的再认识》。北京:语文出版社。

秦晖(2006):《关于传统租佃制若干问题的商榷》。《学术月刊》第 9 期,第122—132 页。

章有义编(1957):《中国近代农业史资料·第二辑(1912—1927)》。北京:生活·读书·新知三联书店。

张根生(1950):《中南区各省农村社会阶级情况与租佃关系的初步调查》,《长江日报》1950 年 8 月 18 日,载人民出版社编辑部编(1951),《新区土地改革前的农村》。北京:人民出版社。

启贤(1950):《湖北农村的封建土地制度》,《长江日报》1950 年 7 月 26 日,载人民出版社编辑部编(1951),《新区土地改革前的农村》。北京:人民出版社。

丁世良,赵放主编:《中国地方志民俗资料汇编·中南卷(上)》(1991)。北京:书目文献出版社。

熊式辉(2008):《海桑集:熊式辉回忆录 1907—1949》,洪朝辉编校。香港:明镜出版社。

朱冬亮(2003):《社会变迁中的村级土地制度——闽西北将乐县安仁乡个案研究》。厦门:厦门大学出版社。

吴森(2007):《决裂——新农村的国家建构:江汉平原中兴镇的实践表达(1949—1978)》。北京:中国社会科学出版社。

李金球(2006):《土地改革中的农民心态:以1937—1949年的华北乡村为中心》。《近代史研究》第4期。

钱斌(1989):《昔日八亩滩》。《枝江文史资料》第四辑。

中南军政委员会土地改革委员会编(1950):《土地改革政策通俗宣传资料》。汉口:中南人民出版社。

华世出版社辑(1978):《中国土地人口租佃制度之统计分析》。台湾华世出版社。

陈敬全(1993):《五花八门的封建剥削》。《枝江文史资料》第七,第157—163页。

《汉阳龙霓戴氏宗谱》,转引自高王凌(2005),《租佃关系新论——地主、农民和地租》。上海:上海书店出版社。

《鄂省农业经济状况》,《中外经济周刊》178号,第9页,1926年9月4日,转引自章有义编(1957),《中国近代农业史资料·第二辑(1912—1927)》。北京:生活·读书·新知三联书店。

《湖北县政概况》(1934)。湖北省政府民政厅编辑出版。

《汉阳县》(1938)(湖北省农村调查报告第六册)。湖北省政府秘书处统计室编印。

《汉阳县志(初稿)》(1960)。汉阳县档案馆印。

《汉阳县志》(1989)。武汉:武汉出版社。

《汉川县简志》(1959)。武汉:湖北人民出版社。

《汉川县志》(1992)。北京:中国城市出版社。

《松滋县志》(1937,1982年翻印)。无出版社。

《松滋水利志》(2008)。北京:中国环境科学出版社。

《荆门市志》(1994)。武汉:湖北科学技术出版社。

《武昌县》(1938)(湖北省农村调查报告第一册)。湖北省政府秘书处统计室编印。

《武昌县志》(1989)。武汉:武汉大学出版社。

《监利县》(1938)(湖北省农村调查报告第八册),湖北省政府秘书处统计室编印。

《监利县志》(1959)。出版者不详。

《监利县志》(1994)。武汉:湖北人民出版社。

《石首方志》(1958)。无出版社。

《石首县志》(1990)。北京:红旗出版社。

《孝感县简志》(1959)。武汉:湖北人民出版社。

《孝感市志》(1992)。北京:新华出版社。

《洪湖县志》(1992)。武汉:武汉大学出版社。

《石牌志》(1982)。无出版社。

《沔阳县陈场区乡土志》(1987)。无出版社。

《后港镇志》(2013年)。无出版社。

《长丰乡志》(2016年)。武汉:武汉出版社。

《京山县志》(1990)。武汉:湖北人民出版社

《应城县志》(1992)。北京:中国城市出版社。

《潜江县志》(1990)。北京:中国文史出版社。

《京山县志》(1990)。武汉:湖北人民出版社。

《当阳县志》(1992)。北京:中国城市出版社。

《江陵县志》(1990)。武汉:湖北人民出版社。

《枝江县志》(1990)。北京:中国城市出版社。

《天门县志》(1989)。北京:湖北人民出版社。

Abstract: According to class struggle theory, rural China before 1949 featured two contrasting classes, the exploiting class and the exploited class. Some current research tends to—from the perspectives of market relations and moral economics—focus on the harmonious aspect of the rural society of that time. Based on different surveys and their associated discourses on tenancy and employment relationships in the Jianghan Plain in the late Qing, the Republic of China, and the 1950s, this article argues that different discourses emphasized different aspects of rural society. The surveys of the late Qing and some surveys of the Republic are closer to reality, while the CCP surveys of the 1950s and the gazetteers compiled in the 1950s, influenced by political propaganda and policy, are heavily loaded with ideological biases and exaggerate the landlord-tenant conflict. This kind of influence has gradually weakened since the 1980s, and the gazetteers compiled afterward are closer to reality. Those new studies that deny exploitation and evil landlords are overcorrecting. The Jianghan experience of tenancy and employment relationships demonstrates that in the early twentieth century, exploitation among classes, market competition, and moral economics all existed at the same time. Because the Jianghan Plain was prone to frequent water calamities, we also need to add the specific influence of the environmental factor to our understanding of tenancy and employment relationships in this region.

Keywords: discourse; rural society; tenancy; employment relationship; the Jianghan Plain

基于农业项目的国家干预与农业转型
——以中国湖南水稻生产地区的实践为例

龚为纲(武汉大学社会学系)

布拉克(土耳其科奇大学社会学系)

内容摘要:本文以 2009 年以来中央政府在湖南省平晚县实施的国家粮食安全项目和农业产业化项目为例,分析了国家在当代中国农业转型中的角色及其动力机制。研究表明,在各种类型的项目实践过程中,政府通过提供大量(正式和非正式)补贴和土地流转把耕地转移给家庭农场和农业企业,使水稻生产领域的农业转型成为可能。我们还发现,在缺乏私有产权的情况下,为了农业项目的顺利落地,地方政府对农地流转的强有力控制使得快速转移大片土地相对容易,有助于农业企业和大户避免在私有土地制度下可能面临的重大交易成本。文章还表明,地方政府倾向于支持在地理和气候条件较好的耕地上开展耕地流转,因此使得不同地区农业转型的图景差异明显。

关键词:国家干预 农业转型 项目制 家庭农场 龙头企业

一、研究问题

笔者曾经从农业治理转型的角度讨论过当代中国农业转型背后的制度逻辑,即税费改革前后,中国的农业治理体系出现重大转型,这使得农业税费时代依托于乡村组织的、以服务于分散小农户的、以村社为基本治理单位的农业治理体系瓦解,而由于粮食生产依然是需要国家扶持的战略领域,税费改革之后,国家试图通过项目化的补贴、市场化的运作来对粮食生产领域进行干预。由于这样一种新的农业治理体系无法与分散的小农户对接,交易成本过高,中国的农业管理部门越来越倾向于扶持龙头企业、种粮大户、家庭农场、合作社等新型的、具有资本经营逻辑的规模经营主体,通过各种各样的农业补贴来支持规模经营主体流转小农户的耕地,增强新型农业经营主体的竞争力,进而再造农业经营主体,使之与农业管理部门实现"粮食增产""农业现代化"等政策目标相对接,正是在这样一个政策干预过程中加速了中国的农业结构转型。(龚为纲,张谦,2016)

本文试图进一步从农业领域项目制的实践经验层面,阐释国家干预与农业转型的内在关联机制,结合国家粮食安全项目(产粮大县奖补计划)和农业产业化项目在国家政策层面和地方实践层面的具体形态,从过程分析的角度呈现以农业项目为表现形式的国家干预与农业结构转型(表现为家庭农场和工商资本下乡)之间的内在关联。

二、项目制与国家的农业扶持计划

农业税费改革之后,大量农业反哺资金采取"项目化"的方式运作,这成为国家干预农业的新常态,即通过农业项目的安排和分配来实现国家在农业发展领域的各项规划和目标。自农业税费改革以来,中央财政转移支付于农业领域的力度逐年增大,比如2014年国家向三农领域的投资高达1.4万亿,这1.4万亿中,绝大部分采取项目化的运作方式。从干预目标来看,这些农业项目可以大致分为三类。

第一种类型是保证国家粮食安全的,比如新增粮食产能工程、超级产粮大县奖补、产油大县奖补、生猪生产大县奖补、高产创建等项目类型。为了保证中国的粮食安全,中国政府对这些领域的投资额度非常巨大。以产粮大县奖补项目为例,国家对全国800多个产粮大县进行财政转移支付,并重奖粮食产量、播种面积、商品粮供应量排在前面的 200 个超级产粮大县,自 2005 年国家出台产粮大县奖励政策至 2013 年,中央财政累计拨付奖励资金 1589.2 亿元[①]。

下文我们将会以粮食安全项目为例,分析国家干预在基层政府的实践,图 1 和图 2 分别显示的是 2009—2013 年财政部对全国超级产粮大县的年度奖补资金和奖补资金投资的县。

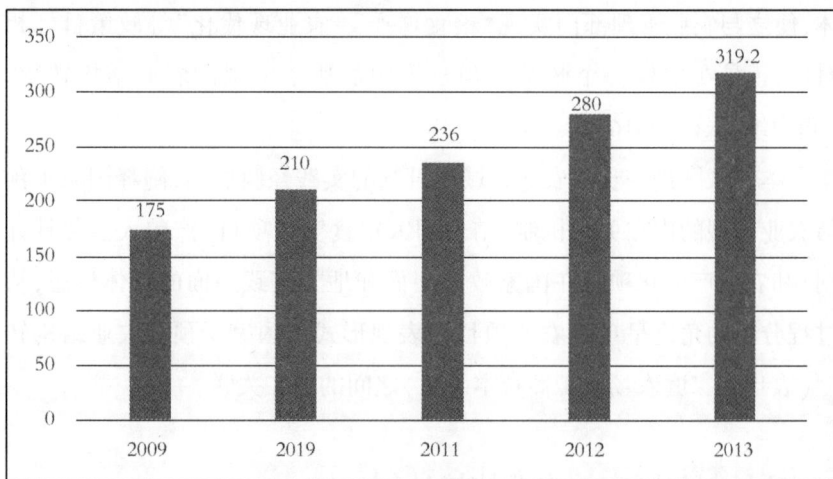

图 1　2009—2013 年国家粮食安全项目资金(单位:亿)

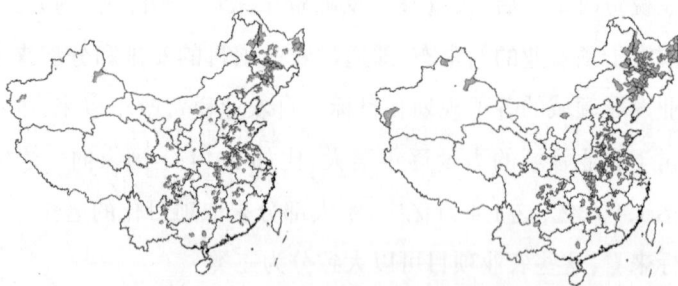

图 2　2010 年和 2013 年国家财政扶持的超级产粮大县

---

① 财政部网站, http://www. mof. gov. cn/zhengwuxinxi/caizhengxinwen/201308/t20130829_983490.html。

第二种类型是致力于推动农业现代化、产业化的项目,这些项目比如现代农业示范区项目、现代农业产业园区项目、农业科技示范园项目,投资主要着眼于推动农业现代化、转变农业发展方式、增强农业产业化等,和第一种类型的项目一样,一般是投资于产粮大县,投资额度巨大。

第三种类型可以看作是为上述两类项目做配套投资的,一般指向的问题比较具体,为解决粮食安全、推动农业现代化和产业化做配套和铺垫,比如国土综合整治项目、农业综合开发项目、小型农田水利项目、农机补贴项目、农技推广项目等,这种类型的项目主要是解决生产环节单家独户不好办和办不好的田间公共工程等公共品的供给问题。因为这些项目与前面两种类型的项目相比,投资量相对较小,在地方的项目实践中,往往被县政府整合进入前面两种大型项目中,前面两种项目经常被地方政府看作是地方的战略性项目,以此为核心,通过配套第三种类型的专门性项目来搭建农业项目平台。①

国家以农业项目的形式,出台财政扶持政策扶持家庭农场和龙头企业的原因,除了"谁来种田"这样的问题之外,还有一个重要的原因,与农业投资有关系。长期以来,中国国家财政对农业的投资不足,中国幅员辽阔,农业是一个庞大的产业部门,要解决农业领域的投资问题,不可能全部依靠中央政府的公共财政来解决。所以,当前中国政府在农业领域推行项目制,其核心机制在于,中央用农业项目扶持的手段来调动地方政府和工商资本(主要是地方龙头企业)进行配套投资。

以下文我们将会重点介绍的农业产业化项目为例,中央财政投资1000万,中央、地方政府、工商企业等社会资本的配套比例为1:2:3,也就是说中央试图通过1000万的项目投资,来推动地方政府和工商企业5000万的配套资金投向农业领域,即实现"四两拨千斤"的效果。地

---

① 为了保证粮食市场的稳定,防止谷贱伤农,国家对粮食市场的调控也是采取项目化的运作方式。项目的承担者主要是粮食代储企业,限于篇幅,本文不做讨论。另外,本文的主要分析领域是农业种植业,实际上,畜牧业领域的农业治理基本上也是采取项目化的运作模式,根据我们的调查,其逻辑和种植业领域大同小异。

方政府的配套主要以财政配套和项目配套的形式因应项目制的制度逻辑实施，而工商资本的配套则构成项目运作的主力，龙头企业一般以项目业主的形式参与农业项目运作。

农业项目的运作过程构成国家干预农业的宏观政策的主要方面。那么，这些农业项目被发包到乡村基层社会，会对农业转型产生怎样的影响呢？农业项目在县、乡、村这三级政府那里是如何被执行的？县、乡、村三级政府通过农业项目对农业领域进行干预的特征是怎样的？

下面，我们以农业项目在县、乡、村三级基层社会的运作为分析对象，分析基层政府的干预对农业转型的影响。我们的基本结论是，农业项目在基层社会的实践中，基层政府通过农业项目来干预农业生产，直接推动了家庭农场的兴起和龙头企业下乡。如果说，中央层面的干预是推动农业转型的初始动力的话，那么直接推动家庭农场的兴起和工商资本的下乡的则是在县、乡、村这三级基层政府，即基层政府的干预是推动农业转型的直接动力。

三、项目落地与地方政府的干预措施

关于农业项目在基层社会所体现的国家干预逻辑，我们以湖南省平晚县① 2009—2014 年的农业项目的实践为例，试图回答如下问题：基层政府为什么要通过干预措施扶持家庭农场和龙头企业？他们采取了哪些干预措施？他们的干预措施与家庭农场的兴起及其资本积累、龙头企业的发展及其资本积累之间有怎样的关联？

---

① 关于地方政府的干预，我们将分析的焦点放在县级、乡镇和村的三个层面，省和市两级政府贯彻和传达中央政策，同时负责监督县级政府的执行情况，这两级政府一般不直接干预农业生产。这并不是说这两级政府不重要，限于篇幅，我们无法详细介绍。关于省级政府的扶持家庭农场的政策，有一点需要提出，以湖南省为例，从 2014 年开始，除了像平晚县这样为了调动大户种植双季稻而进行双季稻项目补贴之外，省财政对 100 亩以上的家庭农场进行家庭农场补贴，2014 年的政策是每亩补贴财政资金 100 元，2014—2016 年全省补贴了 10000 个家庭农场。

关于家庭农场的兴起逻辑,本文将以《国家新增千亿斤粮食生产规划》(2008—2020)中产粮大县奖补项目为例,结合一个全国超级产粮大县 2009—2013 年的实践过程,对粮食安全项目的实施过程中国家干预与家庭农场的兴起之间的内在关系展开分析。我们试图论证:在中国南方水稻种植区,县级政府在实施双季稻推广项目的过程中,无法与分散的小农户打交道,进而只能通过县乡村干部以行政的方式推动耕地流转,进而将耕地流转到大户手上,通过项目资金补贴大户的方式来实施双季稻推广计划。其中的内在机制在于,农户生产双季稻面临边际收益递减问题,农户生产双季稻不划算,但是却有利于国家粮食增产,这样就产生了双季稻生产的外部性问题,基层政府要调动他们的积极性必须对双季稻生产进行补贴,即涉及政府和农民的交易问题。但是政府和散户无法进行这个交易,因为一是无法有效监控,二是难以管理。正是粮食增产过程中这个外部性治理难题,使得地方政府更乐于通过耕地流转、补贴大户的形式来完成粮食安全项目,推广双季稻。

关于龙头企业进入农业生产环节的逻辑,我们将以 2013—2014 年间的农业产业化项目的运作为例,分析县级政府是如何在争取国家农业项目、招商引资和经济发展等政绩目标的驱动下,通过和龙头企业合作的方式,争取到国家农业项目,继而为了工商资本有动力参与农业项目投资,许诺并通过行政力量推动耕地流转,将项目区的耕地从小农户手中流转出来给龙头企业作为生产基地,进而在生产基地上建立"公司+雇农",或者"资本+基地+农民"的生产关系。

简而言之,来自中央财政投资的农业项目是推动基层政府干预的初始动力,县级政府在争取农业项目和运作农业项目过程中,通过行政力量推动耕地流转,发展家庭农场,推动龙头企业下乡,改变农业生产关系,推动了农民分化。

(一)产粮大县项目与家庭农场的兴起

农业项目投资的首要目的是保证国家粮食安全。粮食安全是国家公共安全的重要组成部分,粮食安全是一种国家级公共产品。[①] 随着人口增长和城市化步伐加快,对粮食需求在持续增加,到 2020 年,国家要在 2005 年基础上新增 1000 亿斤粮食,但耕地面积有限,而且城市化还在不断占用耕地,实际上有效耕地面积在不断减少。如何在这持续减少的耕地上打出更多粮食,是粮食增产和保证国家粮食安全的关键。

《国家新增千亿斤粮食生产规划纲要》(2008—2020)规定,在南方水稻种植区,主要是增加复种指数,推广双季稻。[②] 在南方水稻种植区推广双季稻,对地方政府而言,一方面会占用大量地方行政资源,另一方面不利于工业化和经济增长;对于农民而言,下面的分析会指出,因为面临着边际收益递减问题,种双季稻远远不如种植单季稻划算,但是种植双季稻可以增加粮食产量,受益的是国家,即农户的粮食增产活动具有外部性,因而要化解"国家要粮"和农民要钱的矛盾,就必须由国家对种植双季稻的农户进行生产者补贴。

下面我们的案例分析将会说明,粮食安全项目的运作过程中,政府为什么要放弃分散的小农户,而要通过行政力量推动耕地流转、制造大户,并对大户[③]进行粮食安全项目补贴。

---

① 相关论述可参见马晓河等,2008,《我国粮食综合生产能力和粮食安全的突出问题及政策建议》,《改革》第 9 期;史晋原,2014,《多重制度逻辑下的项目制》,《华中师范大学学报》第 2 期。

② 华北平原主要是玉米增密行动,改套种为直播。

③ 不同政府的语境中,种粮大户的规模存在一定差异,平晚县政府补贴的大户主要是双季稻播种面积在 50 亩以上的农户;省政府补贴的家庭农场面积则是 100—200 亩;2014 年统计的粮食领域的大户是 30 亩以上的经营规模的农户。本文进行界定的大户规模是 30 亩以上的经营规模。

1.地方情况简介

湖南省平晚县是中国中部地区一个比较典型的农业县。2009 年之前,本地基本上都是小农户进行粮食生产,很少有种粮大户,2008 年全县最大的一个种粮大户是三湖镇的王长元,政府鼓励他种了 40 多亩单季稻。本地在 2003 年农业税费改革之前,双季稻种植还很普遍,农业税费改革以后,农业劳动力加速外流,种植双季稻日益不划算,所以到 2009 年左右的时候,全县的农民绝大部分都像王长元那样从种植双季稻转为种植单季稻。

可以说,2008 年成为我们分析平晚县农业转型的一个起点,因为那个时候基本上都是以小规模农户为主的经营。故事从 2009 年开始发生变化。下面根据我们 2011—2013 年在平晚县 8 个多月的田野调研,对2009 年以来该县种植业领域种粮大户兴起的逻辑进行归纳。

2.粮食安全项目中,中央政府与县级政府之间的关系

农业税费改革之后,农业不再创造财政收入,为了调动县级政府抓粮食生产的积极性,保障国家粮食安全,保证粮食增产,国家制定了《新增千亿斤粮食规划纲要》,对全国耕地比较多、商品粮供应较多的 800 个产粮大县进行重奖,平晚县就是国家粮食安全项目重点奖励的县之一。

自 2009 年以来,在平晚县所有的中央财政转移专项资金或项目资金当中,产粮大县专项资金的数额一直是最高的,以 2009 年为例,共引进农业项目资金 4500 多万元,其中粮食生产先进县争取奖励资金 3000多万元。正因为如此,争取全国粮食生产先进县的奖励,历年来都是平晚县农业工作的重头戏。①

---

① 前文的分析谈到,农业治理涉及粮食安全的外部性问题及粮食生产环节公共服务的外部性问题。产粮大县奖补项目,主要是对应粮食安全的外部性问题。实际上,在科技服务和推广、农田水利设施建设、技术推广等方面,国家也有大量的农业公共项目投入,并对应生产环节的外部性问题。限于篇幅,我们国家应对农业生产的微观层面的公共项目投入不做分析。

要争取产粮大县的奖励资金，就必须在粮食播种面积上下功夫，因为只有播种面积上去了，商品粮的总量和粮食生产的总量才会上去，成为县级政府大力发展和推广双季稻工作的根本动力。双季稻是地方政府入围下一年的全国粮食生产先进县的核心竞争力。[①]

在产粮大县奖补项目中，中央和平晚县政府的关系是，中央通过项目发包的方式，将项目资金发包给平晚县政府，同时对平晚县政府完成项目任务的具体情况、粮食生产的绩效进行考核验收。从 2009 年开始，农业部和湖南省政府开始加大对产粮大县的考核力度，不但要求地方政府汇报粮食生产绩效，而且还要求县政府提交粮食增产的现地点给上级领导考察，其中双季稻生产成为现场考察的重点。每年在早稻插秧之后和晚稻插秧之后，农业部和省农业厅的官员就会在平晚县委书记、农业局局长等领导的陪同下，开着公车在全县检查双季稻播种情况。平晚县政府为了能够应对上级领导的检查，保证完成考核并顺利过关，就必须尽可能多地种植双季稻。

而究竟是种单季稻还是种双季稻，是农民生产决策的事情，农民是按照经济效益的比较来决定究竟是种单季稻还是种双季稻的。所以政府的粮食项目实施涉及如何与作为粮食生产主体的农民进行交易的问题。

那么地方政府会选择谁来种双季稻呢？

为什么县级政府在实施粮食安全项目时要放弃散户，而愿意扶持大户？

国家通过粮食安全项目的形式，将粮食增产的责任和财政资金发包给粮食主产区，但是粮食主产区的地方政府不可能直接进行粮食生产，粮食增产项目还需要落实到农民身上。在中国南方水稻种植区，《粮食

[①] 产粮大县奖补对象的具体筛选过程，请参见龚为纲，《农业治理转型》，华中科技大学 2014 年博士学位论文。

增产规划纲要》(2008—2020)强调,增产主要是通过推广双季稻来实现。

而 90 年代后期以来,由于袁隆平的杂交稻产量高,降低了单季稻与双季稻的产量差距,现在单季稻的产量可以达到 1200 斤左右,而双季稻的产量一般在 1900 斤左右,单季稻只需要投入一季劳动力和移栽、农资、机械等成本,而双季稻则需要投入双倍的劳动力和农资,却只能增产 700 斤,纯收益还不如单季稻。表 1 显示,2013 年,双季稻的纯收益是 467 元,而单季稻是 530 元,这使得单季稻推广很快,到 2006 年左右,种植双季稻在全县比例已经不超过 5%。

表 1   根据 2013 年的物价计算,散户经营不同种植模式的成本收益①

| 种植模式 | 各项成本支出(元/亩) | | | | | | | | | | 毛收入 | | 种植直接纯收入 | 国家直接补贴 | 利润 |
	育秧	农药	种子	犁田	收割	移栽	水费	其他	管理用工	租金	总计	亩产	收入			
双季稻	210	120	60	200	200	300	30	100	900	0	2120	950	2404	284	183	467
单季稻	130	85	50	100	100	150	30	50	550	0	1245	650	1651	406	124	530

表 1 显示,农户种单季稻,所有的投入是 1245 元,种植环节的直接收入是 406 元;而种双季稻的投入高达 2120 元,种植环节的直接纯收入是 284 元,也就是说,农民多干了一季的活,增加了一倍的投入,种植环节的纯收入反而比单季稻要少 122 元。即便加上国家对双季稻投入更多的粮食直补,种一亩双季稻的纯收入也只有 467 元,还是少于单季稻的 530 元。所以按照现在的粮食单位面积产量、生产要素的市场价格,以及国家的粮食直补,农民是断然不会种植双季稻的。

---

① 1.其他成本主要是农膜、小型农机具折旧;2.管理用工主要是浸种育秧、排灌、施药、除杂、晒谷和协助农机作业等,按每个工日 100 元计算;3.国家补贴为农资综合补贴 80.6 元,粮食生产直补 13.5 元,良种补贴每季 15 元,新增双季稻生产补贴 58.87 元,合计 182.97 元。

县级政府发现散户模式无法有效运作之后,在政策设计过程中开始抛弃散户,而注重发展大户和引进工商企业下乡种田。一方面,通过行政方式强制性地推动双季稻规划区内的耕地流转,将耕地流转到种粮大户和工商企业手上;①另一方面,从粮食安全项目资金中安排一部分财政资金出来,给种植双季稻面积在 50 亩以上的大户和工商企业进行 150 元/亩的补贴,另外还进行集中育秧补贴及农业保险补贴。这样,种粮大户就成为协助政府发展双季稻的主力军。

3.为什么大户和政府可以合作种植双季稻呢?

下面我们通过比较大户种植模式的成本收益,分析为什么大户在政府的双季稻补贴下,愿意帮助政府完成产粮大县项目中的双季稻生产考核任务。

首先,大户种双季稻,县级政府从粮食安全项目中拿出每亩 200 元的补贴,另外加上集中育秧、农业保险、免费供应种子等,大约每亩 300 元左右的补贴,大致可以冲抵每亩 300 元的土地流转租金。剩下就是田里的规模经营之后的收入,按照表 3 的话每亩的收入是 337 元,因为种植规模比较大(50 亩以上),种 100 亩双季稻的纯收益在 3 万以上,实际上,大户大面积种植双季稻的收益远远不止这个数字。双季稻种植大户一般有自己的机械,在自己的田里使用机械所需的机械费用留在他们自己手里,每亩田的犁田、收割、插秧等机械费用不少于 150 元,一亩双季稻不少于 300 元,100 亩双季稻的机械收益在 3 万左右,加上纯收益 3 万多,双季稻种植大户的收入接近 6 万。种田的收入加机械的收入(因为大户一般自己购置了机械)基本上能够接近在外务工收入。(表 2)

---

① 和种粮大户一样,工商企业也是帮助政府种植双季稻的重要力量。为了行文方便,在粮食安全项目中,对工商企业不做重点介绍。

表 2 根据 2013 年的物价计算,大户经营①下不同种植模式的成本收益②

	各项成本支出(元/亩)										稻谷毛收入		种植直接纯收入	国家直接补贴	利润
	育秧	杀虫	种子	犁田	机器收割	插秧	水费	其他	管理用工	租金	总计	亩产③	收入			
双季稻	189	96	48	160	160	230	30	100	800	300	2113	900	2277	164	183	347
单季稻	117	68	40	80	80	100	30	50	500	300	1365	600	1560	305	124	429

　　大户种植双季稻的特点,概括起来有以下两方面:一方面可以保障粮食产量比散户种植单季稻高;另一方面,种植面积比较大之后,尽管单位面积上的平均亩收益没有散户高,但是因为经营的规模大,总体的纯收益要远远高于散户。正是规模效应,使得大户种植双季稻有利可图。

　　通过上面对散户和大户的比较可以发现,政府为粮食增产、增加复种指数,其唯一的办法就是培育"双季稻种植大户"的模式,目前全县农口系统的干部几乎一致认为:单家独户的单干式已经严重制约当前粮食生产发展,种植业转型势在必行,扶持和培育耕种水田 50 亩以上和早、晚两季共种粮 100 亩以上大户是适合本地种植业转型的理想选择,也是当前粮食生产稳定发展的迫切需要。

----

① 在本地,地方政府重点扶持和补贴的适度规模经营是指 50 亩以上的双季稻,播种面积为 100 亩。

② 1.其他成本主要是农膜、小型农机具折旧等;2.管理用工主要是浸种育秧、排灌、施药、除杂、晒谷和协助农机作业等,按每个工日 100 元计算;3.国家补贴为:农资综合补贴 80.6 元,粮食生产直补 13.5 元,良种补贴每季 15 元,新增双季稻生产补贴 58.87 元,合计 182.97 元。4.这里的国家直接补贴,和县政府从粮食安全项目中拿钱对大户进行双季稻生产的补贴不一样,前者是国家对所有农户都有的、按照农户面积进行的补贴,而后者则只是县政府对双季稻播种面积在 50 亩以上的大户进行补贴。

③ 单位是公斤。

4.项目实践过程中县乡等地方政府层面的干预

县乡两级政府通过干预措施推动家庭农场的兴起,集中地体现在以下两个方面,首先是通过行政手段推动耕地向种粮大户集中,这样家庭农场才能产生,前文已经介绍过了,在 2008 年之前,平晚县没有超过 50 亩的种粮大户,但是政府种植双季稻的粮食安全项目无法通过散户完成,县级政府正是在这样的动力下,才通过行政手段推动耕地流转,以行政的方式"制造"出了大量播种面积在 50 亩以上的种粮大户,种粮大户从 2009 年之后才开始大量出现,其耕地获得的方式基本上都是依靠政府的行政手段推动;二是从粮食安全项目资金中拿出奖补资金对家庭农场的双季稻生产进行扶持,该县从 2009 年开始,对于符合条件的种粮 50 亩以上的规模种粮户种植双季稻补助 200—300 元/亩。

这里的关键干预措施是政府所推动的耕地流转。这个过程的实践逻辑是这样的,县级政府为了完成粮食安全项目,需要推动耕地流转,其具体的执行则是由乡镇政府和村干部来完成的。那么乡村干部为什么有动力去推动乡村的耕地流转呢?

一是这是来自县级政府的行政命令和政绩考核。在中国县乡村行政体制下,乡镇干部的晋升机会被控制在县政府手上,县级政府为了执行推动耕地流转的意志,将乡镇干部推动耕地流转和完成粮食安全项目的任务纳入政绩考核指标体系下,我们调查发现,在平晚县,粮食安全项目的完成情况和耕地流转的执行情况在政绩考核指标中占很重要的权重,在 200 分的政绩考核中,该项指标占 30 分。而且,没有完成任务的乡镇干部,当年不得晋升,这是惩罚性措施。

二是县级政府对耕地流转任务完成较好的乡镇进行奖励。表 3 反映的是 2013 年县级政府的奖励措施。

三是乡村干部推动耕地流转的积极性。表 3 已经显示,县政府对于完成粮食安全项目的村干部也进行奖励。乡村干部推动耕地流转的一个更为主要的原因是,很多耕地是流入到村干部自己手中,因为很多种粮大户就是村干部,很多家庭农场主的社会身份特征是村干部,或者是村干部的亲戚。我们对 2013 年全县享受粮食安全项目的家庭农场的身份特征进行过分析,基本上有一半左右是乡镇的农技站长或者村庄的书记、村主任,或者是这些乡村干部的亲戚。

表 3　2009 和 2012 年平晚县粮食安全项目资金投入明细表

投入内容	2009 年金额(万元)	2012 年金额(万元)
乡镇干部的奖励	104.5	580
村补贴	55	120
种粮大户奖励	98	150
贡献人员奖励①	—	10
生产性补贴	85	340
考核及办点经费	30	30
合计	372.5 万元	1230 万元

自 2009 年以来,在政府的行政推动下,该县种植业领域已经发生了翻天覆地的变化,全县现有 50 亩以上的粮食种植大户 300 余户,其中安农公司承包的耕地面积 3 万多亩,种粮大户刘准承包 3000 多亩。大户种植的水田面积 30 万亩②,生产总量相当于全县 30% 左右,短短 5 年时间该县的种植业领域的结构已经发生了重大变化,在行政力量和农业项目推动下种植业领域正在经历快速转型。

---

① 具体的经验分析亦见 Yan Hairong, Chen Yiyuan, "Agrarian capitalization without capitalism: capitalist dynamics from above and below in China", the work paper submit to JAC workshop, 2014。

② 部分不在双季稻规划区内的大户不一定是种植双季稻。

5.家庭农场的社会经济特征

我们的经验调研发现，正是因为帮助政府种粮的大户有利可图，平晚县的大户一般是有一定经济实力的乡村干部在充当，或者和乡村干部有亲戚关系的富裕农民。

刘准是衡阳县最大的种粮大户，2013年的时候耕种的水田面积达到2500亩。刘准2009年之前是一个在广东经商的小老板，开皮鞋店，那个时候他一年可以有30万左右收入，2008年的时候，他认为自己的皮鞋销售经营规模和盈利水平已经很难扩大，他认真解读了中共十七届三中全会的文件，认为通过耕地流转进行农业规模经营已经有赚钱的机会，于是他不顾家人的反对放弃在外经商的机会，通过竞选当上了村主任，并决定回乡种田。2009年他刚回来的时候，还没有获得多少耕地，那一年他主要是做农业机械服务，利用经商的积蓄，投资了60万左右，购置了多套犁田机、收割机，并成立了一个农机合作社，通过帮助农户搞机械服务，当年就在当地具有了一定影响，并引起了县农业局的注意。2010年的时候县农业局需要在他所在的乡镇大面积种植双季稻，农业局找到他，问是否愿意和农业局合作，通过耕地流转进行大面积种植双季稻，当年就要种植面积1000多亩，刘准接受了这个挑战。

但是因为是第一年大面积经营，缺乏经验，加上2010年气候异常，刘准当年亏损达到40多万，县政府的大户补贴每亩200元，1000亩也只有20多万。县政府为了能让刘准能继续经营，给他进行了多方面的扶持，一是通过推荐让他当上了全国劳动模范，这是一个政治荣誉，退休之后每年有一定的国家津贴；二是让他当上了全国种粮大户，这是全国农业部的奖励对象，奖金有5万左右，这实际上也是一个政治荣誉；三是县政府给他的很多事情进行优惠，比如他要找县委书记，可以不需要排队，2010年，县政府给他在县政府郊区专门批了一块地，让他建房成立农机服务合作社，这也成为刘准放置农业机械的主要地方。在政府的帮助下,刘准在 2011 年至 2012 年间进一步扩大耕地规模,2013 年他的经营面积在 2500 亩左右。通过对他的三次访谈,我们保守估计,他每年的收入在 50 万以上。而这对于他的加快资本积累,进一步购置资产,都意义重大。刘准和我们说,再过几年,等积累到一定程度之后,他就会向大米加工行业发展,扩展他的产业链条。

总而言之,政府不会让这些帮助他们种植双季稻的大户破产,而是通过各种方式(不止项目补贴)对他们进行扶持。该县有很多这样的例子,比如种粮大户王金柱,2012 年帮助政府种了 100 多亩双季稻,这是一个原本不适合种植双季稻的地方,但是为了县政府迎接农业部的粮食安全项目考核,乡镇政府规划在这里种双季稻,即便有每亩 200 多元的粮食安全项目补贴,王金柱依旧会亏本。乡镇府向他承诺,把乡镇一个中学的校园建设项目工程让他承担。这样,王金柱在田里亏了,但是在建筑工程上赚了。还有些乡镇政府是让一些亏损的乡村干部承担公路的修建项目工程。总之是通过多方面的利益来保证这些乡村干部式的种粮大户能够将双季稻种植维持下去。

刘准、王金柱的故事在衡阳县具有一定代表性,即大户一般具有村干部背景,大面积的耕地是通过政府强制性地流转出来的,主要是服务于县政府的粮食安全项目,在县政府的粮食安全项目的补贴下,通过规模化的经营进行积累。

这背后的道理很简单,一方面,大户是通过乡村干部的行政力量推动制造出来的,而不是自发形成,所以耕地被流转出来之后,谁能得到这些规模大且连片的耕地,主要与权力因素有关。这说明,权力和关系在决定耕地究竟流入到谁的手上、谁能成为大户中具有决定性作用;而且,大户的经营风险比较大,需要有和政府的谈判能力才能获得政府的更多扶持,像上面关于刘准的案例,如果他是普通农户,2010 年亏损 50 万,没有活动能力的话,下一年肯定就无法持续,更难以获得全国种粮大户、劳动模范这样的政治荣誉了。另一方面,大户种植需要雄厚的经济实力,普通农户难以胜任,表 2 显示,大户种植双季稻平均一亩的投入是 2113元,如果是 100 亩,就是 21 万,200 亩就是 42 万。这样高成本的投入,一般的小农户是望而生畏的,因为一旦发生自然风险或者市场风险,只要一次就可以让他们倾家荡产,血本无归。所以除了具有经济实力的大户,普通农户不敢轻易尝试。

6.非均衡的补贴与农民分化

政府通过行政手段推动耕地流转的直接结果就是本地土地流转租金水平的上涨;政府针对大户的补贴则增加了他们的竞争力,推动大户流转小农户的耕地。这两个结果一起推动了本地的农民分化与无产化。

在 2009 年之前没有行政力量推动耕地流转的时候,发生作用的主要是不需要地租的亲戚、朋友之间的自发性的耕地流转模式。那些外出务工的农户自己不能种田,平时把田流转给亲戚朋友种,为了田不抛荒,粮食直补归田主,而田则交给种田户耕作,一般不要租金。这样一种耕地流转模式,往往是按照血缘、人情关系等来进行流转,耕地流转具有很强的嵌入性。贺雪峰(2013)将这样一种通过农村自发性的耕地流转形成的 10—20 亩左右的农户叫作中农。

现在大户在政府补贴的支持下,愿意出高租金来流转耕地,那么那些外出务工或者不方便耕作的农户,更愿意将耕地有偿性地流转给大户,那些原来通过耕地自发流转得到耕地的中农因为不愿意支付租金而难以再集中到耕地,面临瓦解。

上文的案例分析表明,地方政府运用国家的粮食项目来干预粮食生产是通过在农业生产活动中选择代理人来实现的,通过在农村选择能够接应国家粮食生产目标的代理人,来实现国家在农业部门的利益与目标。而调动这些代理人的积极性是通过对他们进行农业补贴和扶持。在农村以散户为绝对多数的时候,地方政府以行政的手段推动耕地向大户、工商企业和合作社流转,制造大户作为代理人来完成地方政府的双季稻生产项目。这样一种政府干预的形式导致的后果就是在农业转型的过程中,农业部门的利益被作为国家代理人的地方精英所攫取,这些地方精英以大户的形式出现,或者是进入农业部门的地方工商企业,而普通小农户则成为这个利益重新分配过程中的牺牲者和受损者。

(二)农业产业化项目与工商资本下乡

在文章的开始,介绍国家层面扶持龙头企业的干预政策的时候,我们已经讲过,国家为了通过农业项目引导社会资本投资农业领域,进而出台了大量扶持龙头企业的财政扶持政策。现在的问题是,基层政府为什么有动力扶持龙头企业?他们采取了怎样的干预措施来扶持龙头企业?这和龙头企业流转耕地、进入农业生产环节,及其资本积累之间是什么关系?下面我们以平晚县对龙头企业的扶持政策和农业产业化项目的实践为例,对此问题进行说明。

县级政府扶持龙头企业的原因主要有以下两方面。一是这与政绩考核有关系,县级政府希望招商引资,推动地方经济增长,GDP 在中国一直作为政绩考核的重要指标。扶持龙头企业,实际上就是招商引资的主要方面。二是和农业项目本身的制度逻辑有关。来自中央政府的农业项目资金,对地方政府而言,是一种推动地方经济发展的重要经济资源,是国家向地方的一种财政转移支付,有利于地方经济增长。所以县级政府都有很强的积极性去争取中央财政项目。但是问题在于,正如前文所介绍的那样,县级政府争取中央的财政项目,既需要县级政府进行财政配套投资,还要有社会资本投资,因为国家的农业项目的一个重要目的原本就是引导社会资本投资农业领域。所以,县级政府争取中央农业项目的过程,总是需要取得地方龙头企业的合作投资。这样才能争取来自中央的农业项目。这是县级政府之所以要和龙头企业合作并扶持龙头企业的重要原因。

现在的问题是，县级政府如何扶持农业领域的龙头企业呢？除了在税收、信贷方面对龙头企业进行支持之外，一个重要的方面，就是将本地的耕地流转给龙头企业作为生产加工的基地。所以，通过政府的行政手段推动耕地流转，成为县级政府扶持龙头企业的一个重要方面。下面以农业产业化项目为例进行说明。

当前中国政府对农业领域进行大规模投资，一个重要目的就是转变农业发展方式，推动农业的产业化经营，进而提高农业的市场竞争力。以 2014 年强力推行的现代农业产业园项目为例，该项目以省份为竞争范围，对胜出的县级产业园区，中央财政给予项目资金 1000 万，仅仅湖南省 2014 年就要扶持 1000 个现代农业产业园，中央财政的这 1000 万主要用于水利基础设施建设和新技术推广。建现代农业产业园是一个系统工程，生产环节的公共品投资涉及农田机耕道建设、水利建设、农业技术推广、高产优质农产品的引进等；在加工环节则涉及工商企业在加工领域的投资、生产加工线的建设、仓储建设等。生产环节的公共品投资主要由中央涉农项目以及地方财政配套和项目配套完成，而生产加工、农产品存储等则由企业配套投资完成。

所以，农业产业化项目的一个重要制度逻辑在于，通过中央财政的项目投资，来推动地方和工商资本配套投资进入农业领域，即通过中央财政来引导社会资本进入农业领域。这个制度逻辑中蕴含着农业产业化的逻辑，并将国家对基础设施的投资和工商企业"生产加工线"的投资对接起来，中央财政投资完善基础设施，工商资本负责生产加工领域的投资。

问题在于，工商资本为什么有积极性进行配套投资呢？很显然，动员他们进行投资的一个前提就是，他们的配套投资能够为公司产生收益。那么，这个项目的实施过程中，工商资本的利益如何与项目的运作实现利益关联呢？平晚县地方政府的普遍做法就是，将项目区的耕地从农民手上流转出来，将项目区打造成为工商资本的生产基地，在生产基地上，建立"龙头企业+基地+代管户或则雇农"的经营模式，项目区通过公共财政投资形成高产粮田并实行新品种优质稻推广，由纳入公司产业链条中的大户来耕作。

为什么要进行耕地流转呢？为什么要建立企业的生产基地呢？因为如果是具有自主性、独立性经营的分散的小农户，就无法与意欲进行产业整合的工商资本之间建立交易关系，在这些生产基地推行农业产业化项目计划，农户可以根据市场行情来销售优质稻，不一定非要将优质稻卖给进行了配套投资的工商企业，农民的行动逻辑往往是，合同价格低于市场价的时候，要卖给市场；合同价高于市场价时则卖给工商企业，这个时候这些工商企业没有办法与分散的小农户之间形成稳定的合约。

因此，地方政府为了保证工商企业进行配套投资时能够得到预期收益，为了调动工商企业进行配套投资的积极性，于是满足了一个前提条件就是通过行政手段将项目区的耕地流转出来，流转给工商企业作为生产基地，或者流转给愿意与工商企业合作的种粮大户，种粮大户与工商企业对接，交易成本相对要低。这就是为什么产业化项目落地时，在案例县项目区的耕地进一步被地方政府流转出来的原因。

表4显示，以平晚县的西渡镇和台源镇为例，2009—2012年间，平晚县政府为实施粮食安全项目，已经流转了5500亩耕地，在这两个乡镇持续推动耕地流转，形成了很多种粮大户。

从2013年开始，在产粮大县项目的基础上，这两个乡镇进一步通过行政力量推动耕地流转，在项目区的13个村庄，项目计划从2014—2016年间进一步流转7167亩耕地。

产业化项目实施过程中存在的一个重大问题，就是项目投资的基础设施如何和企业的投资相对接的问题：企业投资的一个前提，就是项目投资能为企业收益增加创造条件；那么如何才能实现这样一种对接呢？企业和分散的小农户无法有效建立这样一种对接。主要的办法就是，一方面，将项目建设区的耕地流转出来，作为企业的生产基地，在基地上实行"公司+基地+农户"的模式,将农户的生产经营活动高度嵌入到企业的控制之下;另一方面,是生产基地进行耕地流转,耕地流转给大户,建立大户与企业进行对接的模式。

表4 两个乡镇产粮大县项目已流转面积和产业化项目进一步流转的面积

乡镇	村名	土地流转	
		2012 年以前粮食安全项目已流转面积	2013 年产业化项目进一步流转的面积
西渡	青木村	780	20
	梅花村	950	250
	斗岭村	510	290
	爱吾村	—	750
	通古村	340	320
台源	龙福村	544.15	105.85
	长青村	817.7	487.3
	九市村	443	1169
	台九村	180	1420
	文星村	50	1220
	爱民村	148	132
	台源村	144	356
	演陂村	33.16	366.84
	东湖村	570	280
合计		5510	7167

所以我们看到,在农业产业园项目的实施基地,西渡和台源13村的耕地加速流转。这是从项目制的制度逻辑中推导出来的"公司+项目基地+农户"的逻辑,以及"公司+大户"的逻辑。之所以这样,一个重要的

原因是工商资本进行了配套的投资,这些配套的投资要和项目的基础设施投资所产生的效益相对接。企业主要投资生产加工环节,而政府财政投资主要强化基础设施,要保证企业在上游的投资和项目在下游的投资相对接,就必须使得公共财政对基础设施的投资能推动规模化经营,形成公司的生产基地,将这些公共财政投资所产生的生产效益纳入工商资本的产业整合过程中,当分散的小农户无法被整合进入工商资本的产业链条中的时候,唯一的办法就是进行耕地流转形成大户与工商资本进行对接。

总而言之,农业产业化项目的制度逻辑,就是通过工商资本参与配套投资,形成"产、供、销、贸、工、农"一体化的产业化模式,所以,实际上就是将分散的小规模经营通过产业化项目,整合进入工商资本的生产链条之中。进而在这样一个过程中推动了农业生产关系的变迁。简而言之,产业整合的逻辑,耕地流转的逻辑,大户形成的逻辑,农业结构变迁的逻辑,都可以从农业产业化项目的制度逻辑中推导出来。这就是农业的项目化治理和农业转型之间的另一层逻辑关系。

在平晚县,自2009年以来,承包农业项目的一个重要主体,是当地的一个农业企业——安农公司,该企业原来是一个农资经销企业,2009年通过改组,开始大量涉足该县农业项目的运作。从2009年开始,在政府的支持下,安农公司在全县6个乡镇流转耕地,2013年的时候,在全县已经流转了水田3万亩左右。如果没有县乡两级政府的大力推动,安农公司根本就流转不到耕地,农民不会把耕地流转给安农公司。一是农民不信任外来人,二是他们担心安农公司把耕地种坏了。而安农公司也不能强制性流转农民的耕地。

安农公司流转了这些耕地之后,建立公司的生产基地,在生产基地上实行"公司+基地+雇农"的办法,这些雇农一般是安农公司从外村请的代管户,公司给代管户提供"套餐服务",包括提供农药、种子、化肥、机耕、机插、机收等农资供应和机械服务,雇农主要负责除草、看水及田间管理,稻谷收割之后,直接运往公司,公司按照稻谷的价格,扣除套餐价格,给代管户支付费用。我们的调研结果显示,这是一个不平等的合约。公司从产前的农资供应、产中的机械服务、产后的稻谷价格中赚取利润,这是安农公司从生产环节中盈利的方式。

实际上,从农业生产环节获取利润并不是安农公司资本积累的主要来源,安农公司资本积累①的主要来源是政府的各种农业项目扶持。安农科技在 2009 年注册,当时注册资金 300 万元。但是在短短的四五年时间,凭借公司老总的省人大代表资格,通过各种公关手段,到中央和省政府申请各种大型农业项目,以及在产粮大县项目、产油大县等国家大型项目的实施背景下,安农公司迅速发展壮大,成功地转型为一个拥有好几千万资产的企业。自 2009 年以来,安农公司先后在产粮大县项目、集中育秧项目、稻—稻—油项目、一促四防项目、绿色生态基地等项目上都发挥着关键性作用,地方政府则依托安农公司及这些项目的运作,来打造政绩工程,打造亮点工程。可以说,安农公司的发展壮大,主要依靠的是国家的项目资金的扶持。2014 年,安农公司和县级政府合作,申请到了一个"国家农业科技园"的项目,这个项目的资金高达 8 个亿,而安农公司则是这个项目的业主。

最近几年公司承包的项目越来越大,在这个项目承包与实施的过程中,资本迅速扩张,延伸到粮油生产、加工、流通、农资生产与经销等各个环节。目前,平晚县的农业生产,已经在该公司的大力推动下,走向以龙头企业为主导的产业整合。根据笔者的观察,这样的情况,在整个湖南省都已经非常普遍。

---

① 更为详细的论述,参见黄宗智、龚为纲、高原,《项目制的实践结果是合理化吗》,《开放时代》第 9 期。

四、农业转型：省域层面的整体图景

上文我们通过湖南省一个县的经验案例，分析了该县不同层次上的国家干预与家庭农场的兴起和资本积累、工商资本下乡及其积累之间的关系。下面我们试图根据 2014 年调研所获得的湖南省有关规模化的家庭农场、种养大户、龙头企业有关数据，对整个湖南省农业转型的整体图景及各地的节奏进行刻画。[1]

不同地区农业转型的非均衡性很突出。农业的资本主义转型在不同地区是不均衡的，有些地区农业转型的节奏比较快，而有些地区农业转型的节奏比较慢，在湖南省的很多山区，种植业领域的资本主义转型则基本上还没有开启。

下面我们先对各地耕地流转规模进行分析；然后从不同地区种养大户、工商企业、合作社的数量等方面来比较不同地区农业转型的非均衡状况。

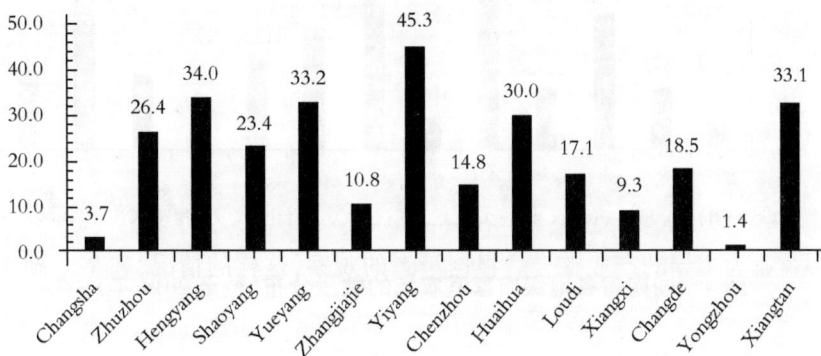

图 3　湖南省各地级市耕地流转面积分布（截止到 2014 年）[2]

---

[1] 数据收集的时间为 2014 年 6 月，数据来源为行业统计和有关部门统计。根据我们对湖南省各地农业转型的实地调查，这些数据基本上能反映各地的基本情况。
[2] 图 3—图 6 的数据为田野调研过程中地方政府相关部门人员所提供。

图 3 显示的是,湖南省 100 多个县耕地流转情况的差异。图 3 显示,耕地流转最为活跃的是在湖南省的沅江流域和湘江流域。这两个地区,是湖南省粮食生产的重点地区,也是商品粮基地县主要集中的两个流域,国家的粮食增产项目也主要集中在这两个地区。在大量的国家粮食增产项目的推动下,这两个地区耕地流转速度自 2009 年以来加快。到了 2014 年,这两个地区绝大部分县的耕地流转规模都在 10 万亩以上,而且有相当部分县的耕地流转规模在 20 万亩以上。

相对而言,湖南省西部张家界、怀化、娄底、永州等地区,耕地流转的速度则明显要慢,这些地区一方面是山地丘陵比较多,另一方面国家粮食增产项目在这些地区相对也比较少,其耕地流转速度要明显慢于沅江流域和湘江流域。①

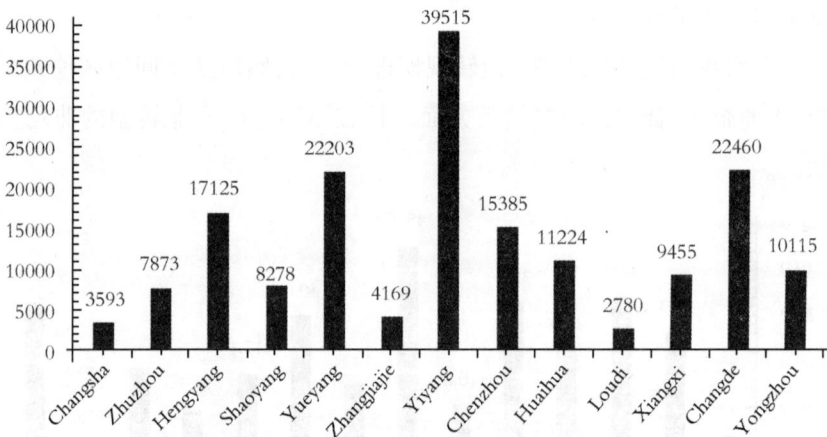

图 4　湖南省各地级市家庭农场的数量分布(截至 2014 年)②

这些图表还从新型农业经营主体的角度反映各县农业转型的节奏。图 4 和图 5 分别显示了 2014 年各县种养大户和龙头企业数量的差异。图 4 和图 5 都显示,种养大户和龙头企业数量比较多的县,基本上也是

① 通过耕地流转占当地耕地的比例所得出的结论和空间分布和图 1 大致类似。
② 这里的家庭农场的统计口径是经营规模大于 30 亩的农户。

集中在湖南省北部的沅江流域和东南部的湘江流域。农业的资本化转型节奏比较快的地区,主要集中在这两个地区。这也证明了本文的核心命题,即国家干预的力度和各地农业资本化转型的节奏和速度之间所存在的高度一致性。

这其中的内在逻辑在于:在中国,规模化的、资本化的农业经营主体要产生,首先必须获得耕地,而耕地经营权是在小农户手上;要将小农户手上的耕地流转到种养大户和龙头企业手上,就必须依靠政府的力量推动耕地流转。规模经营主体只有获得了政府的帮助,得到了农户的耕地,才有可能扩张农业生产的规模。所以,耕地流转速度快、规模大的地区,才能产生数量众多的资本化的经营主体,才能有比较快的农业转型速度。

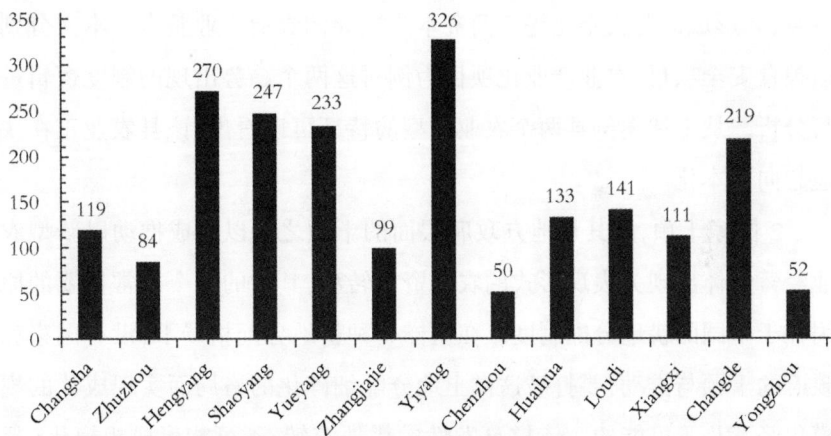

图 5　湖南省各地级市龙头企业的产值分布(截至 2014 年)

五、结论与讨论

1.中国农业税费改革之后,国家对农业的干预在宏观上表现为制定一系列有利于种养大户、龙头企业的农业政策,这些农业政策的意志通过各种类型的农业项目来表达和实现,各级政府通过农业项目对种养大户和龙头企业进行扶持;而在微观的地方干预的实践过程中,农业项目落地往往与县乡两级政府所推动的耕地流转结合起来。种养大户和龙头企业只有依靠政府的力量,将耕地从分散的小农户手中流转出来,通过政府大量的项目扶持来进行积累,才有可能发展壮大。所以,在当前的农业转型过程中,国家干预集中地表现为农业项目的实践过程和地方政府所推动的耕地流转过程。

本文试图通过对这两个国家干预过程,去分析资本化的经营主体——即种养大户、龙头企业的产生、兴起及其资本积累的逻辑。正是在国家干预的大力推动下,目前中国农业转型趋势表现出以下两个鲜明特征:一是形成以规模经营主体为主力的农业经营体系,二是工商资本下乡,并形成以龙头企业等工商资本为主导的农业产业整合。本文分别以粮食安全项目、农业产业化项目为例对这两个趋势出现的制度逻辑进行分析。从上述案例县两个农业转型的特征可以看出,该县农业正在快速趋向资本化。

2.国家干预,尤其是地方政府层面的干预之所以构成推动以新型农业经营主体出现为表现形式的农业资本转型,其中的一个非常重要的原因在于中国的耕地分配制度。在这样一种耕地分配格局下,没有国家和政府的干预与推动,要打破这样土地分配细碎化的格局而实现成片的规模化经营是不可能的。依靠自发性的耕地流转,不可能形成规模化(超过50亩甚至是100亩),依靠家庭农场和工商资本的力量更不可能到农村去流转到规模化的、大片的耕地。因而国家干预、政府的推动,是打破土地分配细碎化格局的关键。在中国,除了政府的力量之外,似乎没有任何其他的一种力量可以实现推动农村耕地规模化流转到新型经营主体的这样一种格局。所以,在中国家庭农场兴起、资本下乡的过程中,政府干预发挥着关键性作用,尤其是在新型经营主体兴起之初的时候。

近年来(主要是2009年十七届三中全会以来),地方政府推动耕地流转的逻辑,在很大的程度上,又是在中央政府的农业项目投资的驱动下被推动的,即地方政府为了落实来自中央部门的农业项目,而需要推动耕地从散户向大户手上集中。原因在于,地方政府的项目实践无法和分散的小农户打交道,因为管理成本或者说交易成本太高。选择大户和龙头企业合作去完成农业项目任务不仅成为地方政府的一种策略性的选择,而且是迎合了国家层面培育农业新型农业经营主体的话语。

3.本文试图将国家和权力因素在农业转型过程中的作用进行归纳,得出的基本结论就是,国家的农业项目及其运作,地方政府的行政干预和农业补贴是推动农业结构转型的核心动力。湖南省的这样一个农业转型的过程,是高度嵌入在国家干预和地方权力结构之下的,"农业结构转型、资本积累、农民分化的具体路径"只能在国家干预、政府补贴、权力结构的作用之下才能得到理解,所谓"谁得到什么、谁失去了什么"的问题,只能通过政府干预的具体实践过程去理解。正是因为不同地区政府干预力度的差异,那些粮食生产的重点地区,恰是国家粮食安全项目输入的集中地区,同时也是地方政府推动耕地流转的最为活跃的地区,其农业转型的节奏走在全省的前列,家庭农场和龙头企业在这些地区的兴起速度也最快,农业的资本主义化程度也最高。

国家在农业转型过程中的角色大致可以被归纳为两方面:一是直接推动作用,国家在农业生产要素全面市场化和乡村集体组织瓦解的背景下,重新培植与其利益相一致、便于农业政策执行的代理人的这一动因,是国家对农业转型的直接推动作用,这是本文试图论证的核心逻辑;二是间接推动作用,本文着眼于从国家干预的角度解释2006年农业税费改革之后中国的农业资本化转型过程。但这并不意味着我们忽视资本积累、商品化、技术进步、农业劳动力转移等因素在农业转型过程中的作用。这些因素在中国农村土地集体所有制的约束下,因为难以获得大规模的耕地,规模经营受到阻碍,而正是在重新寻找农业领域执行政策的代理人的推动下,农村土地流转的枷锁被打破,商品化、资本积累、技术进步、农业劳动力转移等因素长期积累的推动农业转型的势能被释放,所以国家干预也为资本积累、商品化、技术进步、农业劳动力转移等推动农业转型的因素发挥作用解除了枷锁。

参考文献:

Yan Hairong, Chen Yiyuan, "Agrarian capitalization without capitalism: capitalist dynamics from above and below in China, " *The Journal of Agrarian Change*, 2015.

龚为纲、张谦(2016):《国家干预与农业转型》。《开放时代》第 5 期。

贺雪峰(2007):《取消农业税费对国家与农民关系的影响》。《甘肃社会科学》第 2 期。

贺雪峰(2013):《小农立场》。北京:中国政法大学出版社。

黄宗智、龚为纲、高原(2014):《项目制的运作机制和实践结果是合理化吗》。《开放时代》第 4 期。

马晓河(2008):《我国粮食综合生产能力和粮食安全的突出问题及政策建议》。《改革》第 9 期。

国务院(2008):《国家粮食安全中长期规划纲要(2008—2020)》。

史晋原(2014):《多重制度逻辑下的项目制》。《华中师范大学学报》第 2 期。

孙新华(2015):《农业企业化与农民半无产化》。《中国研究》2014 年春季卷,北京:社会科学文献出版社。

孙新华(2013):《强制商品化:"被流转"农户的市场化困境》。《南京农业大学学报》第 5 期。

温铁军(2009):《三农问题与制度变迁》。北京:中国经济出版社。

Abstract: This article analyzes the role of the state in the development of capitalist agriculture in contemporary China by focusing on the implementation of the central-government-sponsored National Grain Security Project and Agricultural Industrialization Project in Pingwan county of Hunan province since 2009. It demonstrates that by providing significant (formal and informal) subsidies and transferring large tracts of farmland to large farmers and agribusinesses, the Chinese government has made the capitalist transformation of rice production possible. We stress that in the absence of private property rights, the local governments' strong control over farmland transactions makes it relatively easy to transfer large tracts quickly, helping agribusinesses and large farmers avoid significant transaction costs they would otherwise have to face under a system of private landownership. The article also shows that existing policies support the transfer of farmland in regions with favorable geographic and climatic conditions over other regions and therefore lack the capacity to decrease regional inequalities.

Keywords: agriculture, China, Hunan, capitalism, rice, state

台湾小农经济的变迁与传统(1960—2015):
一个关于东势水果经济的个案研究[*]

叶守礼(台湾东海大学社会学研究所)

内容摘要:水果经济的高速扩张,是台湾农村近半个世纪以来的显著特征,然而在以稻农为叙事中心的主流农村史中,果农的重要性被严重低估了。由于预设传统的小农经济难以适应资本主义变迁,无论是现代化理论还是依赖理论,都无法妥善解释为何台湾的小农经济能够催生出活泼的多样性水果经济。本文希望结合历史社会学视野和田野民族志研究,聚焦台湾知名水果产区东势的历史经验,探究文化情感和社区等因素如何左右了农民"转作"的经济选择。东势的经验显示,农民放弃稻米而转作市场价格更高的水果,不一定是为了追逐更高的利润,也可能是在农村贫穷化的长期趋势下,被迫以商品化的手段提高家庭收入,笔者称这个过程为"谋生型商品化"。就这个层次而言,农村商品化程度的提高反而避免了农村的无产化。本文希望指出,东势水果经济的崛起不是某种农村企业化的转化,而是小农经济在家庭责任、草根人情网络等农村固有的社会文化条件交互作用的产物。

关键词:小农经济 转作 家庭责任 水果经济 草根人情网络

---

[*] 本文改写自我的硕士论文:叶守礼(2015):《小农经济现代变迁:东势果农的商品化之路》。东海大学社会学研究所硕士论文。论文的一部分曾发表于"2015年台湾社会研究学会年会"研讨会。感谢施朝祥先生、刘龙麟先生、叶泰竹先生和吴子钰先生等农村运动实践者的协助与建议,以及高承恕教授、黄宗智教授、赵刚教授、吴宗昇教授和匿名评审的宝贵的修改意见,当然,一切文责由作者自负。

一、前言

在既有的台湾战后农业史叙事中,"小农经济"(peasant economy)本身很少被问题化。

这并不是说,台湾学者不关心农村。问题在于,台湾学术界过去的争论,大多集中于界定"国家"与农村的关系,尤其是在工业化的问题上,更集中于相关农业政策是否直接导致了农村凋敝。在台湾内部,相关的讨论大致可以粗分为两大阵营:现代化理论(modernization theory)的观点相信,在台湾现代化的过程中,小农经济逐渐为大工业生产取代,不但符合市场经济的自然规律,也符合城乡关系长期发展的战略目标;抱持依赖理论(dependency theory)观点的学者则认为,台湾的工业化发展事实上以牺牲农村福祉为前提,高度倾斜的农政体制导致农村落入低度发展的陷阱(详见下文)。围绕"发展主义"(developmentalism)、"以农养工"以及具体农业政策等问题,双方提出了激烈的正反意见:右派主张应该任由小农经济为市场淘汰,左派则要求当局提出积极的农村保护政策。

虽然在许多方面,现代化理论和依赖理论彼此针锋相对,但他们一致认为:传统的小农经济很难生存于现代资本主义社会。在这场争论中,"小农经济"本身被忽视了,被简化为一种简单、抽象的生产方式,即某种相对于美国式大规模机械化企业经营现代农业的落伍小规模家庭农业,其历史、社会和文化的内涵,都被当作次要的、补充的因素。小农经济内在的差异,以及历史变迁,往往也不被考虑。自 1970 年代以来,知识分子即不断警告农村即将破产,然而右派与左派的分野,不过在于争论当局应该扮演的角色:究竟应该放任传统小农自然淘汰,让农业朝企业化的方向迈进,还是站在同情的立场,集中力量扶持小农?

本文无意重拾这项争论,而是希望指出一个基本事实:和过去的预期不同,台湾工业化近半个世纪以来,虽然旧有的"米糖经济体制"已然解体(详见下文),然而小农经济非但没有随之消灭,还出现很多新的变化。的确,单单观察台湾稻米的产量、产值和种植面积的变化,很可能会得出农村衰微的印象,但若将其他作物纳入考虑,就会看到完全不同的风景。以水果种植业来说,1960年时全台水果产量只有392,807吨,2010年时已经增长到2,690,364吨。同样的期间,水果产值更增长了101.56倍。[①] 或许更关键的是,1960年代台湾真正具有规模的商品化水果作物主要只有香蕉、菠萝和柑橘等数种,而今全台稳定生产的主要水果品项已经超过50种,[②]次要的品种更是难计其数。"水果王国"的封号,可谓名副其实。而且台湾水果产量、产值以及水果种类的大幅增长,基本建立在既有小农经济的基础之上,企业经营的大规模水果农场极为罕见。

表1 台湾糙米、果品产量比较(1953—2014)

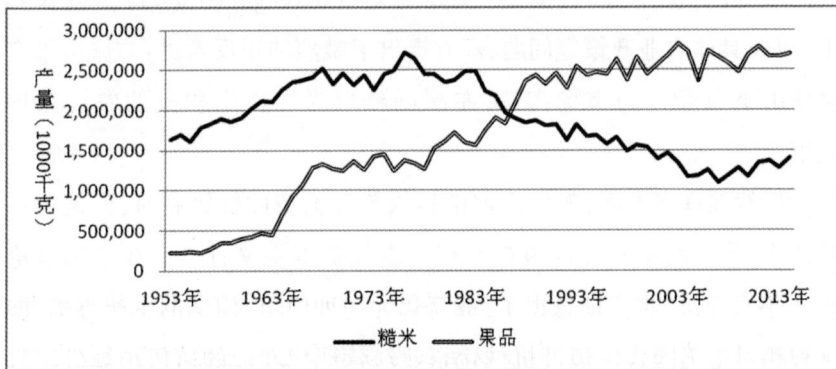

图表为作者自制。原始数据取自台湾"行政院农委会"(无日期)农产品生产量值统计。台湾"行政院农委会"农业统计资料查询网站:http://agrstat.coa.gov.tw/sdweb/public/indicator/Indicator.aspx。

[①] 原始数据取自台湾"行政院农委会"(无日期)农产品生产量值统计。台湾"行政院农委会"农业统计资料查询网站:http://agrstat.coa.gov.tw/sdweb/public/indicator/Indicator.aspx。
[②] 请参考台湾"行政院农委会"公开的在线农业统计资料长期追踪"果品产地价格"的品项。

台湾的水果经济体现了小农经济的另类可能性。值得注意的是,台湾水果产业的崛起,是晚近的现象。从统计数据上,我们可以看见近半个世纪以来,台湾农村的作物生产结构产生了极大的变化。1960 年时台湾稻米、蔬菜和水果的产量比分别为 61%、26% 和 13%,产值比则为 85%、9%和 6%;而到了 2010 年,稻米、蔬菜和水果的产量比已经变成 18%、41% 和 41%,产值比则为 20%、33%和 47%。[①]

表 2　台湾稻米、蔬菜和果品产量变迁图(1953—2014)

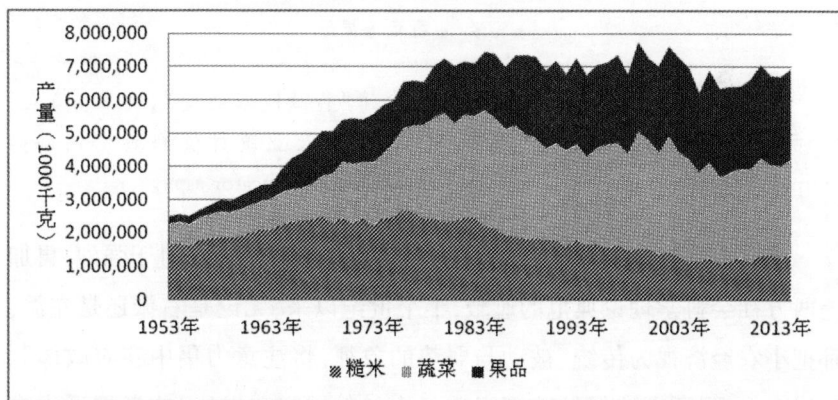

图表为作者自制。原始数据取自台湾"行政院农委会"(无日期)农产品生产量值统计。台湾"行政院农委会"农业统计资料查询网站:http://agrstat.coa.gov.tw/sdweb/public/indicator/Indicator.aspx。

然而,即便水果的产量与产值早已于 1980 年代中期双双超越稻米,成为台湾最主要的作物,但在以稻农为叙事中心的主流台湾农业史中,水果经济的重要性却被严重低估了。论者几乎还是以稻米为标的,强调台湾农村已经走向衰微,应和"弱势农民"的主流印象。一些学者甚至认为台湾水果经济的高增长,是某种农村企业化的表现(详见下文),借此强化传统小农经济式微的论点。

---

① 原始数据取自台湾"行政院农委会"(无日期)农产品生产量值统计。台湾"行政院农委会"农业统计资料查询网站:http://agrstat.coa.gov.tw/sdweb/public/indicator/Indicator.aspx。

表3　台湾稻米、蔬菜和果品产值变迁图（1953—2013）

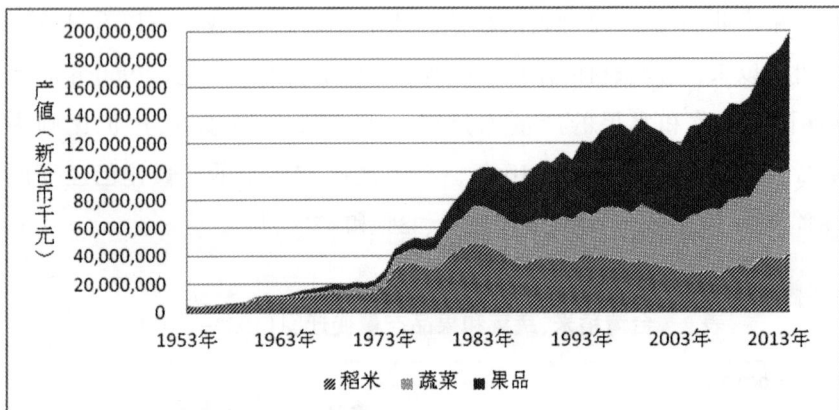

图表为作者自制。原始数据取自台湾"行政院农委会"（无日期）农产品生产量值统计。台湾"行政院农委会"农业统计资料查询网站：http://agrstat.coa.gov.tw/sdweb/public/indicator/Indicator.aspx。

　　事实上，由于1960至1990年代台湾农村危机的冲击过于强烈，再加上西方社会科学理论典范的遮蔽，半个世纪以来，无论是右派还是左派，都把小农经济视为传统、被动与弱势的象征，将注意力集中在农政体制的层次上：强调农地保护政策阻碍了农村的城市化发展，或者控诉小农沦为工业化发展的弃子。

　　在台湾的主流认识中，由于小农经济被理解为前现代的残余，而众所期盼的（美国式的）"现代农业"又被证明无法实现，于是农村仿佛始终处于某种"尚未崩溃"的延迟状况中，好似另一种"历史终结"……由于受限于既有的认识框架，因此诸如"台湾农村是怎么样的农村？具有何种历史性格？台湾小农经济的特质是什么？与资本主义的关系是什么？和中国大陆农村有哪些异同？我们可以展望怎样'另类'（alternative）发展的可能"等问题意识，是无法被提出来的。

　　当然，农村实际的情况远非如此。农民虽然仍是台湾社会平均收入最低的群体之一，但这并不意味农村是"停滞不变"的。就实践和历史变迁的向度（或者就马克思所谓"人们创造自己的历史"的角度），台湾工业化半个世纪以来,面对时代的变局,为了解决生活的难题,农民不曾停止尝试寻找出路——许多实践失败了,但也有不少案例成功改变了现状,甚至出现一些令人惊喜的突破。确实,1970年代米糖经济瓦解以后,农政机关的控制力松脱,各地农村出现了多样、分歧的发展,令人目不暇接:一些农村找到了新的立足点,一些农村就此萧条了。然而受制于既有的历史叙事和理论典范,台湾农民的努力被遮蔽了,他们遭遇的真正困难也被误解。

本文认为,"水果经济"是很好的切入点,协助我们了解台湾小农经济的现代变迁。用过去的眼光来看,台湾果农是诸多吊诡的结合:在维持小规模家庭耕作的前提下实现了全面商品化,极具生产力与创新能力但始终没有摆脱家计农业。本文希望了解为何是农村的贫穷化而非企业化,催生出高产而多样的台湾水果经济?东势的小农经济如何可能克服众多困难,实现稻米向水果的"转作"?回答这些问题,有助于我们重新理解台湾的小农经济何以存续至今。

二、农村贫穷化的长期趋势

2014年至2015年期间,我在台中县东势区①进行田野调查,发现当地农民于1960年代晚期放弃种植稻米,纷纷转作果树,结果形成相当活泼的水果经济,如今这里不但成为台湾最重要的高经济作物产区之一,还获得"水果之乡"的美誉。有趣的是,东势果农凭借精湛的水果栽培技术,能够不断根据市场行情的起落"转作"价格更高的作物,甚至自行开发台湾前所未见的高价新型作物,打破了我们过去对小农经济的想象。表面看来,全面转作经济作物、水果栽培技术水平极高、对于价格起落极

---

① 原为台中县"东势镇",2010年台中县升格为市后,改为"东势区",位于台中东部,现今人口大约五万,居民以客家人为主,是台湾最重要的水果产区之一。今天一般所称"东势",往往涵盖围绕东势镇的数个农业聚落,而不局限于镇区。

为敏感等特征,似乎显示东势农业已经"企业化"了。但深入探访以后,发现当地仍普遍为"古老"的小规模家庭农业:农场面积狭小,仰赖家庭劳力,以满足家庭需求为首要目标。根据当地农民的说法,东势几乎不存在企业经营的雇佣农场,既有的家庭农场仅在农忙季节雇佣临时工人。

毫无疑问,东势的水果经济建立在既有的小农经济基础上。这个过程是如何发生的? 世代种稻的东势小农为何以及如何可能实现"转作",推动水果经济高速增长,甚至开发出多项新型"明星作物"? 既有的历史叙事和理论典范都难以回答这些问题。

(一)既有观点的局限

面对台湾农村问题,长期以来两种诠释策略蔚为主流,分别是"现代化理论"和"依赖理论":围绕着"以农养工"这个基本事实,两种理论形成了截然不同的农村发展史观(historical perspective)。有趣的是,两种史观实际上共享一个认识:传统的小农经济很难生存于现代资本主义社会。

"现代化理论"认为根据比较利益原则,劳动生产率低落的小农经济于工业化发展之后相对没落,几乎是不可避免的。1953 年农政技术官员制订了"以农业培养工业,以工业发展农业"的发展方针,致力于提高土地生产力,积极调动农业剩余挹注工业发展,以便启动工业化进程,并且相信工业发展的成果可以通过"涓滴效应"(tickle-down effect)回馈农业部门。(沈宗瀚,1976;黄俊杰,1984;李国鼎等,1987;廖正宏等,1993)在这样的观点中,农业部门与工业部门可以相互提携,一同发展。他们多将注意力集中于推动农业现代化,与技术官僚密切合作,通过农业经济学方法探讨台湾农村的人口、劳动力、土地、生产率、收益比与产销关系等课题,希望推动台湾农业现代化。(张汉裕,1974;于宗先,1975;马若孟,1979;毛育刚,1994)

然而台湾农村非但没有成功"现代化",还陷入了贫穷化危机,"涓滴效应"似乎没有发挥作用。在早期著作中,农业现代化被设想为农药、化肥和机械等现代要素之投入,即广义的绿色革命,可是随着台湾顺利工业化,土地生产率极高的小农却始终停留在赤贫阶段,他们转而主张农业企业化才是唯一出路。(王作荣,1990;张研田,1980)土地与劳动力是另一个核心议题,最初他们认为确立现代私有产权的土地改革有利于激发农民生产的积极性,后来却发现土地分割过小阻碍了资本大农场的形成。(王作荣,1970;陈武雄,2004)此外,和美国大规模机械化企业经营雇佣农场相比,由于台湾工业化发展带动平均工资提升,始终停留在小农经济阶段的台湾农业无法压低劳力成本,不仅国际竞争力丧失殆尽,连获取基本利润都很困难(黄树仁,2002;陈宇翔,2005;陈希煌,2014)。随着非农就业机会日益增加,青壮年劳动人口纷纷移往城市,无法摆脱小农经济的台湾农业,逐渐沦为夕阳产业。

"依赖理论"则指出台湾农村之衰败,实际上是资本与国家机器联手剥削农村的结果。早在日本殖民时期,上层便通过各种强制手段掠夺农村剩余,迫使台湾农村朝资本主义转化。(涂照彦,1999;矢内原忠雄,2002;柯志明,2006)国民党不但继承了这套体制,甚至有过之而无不及。(刘进庆,1992;刘志伟等,2002)继承马克思和列宁的基本观点的学者,他们主张农村凋敝不是工业化的结果,而是工业化的前提:在英国,圈地运动将一般农民从土地上排挤出去,造成广大农民无产化,创造了第一批产业后备军;在台湾,善于剥夺农业剩余的强势农政体制很快建立起来,在达成原始积累的同时造成农村贫穷化,从而将廉价劳动力从农业部门挤向工业部门。(柯志明,1988;陈玉玺,1995;隅谷三喜男,1995)他们强调农业剩余的大肆掠取导致农村落入"低度发展"陷阱,小农经济恐怕于台湾资本主义化的过程中走向无产化。

虽然小农经济始终没有真正瓦解,但是农民仍在商品经济的侵袭下苟延残喘。1974年当局转而实施"稻米保价收购"的保护性政策后,榨取性政策基本解除了，小农却又陷入市场产销结构的剥削。（罗桂美，2008）1984 年台湾签订"《中美食米协议》"、2002 年加入"世界贸易组织"（WTO）以后，台湾农村被纳入资本主义世界体系之中，开放农产品进口、限制岛内农业生产补助、规范岛内农业生产份额等政策，再一次严重打击了摇摇欲坠的台湾农村，（吴音宁，2007；蔡培慧，2009）剧烈的市场竞争导致农村内部产生分化。（柯志明、翁仕杰，1993）由于农政当局基本已经放弃发展农业，重工轻农的政策导致农村饱受污染、缺水、抢地之苦。（张素玢，2014）在政权与资本的压迫下，小农经济濒于瓦解边缘。

今天台湾学术界理解农村问题的方式，基本承袭上述两种针锋相对的史观。有趣的是，两种史观却在一点上达成一致：传统的小农经济很难生存于现代资本主义社会。他们都过于快速地认定小农经济无法抵御资本主义的打击，忽视危机后农村小农经济仍旧存续的基本事实，难以解释台湾水果经济崛起的历史意义。[1] 他们很少正面讨论水果、蔬菜和花卉等经济作物的崛起，往往将其当作次要的、伴生的现象，甚至视为农业企业化的展现。

许多研究都注意到统计数据中水果显著增长的现象，但都没有给予足够的注意。吴田泉（1993：379—380）发现 1954 年到 1967 年之间"果实生产之年平均成长率高达 14.5%，为各项农产品中增产率最快速者"，此后不再关心这个问题，强调台湾农业已然进入"衰退时期"。廖正宏（1993：26—27）也发现"农业生产趋向多样化"，但只表示由于人民生活水平及岛内外需求的提高，所以"水果及畜产等愈趋重要"。蔡培慧（2009：212—213）感觉到这个问题："又该如何解释果树农家的增幅呢？

---

[1] 晚近较为完整的著作中，现代化理论和依赖理论的继承者仍不约而同地主张或承认唯有大规模机械化企业经营雇佣农场，才能适应资本主义经济。"从农业史的观点而言，不论自作或雇工协助，这资本或技术密集的商业化农民，正是工业社会里取代传统稻菜小农的农民群体。"（黄树仁，2002：279）"农业经营市场化之后，其经营模式必然朝着资本积累的方式前进，扩大生产规模：提高雇佣人数，提高土地所有仍是不变的铁律。"（蔡培慧，2009：209）两段发言放在一起，简直不能辨认异同。

若是理解台湾的作物分类中,槟榔归为果树类,或许就不令人意外了。"她论定:"就结果而言,这是一个转作失败的例子。"

面对水果经济高耸的成长曲线,研究者只能在很短的篇幅里,凭借过去的理论训练提出猜测。许多声音断定这是农业生产企业化的表现。隔谷三喜男(1995:58)认为:"传统的米糖生产后退,并转向种植园艺作物(蔬菜、水果等),……其大部分是采取企业家的经营形态。"黄树仁(2002:278—279)指出:"养殖业与高经济作物栽培,使业者能在有限的土地里从事资本密集、技术密集而高利润的经营","他们已摆脱了传统小农生计农业的意识,全然利润导向"。一些学者认为,转作果树很难解决农民贫穷问题。萧国和(1987:47)指出:"园艺业及养殖业者目前正狂饮转作的苦果,非但无利可图,且血本无归。"陈玉玺(1995:124)持相同看法:"种经济作物,需要资本投资和特别技术,而且受当局配额限制,并特别易受生产过剩和农村社区之外势力操纵市场所伤害。"

现代化理论和依赖理论分别从不同的角度解释了农村危机(详见下文),但面对农村危机之后的复杂发展,未免有些后继无力。碍于视角上的限制——无意识地预设小农经济不容于资本主义,"全面商品化的小规模家庭农业"似乎成了一个悖论,与既有的农村发展史观产生矛盾。

此外,三个基本倾向贯穿了多数农村研究:第一,无法跳脱"传统—现代""自然经济—市场经济"或"封建主义—资本主义"等历史演进图式的预设,而将小农经济理解为前现代/前市场经济/前资本主义的残余范畴,否定小农经济在现代社会持续存在的可能性;第二,片面根据政策的更迭与统计数据的指标来划分台湾农业史分期,将农村发展简化为政策调动农民的过程,一方面高估了政策实践能力,另一方面掩盖了农村内在演变的复杂性;第三,下意识地将小农理解为孤立的理性经济人或被压迫者,根据几个理论模型推估农村发展前景,忽略了具有丰富历史、文化与空间意涵的家庭、社群或社区对农村发展的影响。

有形或无形的理论预设强势介入的结果,是遮蔽了许多复杂、迂回和幽微的社会情节。在小农经济终将衰亡的声浪中,水果经济的重要性被结构性地忽略了。诚如黄宗智(1990)所示,应该以"实体主义"(substantivism)的视角,取代"形式经济学"(formal economic)的分析,即必须将农民的经济活动置放于复杂的历史、社会、文化和生态环境脉络中理解,结合切实的田野调查和历史分析,才能揭开农民集体转作背后的迷雾。

(二)农村危机与米糖经济的解体

为了了解东势水果经济崛起背后的动力,我在东势进行田野调查的时候,进行了大量农民口述史访谈,并且特别注意调查"地方产业史"和"农民生命传记",进而发现1960年代末期东势农民之所以普遍转作果树,主要不是基于某种"无止尽地牟取更高利益"的资本主义精神,而是在沉重的贫穷压力下,为求家庭的延续而找到的替代出路。我称此为"贫穷驱动"(poverty-driven)的转作。诚如费孝通(1994:254)所言:"他们千方百计去开辟种种生财之道,农民常称它为'找活路'。"这让我意识到,如果不能把握农村贫穷的长期原因,就无法理解水果经济的兴起:不只要注意宏观农政体制与政策的变化,也要把握农村内部变迁的趋势。

自清代开发以来,稻米和甘蔗一直是台湾农村的主要作物。(吴田泉,1993)当时汉族移民为了躲避原乡的人口与贫穷压力,不得不来到台湾开垦。(马若孟,1979;陈绍馨,1979;吴田泉,1993)台湾原本地广人稀,谋生容易,然而随此人口压力也日益增高,最迟到18世纪中叶,台湾的小农经济已经建立起来。(陈其南,1989)台湾农村基本继承了华南农村的典型特征:在人多地少的基本条件下,以家庭劳力为基础,从事高度集约的精耕细作,副业发达(养畜为主),租佃比例很高。(吴田泉,1993;刘进庆,1992)但台湾的小农经济也有许多特殊的地方,例如由于缺乏制作基本手工艺品的能力(如织布),必须频繁与中国大陆贸易,才能获得这些日常生活物资。(陈孔立,1996)也因为如此,台湾农村一开始就高度镶嵌于海外长途贸易之中。(林玉茹,2004;黄富三,2009)19世纪中期开港通商以后,台湾更是与世界贸易体系紧密地联结起来,跃升为世界级的茶、糖和樟脑生产重镇,每人平均对外贸易份额高于大陆。(林满红,1978:2、2011)在日益升高的人口压力下,农民很早就被迫学会盘算:到底是种植稻米还是甘蔗比较有利于家族生存? 稻米是不可或缺的粮食作物,必要时也可以换钱;甘蔗售价可能较高,但市价并不稳定。

日本的殖民,并没有改变台湾小农经济的基本形态,而是建立了掠取经济剩余的经济体制,形成独特的"米糖经济"。米糖经济最重要的特征,就是在广大的小农生产者之上,还矗立一个强大的国家机器,透过特许的大型垄断商社将大量农产品运销海外。(矢内原忠雄,2002;涂照彦,1999;柯志明,2006)清朝统治时期的台湾农村,虽然也向海外贩卖大量的稻米和甘蔗,但并没有严酷的国家机器介入这个过程。相对地,日本总督府逐步建立了一套能够有效掠夺台湾农业剩余的体制,并且逐渐垄断米、糖外销的管道。值得注意的是,殖民政府并未改变台湾农村的小农生产模式。(柯志明,2006)另一方面,在殖民当局力量的高强度介入下,台湾农村的水利设施日益完善,先进的农业技术和新型的作物品种也获得推广,农民的技术水平不但提高了许多,还变得比较能够吸收新知、接受新品种。(马若孟,1979)而且随着农会组织逐步建立,小农和殖民当局之间出现了有效的中介组织。在这段时期,台湾农业的生产力提升了许多。即便如此,台湾农民仍不好过,一个普遍的现象是:贫农往往必须出售大部分稻米(多数远销日本),而以番薯糊口。(张汉裕,1974;周宪文,1980;柯志明,2006)"粜精籴粗"四个字,颇能表现台湾农民的生存处境。(蔡宏进,2013)

此外值得一提的是,1930年代日本人在一些地区推动了香蕉、菠萝和柑橘等外销导向经济作物的种植,(吴泉田,1993;赖建图,2001;王振勋,2012;曾立维,2013)虽然规模有限,却是台湾商品化水果种植的先声。

二次大战之后,国民党当局不仅完整接收了这套体制,还推动了全面的土地改革。然而,广大的佃农虽然跃升为自耕农,施加在他们身上的压力却有增无减:当时的政策目标在于积极调动农业剩余,加速台湾的工业化进程,即所谓的"以农养工"。(柯志明,1988;刘进庆,1992)与此同时,在战后婴儿潮之下,台湾农村面临极大的人口压力,落入了黄宗智(1994)所谓"过密化"的困境:劳动边际效应递减和慢性失业等问题,导致贫穷像癌症一样蔓延。[1] 台湾农村无论是内部还是外部,都承受很大的压力,好像一只沸腾的焖蒸锅。

某程度来说,国民党的策略奏效了,善于精耕细作的小农经济,在农复会[2]的协助下发挥了强大的生产力。当时农政当局喊出"立体经营"的口号,力求提高小农经济的集约程度和土地生产力。"在田地上先放水插秧,等到秧苗长到一定程度,把水放掉,在中间种作甘薯,等到水稻结穗,甘薯快成熟时,在田里插竹竿,种丝瓜。"(陈希煌,2014:XI)在整个1950年代,台湾农业生产的指标不断翻新,农产品外销的数字也十分亮眼,为工业化提供了良好的基础。(沈宗瀚,1976;黄俊杰,1984:廖正宏等,1993)然而到了1960年代,农村贫穷化的趋势却超乎政府预期,一发不可收拾。

终于在1960年代中期,剧烈的"农村危机"爆发了:农村的快速贫穷化导致劳动力大量外流,连带瓦解了"米糖经济体制"的社会基础。有学者指出,随着城市工业化程度的不断提高,农业与非农收入差距急速扩大,光在1959年到1668年之间平均农户所得占非农户所得比例就从98%减少到71%,而农户剩余占农户所得比例更从1961年的21.47%减

---

[1] 根据有关学者的统计,1935年至1939年每公顷土地平均劳动日不过才228天,到了1952年至1956年却高达281天,1966年至1971年再提高到331天,充分呈显出所谓农业黄金时代耕作日趋集约的特质。但吊诡的是,即便如此仍只有49.15%的家庭劳动获得利用,平均一年差不多有一半的劳动力闲置着。

[2] 全名为"中国农村复兴联合委员会"(The Joint Commission on Rural Reconstruction),创立于1948年,主导者为蒋梦麟,统合美国专家及美援,对于恢复战后农村经济、推动土地改革有相当积极的贡献。

少到 1969 年的 11.50%。他提出警告："台湾农家的所得与剩余确实发生了相对与绝对的减低倾向。"(1980:251)

与此同时,工业化的成功,带动了城市就业机会的增加,大量农村子弟终于不堪贫穷压力,奔向城市寻找非农就业机会,构成台湾史上最大规模的岛内人口移动。光是 1966 年到 1976 年之间,农业就业人口占总人口比例就从 45.01% 下降到 26.71%。[1] 从事农业越来越不足以糊口,专业农户占总农户比例在 1960 年还有 49.3%,1980 年只剩下 9%。(高育仁等,1996:31)惯于集约耕作的小农经济,短时间内流失了大量人口,米糖经济体制原先稳固的基础也逐渐瓦解。[2] 这个过程很类似黄宗智(1994)所谓的"去过密化(de-involution)"。[3] 然而,即便台湾农村卸下了沉重人口压力,长期以来的贫困问题并未就此迎刃而解。

表5　农业就业人口占总人口结构比

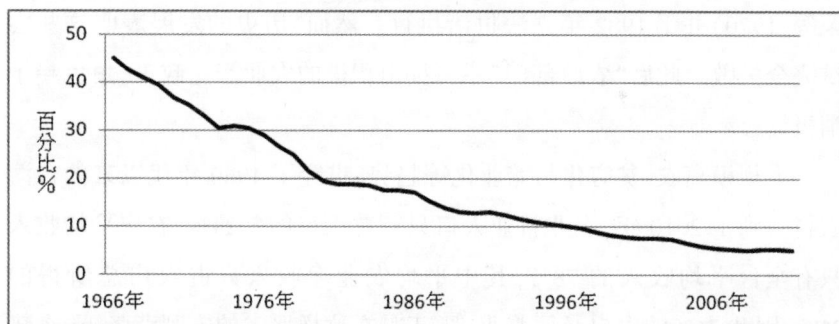

图表为作者自制。原始数据取自"台湾行政院农委会"(无日期)劳动力统计。"台湾行政院农委会"农业统计资料查询网站:http://agrstat. coa.gov.tw/sdweb/public/indicator/Indicator.aspx。

---

① 原始数据取自台湾"行政院农委会"(无日期)劳动力统计。台湾"行政院农委会"农业统计资料查询网站:http://agrstat.coa.gov.tw/sdweb/public/indicator/Indicator.aspx。

② 稍后我们会解释,为何"农户数"减少的幅度远不如"农户人口数"。

③ 不过应该注意,黄宗智主要是强调乡镇企业或乡村工业吸纳了农村过剩人口,台湾的情况则是大量农民离开农村前往城市就业。此外,由于台湾没有户籍制度的限制,这些来自农村的劳工后来多数直接成为城市居民,不再返回乡村居住。

　　"农村危机"[①]是台湾社会史的重要事件，也是农村命运的历史分水岭。台湾农业史专家吴田泉（1993：383）认为作物复种指数开始下滑的1968年，标志着台湾农业进入了"衰退时期"。当时许多社会评论都显示出情势的危急："平均一家六口农户，耕作一甲[②]，每人每月的所得还不及新台币七十元，六口农民种植稻米一月所得几乎不及劳工一人一周所得，是庞大的农村劳力涌向都市的主因。""因为摆在眼前的'事实'是，农村的确是衰蔽了，并且因而引起了一连串的社会问题。……所以目前的急务是如何拯救农村。"（1995〔1970〕：26、147）

　　面对剧烈的农村危机，农政当局亦感到事态严重，遂于1974年取消了"强制收购""肥料换谷"等掠夺性政策，转而实施"稻米保价收购"等支持性政策，这标志着"以农养工体制"的终结。（蔡培慧，2009）一些学者和官员提出"第二次土地改革"的主张，认为台湾农村的出路在于扩大平均耕地面积、推动机械化耕作和发展农企业，以利农业现代化，（王作荣等，1970）并于1982年立法付诸执行。然而，历史的发展表明这些尝试完全失败。此后"农政部门"不再提出积极的农业产业政策，角色趋于消极。

　　大规模离农、贫穷化与兼业化等趋势，贯穿了1960年代以来的台湾农村。到了2010年，农业就业人口只剩总人口的5.24%，农户平均收入只有全台平均收入的78%，其中平均农业净收入只占农户总所得的21%，因此76%的农户必须兼业。[③] 正是在这样恶劣的宏观背景下，东势农民走向了转作水果的道路。

---

① 更多的细节，可以参考叶守礼（2015：36—41）。

② 甲是台湾民间惯用的面积单位，一甲约略等于一公顷（1 甲 =0.969917 公顷）。

③ 取自台湾"行政院农委会"（无日期）劳动力统计、家庭收支之统计、农家人口特性统计。台湾"行政院农委会"农业统计资料查询网站：http://agrstat.coa.gov.tw/sdweb/public/indicator/Indicator.aspx。

三、东势水果经济之兴起

1960 年代末期,东势河阶平原突然掀起了转作水果的风潮。在沉重的贫穷压力下,东势农民大胆舍弃了世代种植的稻米,纷纷在田里种下行列整齐的果树苗,迎向充满不确定的未来,农村景观也随之丕变。"转作"是一个极为关键的课题,可以帮助我们了解小农经济的现代变迁,具体认识台湾小农的生存处境。本文主张,不能将"转作"简化为某种理性的投资:只有在具体的历史、社会、经济和文化脉络下,同时纳入道德情感、社区(community)和社会网络(social network)的视野,才能获得比较恰当的理解。

(一)东势农民的集体转作

东势位于台中盆地东侧,包括两个地理区块:大甲溪河阶平原以及山地丘陵。作为近山的据点,每一个政权都在这里设立伐木基地,樟脑业也很发达,灌溉便利的河阶平原则是水稻的天下。这一带纬度适中,气候宜人,土壤肥沃,每至夜里风从大雪山吹拂下来,加上河川切割地势形成日夜温差,相当适宜果树生长,但在 1960 年代以前,几乎没人意识到这点。"种水果,能卖给谁吃?"农民回忆。在过去物资匮乏的年代,种植果树不是一个合理的选项。

香蕉是东势最早较具规模种植的水果。1950 年代晚期,在带有半官方色彩的"青果合作社"[①]鼓励下,香蕉种植的范围逐渐从雾峰扩张到东势一带的山面。当时是台湾香蕉外销日本的黄金时期,青果合作社不但

---

① 青果合作社起源于日据时代,原为"中部台湾青果物输出同业组合"。虽名为"合作社",但后来逐渐演变为由少数人掌控的大型批发商,和政府关系密切,能够获得相关法令的保护,故本文将其描述为"半官方组织"。

提供香蕉种苗,还在当地设立集货场保证收购(但未保证价格),农民只要专心栽培就好,这大幅降低了农民投入种植香蕉的负担。由于平地生活愈来愈困难,许多青壮农民纷纷转向山坡地开辟香蕉园。

值得注意的是,直到1960年代中期以前,即便种植香蕉的收益远胜于水稻,平地的稻农也无意转作果树。香蕉种植在山坡上,彼此之间不相排挤。由于一年的生计几乎全靠几次收成,全面放弃家族固有的粮食作物而转作水果,对重视风险管理的一般小农而言,是太过冒险的举动。此时东势的香蕉产业,仍是典型的由农政体制主导的大规模外销导向单一作物,这有别于后来的"多样性内需水果经济"。

谁也不能预料,促使东势农民集体转作水果的历史契机,竟是一场盛大的宗教盛典:1966年的"建醮法会"①意外促进了东势水果的发展,加速平地稻田转作果树。由于连年天灾,为祈求风调雨顺,整个东势地区都动员起来,许多农民将稻田贡献出来搭设醮坛。该年醮典极为盛大,可说空前绝后、热闹非凡,人们无不放下手边的工作,沉浸在盛大节庆的集体欢腾(collective effervescence)之中,农民至今仍津津乐道。

建醮法会究竟在哪方面改变了农民的思维与心态?如今已不得而知。关键是"作醮期间人们的交流,是前所未有的广泛"。(刘龙麟等,2010:9)更重要的是,建醮法会促进了讯息的流通,频繁的街谈巷议有助于凝聚热烈的集体心态。当时各地只有少数大胆农民尝试种植的商品化水果,包括梨山的温带梨、新社的葡萄、卓兰的枇杷等,突然为人所知,其价格、栽种方式、利弊等消息迅速传播开来。农民开始打量彼此的田地,思考不一样的可能性。在农村贫穷化的沉重压力下,东势农民决心寻找新的出路。农民回忆,"转作"的风潮席卷东势,此后不到十年之间,平地的稻田几乎全都转作果树了。原来绵延百年的水田景观,从此一去不返。

---

① "醮"为道教的宗教仪式,目的在于祈福或超度,往往需要建设大型醮坛并准备大量祭礼。在台湾的民俗当中,"大醮"往往是二、三十年才举行一次的盛会。东势至今只办过三次"大醮",1966年是第二次,也是规模最为浩大的一次。

"转作"绝对不是容易的事。农民必须重新适应不同的作物特性与栽培模式,熟悉不同的产销管道与市场生态。更何况,刚栽下果树苗的前3至5年,农民将不会得到任何土地收入。对小农来说,"转作"意味着迎向全新的未来,农民甚至不确定自家土地栽种特定水果的效果如何,可说是压上全家生计的赌注,伴随着各式各样的已知与未知的风险。

尽管如此,由于种植水果的收益明显高于水稻,乡下消息传得飞快:价格、转作、技术成为热门话题,农人互相揶揄、怂恿。七嘴八舌的"草根人情网络"起了增温的效果,他们不只在这个过程中获得信心,也获得许多必要的信息。"转作"不单单是农民个人的经济行为,草根人情网络扮演了重要角色,其背后的集体心态亦不容忽视。(不乏狂热与盲目的成分)"经济"从来就不只是经济的,更是社会与文化的,许多力量同时发挥了作用。

1970年代,东势的多样性水果经济崛起了,农民展现出极强的适应力与生产力。横山梨、涩柿、柑橘、葡萄、梅子、桃子、李子、柠檬、枇杷等果品纷纷流行起来。农民以家户为单位,根据土地状况、亲友邻居的经验、农药行的推荐、自家劳动力情况和自己的兴趣选种水果,呈现分歧和多元的风貌。

"频繁转作"成为东势农业的特色。东势农民通常能够自行克服水果栽培技术的难题,他们经常和亲朋好友一同讨论如何解决各种疑难杂症;经常被忽略的是,自日据时期以来,台湾农民已在农会的督导下养成很强的农业技术学习能力。一座果园通常同时种植两到三种水果,分散农忙期间的劳动力以及价格崩跌的风险。如果一种水果行情持续走跌,农民可能花费数年时间逐步汰换成另外一种水果,因此在他们的农业生涯中,往往种植过非常多种类的水果。此时绝佳的地理气候条件发挥了作用,很少地区能像东势同时拥有如此多样的水果。"什么都种得出来啦。"东势果农自负地说。

追根究底,农民的核心烦恼,还是如何维持家计。东势农民众口一声,他们之所以集体转作果树,主要还是因为种稻收益太低,不可能养家糊口。农民回忆:"我很缺钱,我要很认真找钱,在土里找钱。"另外一位农民直言:"否则夫妻如何生活?"相较于种植水稻,若是成功转作水果,家庭收入必将大大改善。此外,合理分配家庭劳动力也是重要考虑。种植水果需要投入的劳动力较为琐碎而分散,因此男主人可以从事其他兼职工作,果园交由女人与老人打理即可,农忙季节才投入劳动。值得注意的是,至少在东势,1960 年代末期大规模水果转作很大程度上是由兼业农户带动的。

表6　台湾每人每年粮食供给量:白米与果品比较(1953—2014)①

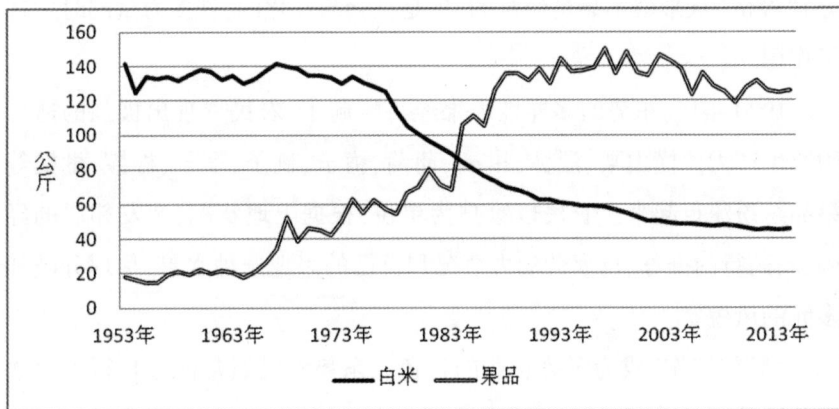

图表为作者自制。原始数据取自台湾"行政院农委会"(无日期)每人每年粮食供给量。台湾"行政院农委会"农业统计资料查询网站:http://agrstat.coa.gov.tw/sdweb/public/indicator/Indicator.aspx。

关键是,随着台湾顺利工业化,城市消费需求的快速扩张为东势水果经济的崛起提供了不可或缺的前提条件。在这个过程中,台湾平均每人每年消费果品的重量,从 1960 年的 22.07 公斤,爬升到 1970 年的45.83

---

① 由于扣除了小麦、蔬菜、肉品、豆奶类等数值的变化,这个曲线不能完整表示台湾人饮食结构的变化。这个曲线图意仅仅在于强调白米与果品的比重变化。

公斤,一路上升到1997年的150.06公斤高峰后,似乎因为台湾经济发展迟缓而趋于稳定。2000年至2010年平均每位台湾人一年消费132.62公斤的水果。①

1970年代初期,由于岛内工资不断提高以及一些政治原因,曾经盛极一时的香蕉、菠萝和柑橘等大规模单一外销作物逐渐失去了海外市场。另一方面,内需水果市场的快速扩张,却提供给农民前所未有的历史机遇。多样性水果经济崛起了。一些原本不符合大量外销要求的水果,如今获得了内销的机会:和外销市场相比,内需市场相对免除了长途运输、长期储存、统一化规格和集中化通路的要求,反而欢迎多样化的品种与口味,力求新鲜,不同等级的果品更可以针对不同的阶层销售。这个过程相当符合黄宗智(2010)所谓的"隐性农业革命":农村人口压力的纾解、城镇消费需求的转型与扩张,以及农民纷纷转作更高价值经济作物,推动了农业人均产值的大幅提升。

到了1980年代,东势农民更展现出惊人的水果栽培技术创新能力,陆续开发出寄接梨、甜柿和茂谷柑等高单价的"明星作物",竟使东势一跃而成台湾最重要的高经济作物产区之一,大幅提高了农民的家庭收入。当地人相当自豪,他们认为正是由于诸项明星作物的成功,高额的农民存款才使得东势农会一度成为台湾最富有的农会。

但我们不应过度吹捧东势的水果经济:生产过剩和价格崩盘等问题,导致果农的收入周期性地锐减。由于岛内市场的消费需求相对有限,加之缺乏妥善的宏观规划,果农一股劲生产,很容易造成生产过剩的问题,导致特定果品价格崩盘。敏感且易波动的市场状况,又迫使农民不断"转作",寻找价格更高的新型果品,以"多样化"来抵抗特定果品生产过剩的风险。从这个角度来说,台湾的多样性水果经济其实同时显露了小农经济的强韧与脆弱。此外,中间商长期垄断了城乡产销管道,也

---

① 原始数据取自台湾"行政院农委会"(无日期)每人每年粮食供给量。台湾"行政院农委会"农业统计资料查询网站:http://agrstat.coa.gov.tw/sdweb/public/indicator/Indicator.aspx。

成为台湾水果经济的痼疾。东势果农是极优秀的生产者,瞬息万变的商品市场却非他们所能掌控。小农与市场的关系,也许未来再专文论述。

(二)家庭责任与谋生型商品化

一些学者直接将这些种植"高经济作物"的果农,描写为纯然利润导向的"企业家"。(隅谷三喜男,1995;黄树仁,2002)然而,本文希望指出,直接将农户视为某种微型"企业组织",容易造成理解的偏误,而且无助于解释东势水果经济的兴起。

无论过去还是现在,家庭制度都是小农经济的核心。不过,小农也不拒斥营利行为,家计逻辑(household logic)与营利逻辑(profit logic)不相冲突,农民并不真正排斥其中一方。精确地说,小农经济中的营利行为也从属于家庭固有的经济职能,关键是家庭同时还兼具众多社会的、文化的使命(calling)。因此和资本主义企业不同,农家不可能是一个纯为营利的经济组织,家庭还包括太多复杂的情感和要求,这些因素深刻影响了农家的选择。我无意提出另外一套决定论,而是希望指出:就韦伯所谓的"生活导引"(life conduct)意义而言,一些根深蒂固的观念无疑发挥了作用。为此,我希望建构"家庭责任"(familial responsibilities)的理念型,澄清还有哪些关键因素左右着农民的行动,同时构成小农经济的条件与限制,意外推动多样性水果经济蓬勃发展。

首先,"继承家业"的责任让农民不敢轻易抛弃土地。在农村的观念中,土地不是简单的"生产工具",而是"祖产",非不得已不能变卖,①否则将被斥为不孝。和中国大陆不同,台湾未曾经历剧烈的土地革命,在土地私有制的基础上,农民与土地的亲密关系绵延至今。费孝通(2014:

---

① 在台湾,土地所有权为私人所有,可以自由交易。但在指定区域,政府仍然规范了土地的使用名目,例如在住宅区或农业区不得兴建工厂。值得注意的是,一些学者指出,台湾农地的价格过于昂贵,土地贷款利率甚至高于农业生产的利润率,不利于土地流转,阻碍了大规模机械化农业的形成。(隅谷三喜男,1995;黄树仁,2002)

163)的分析在台湾农村依然贴切："土地不仅在一般意义上对人们有特殊的价值,并且在一家所继承的财产中有其特殊价值。……把从父亲那里继承来的土地卖掉,就要触犯道德观念。"这些规则当然不是绝对的,而是一种道德压力。变卖家产是件大事,家族内部往往因此心生嫌隙,通常要有更具正当性的理由才能这么做。在农村社会保持相对完整的地区,这类道德压力更严重。

回溯四位农民的经历,可以帮助我们了解何谓"继承家业"的家庭责任。刘大哥是家中的末子,出生时父亲已经六十岁了。由于较他年长许多的兄弟姊妹都已离乡,刘大哥从小就必须帮忙干农活,初中毕业后没有继续升学,不到十六岁就成为专职农民,放弃了到大城市找工作的机会,就这样一辈子待在东势。许伯伯情况不同,毕业后到台北中小企银上班,待遇还算不错。不料1979年父亲生了重病,众兄弟商议的结果,是让身为长子的他回乡照料父亲与田地。那时他已经将近四十岁了,回东势意味着一切都得重新开始。掐指一算,父亲既有的经营方式根本不可能维持一家小康生活,左思右想,非得另寻出路不可:最后他竟成为全台湾第一个成功试种茂谷柑的农民。张大哥工专毕业后,也是先到外地工作,还曾到深圳担任台干。1990年代初父亲的果园经营不善,不断负债,再加上姐姐生病长期住院,一家的经济都被拖垮。这样的情况若是持续下去,恐怕就要走向卖地的结局,张大哥于是毅然回到东势接手这座充满童年回忆的果园。由于缺乏经验,一开始也经过很困难的时期,连孩子的健保费都交不出来。为了节省工钱,甚至用嘴巴含着人参熬夜采收梨子。叶大哥读高中的时候父亲忽然过世,意外继承了土地,但当时根本不可能经营,于是交由长工管理。大学物理系毕业之后他也没有回到东势,而是在外地闯荡。虽然叶大哥人在外地,但心中一直惦记着果园,明白自己总有一天要回来接手。直到三十七岁时,叶大哥才回到东势,投入正值青春期的寄接梨经济。我举这些例子只是想表明,人与土地之间的羁绊(bonds)是真实(real)的:在纯粹的市场经济中,人们仿佛可以随时抛弃土地追求更高的利润,但在现实社会中不可能如此,中间包含了太多挣扎与顾虑。忽略这些非经济因素,就不可能理解小农经济为何能够延续至今。

因此无论农业收入多么微薄,农家通常仍会留下必要的人手看顾土地。[1] 要是长辈出现变故,可能会召唤长期在外工作的儿子返乡。农民表示,以每户平均耕地面积 1 至 3 公顷左右而言,基本上一对夫妻的规模就足够应付,甚至不一定需要专职务农。这也部分解释了为何半个世纪以来农户数量能够基本保持稳定:虽然农业危机导致农村人口大量外流,但是持有农地的家庭数量没有大量减少。[2] 单就"农业人口数"的剧烈衰退,论定台湾农村已走向凋敝,恐怕太过武断。

表7 台湾农户数量(1952—2014)

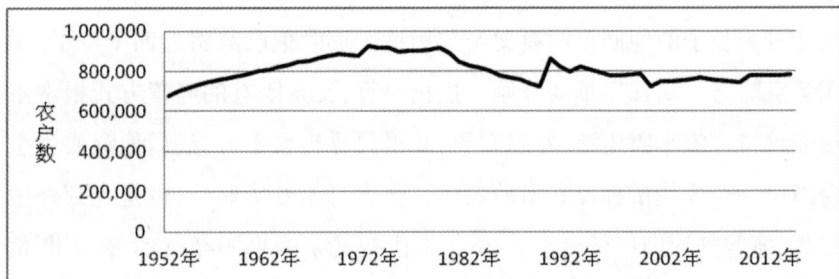

图表为作者自制。原始数据取自台湾"行政院农委会"(无日期)农家人口特性统计。台湾"行政院农委会"农业统计资料查询网站:http://agrstat.coa.gov.tw/sdweb/public/indicator/Indicator.aspx。

---

[1] "荒地税"可能也起了作用,荒废的农地可能被政府课征额外费用。《平均地权条例》第26-1条规范:"农业用地闲置不用,经直辖市或县(市)政府报经内政部核准通知限期使用或命其委托经营,逾期仍未使用或委托经营者,按应纳田赋加征一倍至三倍之荒地税;经加征荒地税满三年,仍不使用者,得照价收买。"然而根据农民的说法,这项法令很少真正执行。

[2] 农户数量维持稳定的另一个原因,是1980年代末期当局陆续实施"农民保险"(每位农民每年须付保险金约1000元,保险给付项目则包括生育、疾病、伤害或丧葬费用)和"老农年金"(65岁以上持有土地的农民,视其参与农保的时间长短,每个月可领3500元或7000元)等制度性诱因。但若无起码的土地经济收益和道德文化情感支撑,单凭这些政策还不足以说服农民长期维持农民身份。

其次是"经营土地"的舆论压力要求农民不能轻易荒废土地。① 在当时农村的价值观中,既然继承了一块田,那么如何使这块田产出丰盛的农作,就考验着一家之主的见识、能力与品行。"尽管土地的生产率只能部分地受人控制,但是这部分控制作用提供了衡量人们手艺高低的实际标准。名誉、抱负、热忱、社会上的赞扬,就这样全部和土地联系了起来。……村民根据个人是否在土地上辛勤劳动来判断他的好坏。……这种激励劳动的因素比害怕挨饿还要深。"(费孝通 2012:162)如果土地能够提供足够的收入甚至致富,那么他们不但不必兼业,还能赢得亲戚邻里的尊敬,反之可能饱受闲言闲语。"土地收入"成了最简洁有力的判准,乡民据此评断谁最有本事,而谁最懒惰。道德世界就这样和商品经济联结起来。

妥善经营土地不只是一份责任,更是一份荣誉。因此,在农村危机的恶劣情势下,东势农民仍然认为经营土地是有意义的。在农村的日常生活中,东势农民经常交流水果栽培的问题,还会比较彼此的技术,农艺精湛的农民可以获得众人的尊敬。直到实际田野调查的过程中,我才真正体会到农村社群之间的褒贬评价,如何对一位农民产生深刻的影响。值得注意的是,即便东势农民兼业的比例很高,他们也很少完全放弃"农民"的身份,和专业农同样辛勤耕耘。过去一般将农民的兼业化视为农村萧条的象征,但这种说法忽略了下述事实:广大兼业农并非毫无生产力与创造力,他们和专业农联手缔造了 1960 年代以来高速增长的东势水果经济。

最后是"养家糊口"的义务,要求农民充分利用小块土地来提高家庭收入。在小农经济当中,若是全年总收入不能满足最低家庭消费需求,

① 有趣的是,台湾农村不流行公开租赁。根据农民的说法,1953 年当局实施"耕者有其田"政策,强迫地主直接将土地廉价卖给佃农(先由当局垫付,佃农往后再逐年还清[通常以稻米的实物形式]款项),以致于直到今天,台湾地主都不太愿意轻易将土地租给陌生人。因此,若是地主全家都无人可以务农,通常会将土地交付亲戚或熟识的人继续耕作。值得注意的是,2000 年以来,由于农村人口老年化严重,许多农户缺乏耕作的人手,农地租赁再度流行起来。

就很难维持家庭的存续,不仅年轻子弟将被迫外出打工,还可能落入欠债、卖地的下场。虽然随着非农就业机会不断增加,农家的收入来源变得多元,然而在穷困的农村地区,即使兼业也未必能够满足家庭基本需求。在农村贫穷化的长期趋势下,无论兼业与否,东势农民无不想尽办法提高来自土地的农业收益。只有在这个脉络下,我们才能理解1960年代末期东势农民的集体转作:假如不愿离开土地,紧迫的生计压力将逼使农民千方百计寻找增加收入的可能手段。除了提高兼业程度,转作水果是另一条可能的道路。

和"资本主义农业"互相比较,可以让我们更了解"家庭责任"对小农经济的影响:小农持有的土地是给定的,而且不得抛弃;即便收入微薄,仍然愿意基于文化情感继续耕作;不必支付家庭成员工资,但也不能解雇他们;就算亏损也不能宣布破产,因为破产即意味着家庭的毁灭。相反地,资本的逻辑是谋取最大利润,土地只是生产工具,随时可以离开特定土地追求更合理的利润,甚至放弃农业生产本身另谋他图。而对东势的农民来说,祖传的土地可谓家族荣辱的象征,必须竭尽所能保有它。也就是说,就在农村危机爆发的同时,东势小农却被继承家业、经营土地和养家糊口等"家庭责任"束缚于土地,被迫与农村贫穷化的长期趋势搏斗。①

必须知道,世代种稻的东势农民,最初并不清楚转作水果的潜力,他们只是希望提高家庭总收入而已。政府官员最初对此也持保守态度,他们理想中的种植形态,仍然是由农政体制密切辅导的大规模单一外销作物(例如由青果合作社主持的香蕉)。就这个层次而言,1960年末期以来东势多样性水果经济的蓬勃发展,并非缜密计划的产物,而是非预期的结果(unexpected consequences)。转作市场价格较高的水果,本来只是

---

① 当局不允许土地抛荒的政策似乎也造成影响,但在本文的研究范围之中,其具体影响尚难以估量。绝大多数农民的口述回忆,都强调他们如何因为家庭因素而留在农村,而且根据他们的说法,课征"荒地税"的权限在于地方政府,实际上鲜少真正实施。

农民渴望提高收入的方式之一,却意外开拓出一条新道路。谁又能预料在城乡收入失衡、大规模离农、高比例兼业的恶劣条件下,东势竟能在短短的十数年内,摇身一变为台湾著名的高经济作物产区。真正推动东势水果经济兴起的,不是"农政当局"或大型企业,而是众多平凡的小农。小农经济展现了惊人的弹性与韧力。

我把这个过程称之为"谋生型商品化"①(make a living by commercialization):在农村贫穷化的长期趋势中,家庭责任要求农民在不离开土地的前提下,通过商品化的手段增加收入。这是贫穷驱动(poverty-driven)的转作,而非某种企业化的转型,家计逻辑仍然位于东势水果经济的核心。即便彻底镶嵌进商品经济当中,小农经济的"谋生"性质却没有根本的改变:农户的优先考量始终是避免家庭的毁灭。

实际上对农民而言,商品化就是"想尽办法讨生活",或者如费孝通所谓的"找活路"。和"维生"(subsistence)不同,"谋生"(make a living)回避了社会科学所谓"自给自足"(self-sufficiency)的理论想象,但能表达不同于资本主义企业的生存心态。由于转作水果成功提高了东势农民的家庭总收入,从而避免了农村的无产化,成功度过了农村危机。就这个意义而言,更高程度的商品化维系了小农经济的存在,但既未真正转化它,也没有消灭它。这是一种"没有资本化的商品化"。

比较恰亚诺夫(1996)的和舒尔茨(2006)的理论,可以让我们更了解台湾小农的特性。恰亚诺夫指出农户同时是生产与消费的单位,因此必须提高总收入以满足家庭总体最低消费需求,这就意味着生产者可能需要不断增加"自我剥削"的程度,直到濒临最大痛苦忍受极限为止。舒尔茨则将农民视为理性自利的经济人,只要能够便利地取得廉价的现代生产要素,他们自然会在市场的刺激下改造传统农业,创造合理的利润。

---

① 这个概念的灵感来自于黄宗智(1994)的"过密型商品化"。不过 1960 年代台湾的工业化已经纾解了农村人口压力,因此东势的转作不尽符合黄宗智的原意,所以不得不对这个概念的内涵进行转化。

两种理论都不能完整解释台湾的小农经济。东势果农高度嵌入商品经济,能够灵敏地提升栽培技术水平,甚至不惜频繁转作,不符合恰亚诺夫的"维生小农"的形象。然而,舒尔茨所谓的"理性小农",不考虑小农经济内部特殊的文化情感以及家计经济的特殊逻辑,同样难以完整解释东势水果经济的兴起。"谋生型商品化"这个概念,相对可以兼顾台湾小农的两幅面孔:以更多商品化的手段满足家庭消费需求。也就是说,除了提高劳力密集和自我剥削的程度以外,农户也可能透过转作、技术创新等手段,提高来自市场的收入。当然,我们不排除一些小农在最低家庭消费需求获得满足之后,仍然持续追求更高收入。关键在于,只有将农民诸多经济考虑放在复杂的农村道德世界脉络中(例如家庭责任的压力),我们才能获得较恰当的理解。

四、水果栽培技术的创新

在"日出而作,日落而息"的刻板印象中,小农被想象为无助、被动、技术落后的群体。然而实际走访东势,必然发现台湾果农不只拥有优异的栽培技术,而且具有很强的技术创新能力。在紧迫的生存压力下,农民每天在果园里劳动,所思所想都是如何调整栽培方式,以便提高水果的质量和收购价格。水果栽培技术,不仅很大程度上决定了农户收入的高低,同时也是小农的骄傲与荣誉所在。任何一位平凡的东势小农,只要谈到水果栽培问题就会变得滔滔不绝。

水果栽培技术的传播与创新,是东势水果经济快速增长的前提。与过去的印象不同,我们发现在东势的案例中,反应迟缓的农政相关单位只扮演次要的角色,水果栽培技术的传播与创新主要依靠农村既有的"草根人情网络"。

(一)三种明星作物

普遍转作果树之后,东势得天独厚的气候优势逐渐显露出来,多样性水果经济蓬勃发展。东势可以种植的水果种类很多,但并不意味着这些水果的市场价格能够高于其他地区。在狭小的台湾内需市场,假若各地不约而同增加产量,生产过剩很容易导致价格崩跌。容易种植的作物往往廉价,显然光是转作还不足以真正摆脱贫穷。

需注意,水果之间也有层级(hierarchies)之分。"明星作物"最基本的特征,就是单位价格远高于其他果品,其秘诀在于稀少与独特。如果风味广受市场青睐,甚至能够产生品牌效应,协助农民翻身致富。在1970年代至1980年代,东势果农凭借精湛的水果栽培技术和创新能力,陆续开发出多项台湾前所未有的水果品种,成功协助许多农民脱贫。考察东势著名的明星作物,包括寄接梨、甜柿和茂谷柑诞生的历程,可以帮助我们了解台湾小农经济较容易被忽略的一面。

1.寄接梨:退休老师张榕生的研究班

寄接梨①(annual grafting pear)是东势农民独立研发的产物。"寄接"(grafting)这项技术由来已久,把不同品种的作物结合起来,有时可以产生奇迹般的意外效果,但要到达符合商业量产需求的阶段,还有无数难关要克服。寄接梨的诞生要归功于少数农民长期不懈的努力,其中不可或缺的灵魂人物是退休小学老师张榕生。

---

① 在东势,最普遍的说法是"高接梨",创始人张榕生先生最早也是这样命名。但在刘龙麟先生的建议下,本文一律采用"寄接梨"的用词。"寄接"并非严格的园艺术语,但为了和一般常见的"高接"区隔开来,徐信次先生和刘龙麟先生均建议改采"寄接梨"的说法,以免产生混淆。"高接"和"寄接"的差别,在于前者完全成为砧木的一部分,能够自行生产养分(带有叶子),而后者并不生产养分(没有叶子),只剩结果的功能(近似于"借腹生子"),因此来年就失去用处,必须重新寄接。

张榕生是一位小学教师,在当时也算是一位颇具声望的乡村知识分子。1960年代许多东势农民转作亚热带横山梨,相对于贱价的水稻,收入可谓优渥许多。为了就近照顾生病的父亲,张榕生干脆辞去小学教职返乡经营梨园。好景不长,1970年代左右高海拔地区的梨山试种日本温带梨成功,清脆细甜,横山梨在市场上被重新定义为次级水果,加上本身生产过剩的问题,价格更显弱势。农民表示,当时横山梨一台斤顶多才10元新台币左右(以下均为新台币),温带梨收购价格竟能超过100元。居住在低海拔地区的横山梨农,种不出尊贵的高冷温带梨,只能望天兴叹。

异想天开的张榕生,认为只要在亚热带梨树枝上嫁接温带梨的花苞,就能克服地理条件的限制,产生"借腹生子"的效果,在亚热带地区生产温带梨。于是他找来十余名朋友定期开会,有计划地研究嫁接、催花、授粉、疏果、套袋、施肥以及打药等问题,并且详细记录果树生长的情况,甚至远赴日本购买不同品种的花苞逐一试验,期盼逆转横山梨农穷困的命运。然而他们的尝试却不受当时制度环境鼓励[1],政府农业专家也否定了嫁接温带梨的商业价值。加之试验初期产量与质量都不稳定,势必赔本经营,可谓困难重重。更何况,要把一群农民、肥料商、学者、老师、工匠等五花八门的人组织起来,长期无偿地进行一项根本不知道前景在哪里的农业试验,几乎是不可能的任务。

即便如此,张榕生一行人仍然克服万难,于1970年代中期突破了"寄接梨"的栽培技术门槛,并无私地向其他农民推广嫁接温带梨的技术。由于市场价格优渥,寄接梨的种植范围扩张飞快,让许多农民成功翻身致富。1985年以后,东势地区既有的横山梨农基本都转种寄接梨了,横山梨逐渐为农民所淘汰,原本种植其他作物的果农也纷纷抢进。

---

[1] 根据戒严法规,三人以上的集会必须事先向警局申请许可,提高了集体试验的困难度;向日本进口花苞的举动也因检疫问题遭到海关刁难,一开始是用"花材"名义进口,后来却被取缔销毁。

从此寄接梨几乎成为东势的代名词,成了全台知名的"明星作物"。

表8　全台梨产量(1955—2014)①

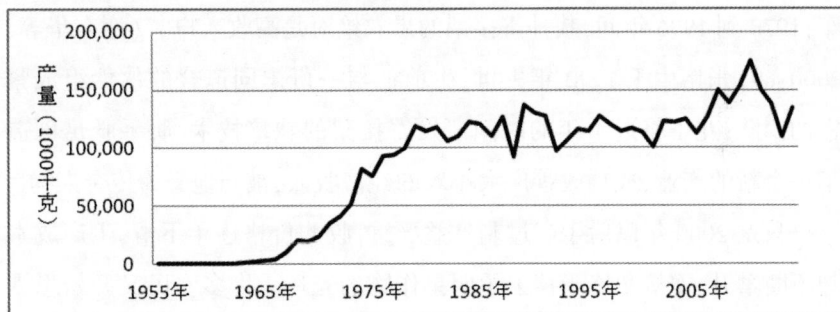

图表为作者自制。原始数据取自台湾"行政院农委会"(无日期)农产品生产量值统计。台湾"行政院农委会"农业统计资料查询网站:http://agrstat.coa.gov.tw/sdweb/public/indicator/Indicator.aspx。

　　由于每年都必须重新嫁接,寄接梨的特色是工序繁复,必须投入相较于种植其他水果数倍以上的劳动时间。② 但是对农民而言,可能让总收入提升3至5倍的寄接梨,依旧充满魅力。只要高昂的收购价格能够让全年收入维持在较高水平,即便扣除自己的工资以后实质利润大幅下滑(甚至可能亏损),背负养家糊口的家庭责任的小农仍然甘之如饴。在小农经济当中,所谓的"利润"不必扣除自己的工资,"无偿劳动"的经济

────────────

① 这里找不到东势寄接梨单独的产量,只能以较广泛的"梨子"呈现。不过,既然传统的"横山梨"已于1980年代被市场淘汰,绝大多数都转作寄接梨,那么全台"梨子"的产量在1970年代末期的增长,基本上可以视为寄接梨的增长。

② 首先要以生长情况良好的横山梨树为砧木,搭设棚架"压枝"(增强抗风力以及提升嫁接效率),然后细心修剪枝干(角度、长度都非常重要),才能让养分集中在最健壮的枝条上并有效分配空间,才能把外地购来的温带梨花穗嫁接上去。梨穗需先冷藏(满足低温需求,果实才能肥大),嫁接前还须仔细地削开所有穗枝,并用特定的蜡封住芽顶切口(防水分散失),接着再把削好的梨穗嫁接在梨树上,并用胶带固定好,最后加上塑料封套。等待雪白的梨花绽放以后(嫁接失败就不会发花),还要一一进行人工授粉(果形比较好),并且疏花、疏果(防止分散养分)。等到结果之后,必须为每颗梨子套上牛皮纸袋(防止日伤、虫咬),接下来就是仔细控制肥料、农药(会影响梨子风味),等待采收。这些动作都要重复成千上万次,而且必须在指定时节内完成,否则将严重影响收成。

逻辑是另外一项迥异于资本主义企业的特质。

1990 年代是东势寄接梨的黄金时期,梦幻般的收购价格驱使广大小农疯狂转作。"古厝开始翻修,成为一栋栋洋房,……果农开着进口轿车,1978 到 1996 年间,栽种寄接梨的果农绝对是高收入户。"(谢东华等,2000:69)张榕生于 1992 年去世,生前他与一班志同道合的伙伴组成紧密的团队,花了将近十年的时间研发寄接梨的栽培技术,胼手胝足创造了一个新的产业,成功改善广大小农的经济收入,被当地誉为传奇人物。

只是 2000 年以后生产过剩日益严重,收购价格逐年下滑,生产成本却不断攀升,寄接梨终于褪去了明星作物的光环。许多农民又开始思索转作的问题。

2.甜柿:老农黄清海的试验与推广

甜柿最早由农会从日本引进台湾,但真正适宜台湾风土的田间管理方式,却是由黄清海等农民花费数年时间逐步试验出来的。甜柿刚进入市场的时候,由于台湾人不熟悉这项品种,售价竟与过去常见的涩柿相差无几。经过多年的推广,甜柿摇身一变成为尊贵的高经济作物,在中高海拔地区甚至有取代寄接梨的趋势。

柿子可分涩柿和甜柿两种。台湾原来只有涩柿,1974 年和平乡农会从日本引进甜柿,可是试种效果不彰,不具商业价值。当时最大的问题是台湾与日本的风土条件不同,找不到适当的栽培方式。一些农业学者找来日本文献照本宣科,往往铩羽而归,甚至无法确定合适的采收时间。

黄清海是一名普通的老农,本来也种植亚热带梨,眼见 1970 年代后亚热带梨失去前景,不免寻思其他出路。在一次偶然的机会中,他获得了几株甜柿穗,于是独自在自家果园的角落尝试驯服这株来自日本的品种,几年后竟发现可以通过"环状剥皮"强迫果树结果,而且只要勤奋疏花就可以增大果实,大喜过望下,遂逐渐扩大甜柿的规模。此后他不断摸索田间管理的方式,改善了甜柿落果严重的毛病,并且发现在果实八分熟时采收最为妥当,就这样一步步掌握了适宜东势气候的甜柿栽培方法。十年光景匆匆过去,随着甜柿树日益茁壮,黄清海的名声也传播开来,每当有看好甜柿前景的农民前来观摩,他无不大方地传授栽培技术,于是 1980 年代中期左右,甜柿的种植面积逐渐扩张开来。

表 9　全台柿产量(1955—2014)

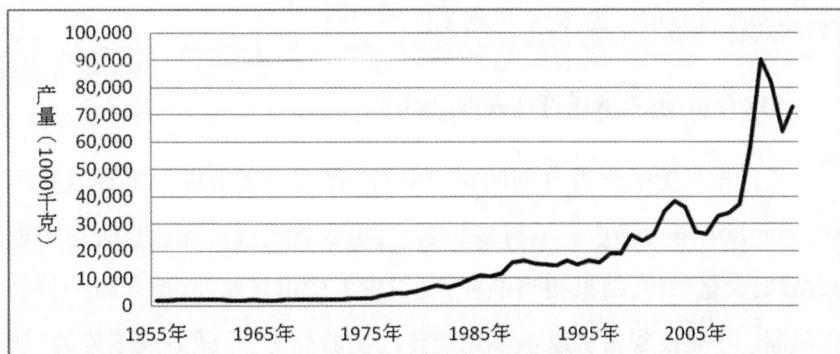

图表为作者自制。原始数据取自台湾"行政院农委会"(无日期)农产品生产量值统计。台湾"行政院农委会"农业统计资料查询网站:http://agrstat.coa.gov.tw/sdweb/public/indicator/Indicator.aspx。

1987 年黄清海成立了全台湾第一个"甜柿产销班",标志着甜柿的栽培技术即将跨过商业量产需求的门槛。这时黄清海等甜柿农仍旧面临着两大挑战,首先是栽培技术尚未成熟,其次是甜柿市场知名度不高。为了克服众多琐细的技术难题,产销班积极与农业学者联系,不断更新种植技术和管理方法,还屡次邀请日本甜柿专家来台示范栽培技术,吸引四方农民蜂拥观摩,一时间蔚为风潮。(黄清海,2004)他们还在地方政府的支持下,数度前往台北推广甜柿,打开了市场知名度。在农民的努力下,甜柿一跃成为收购价一斤可能高达 200 元的高级果品,种植面积飞速扩张,甚至在一些地区排挤了寄接梨。

甜柿从原本水土不服的舶来品,一步一步成为东势最重要的高经济作物之一，中间花费了将近二十年的时间。只有类似黄清海这样不愿或无法抛弃土地的平凡小农，才有可能愿意投注数十年光阴，凭借其对于土地的熟悉以及改善家计的热望，锲而不舍地找出适宜台湾风土的甜柿田间管理方式。无论专家学者还是营利企业都难以做到这点。

2000 年以后，随着种植面积不断扩张，甜柿也面临生产过剩的问题。过去不曾遇过的病害、虫害开始流行。农民除了不断引进新品种的甜柿，不断改良栽培方式，似乎也别无他法。

3.茂谷柑:返乡农民许博邦的"豪赌"

茂谷柑是美国学者自创的杂交品种，台湾学者引进后试种效果不佳，因此没有着力推广。不料多年之后，返乡农民许博邦竟自告奋勇取来植株，大量种植，结果相当顺利，茂谷柑大受市场欢迎，掀起新一波转作风潮。于是茂谷柑从原本不见经传的实验品种，一跃而成东势的"明星作物"。

许博邦高中毕业后，如同当时大多数农村青年一样，离乡到台北寻找工作，最后落脚于一间中小企业。1979 年，父亲突然生病，五兄弟商议的结果，是让年近四十的许博邦回乡照料父亲与果园。许博邦回到东势之后，仔细核算目前的经济状况，发现若要维持理想中的小康生活，每年农业净收益必须达到新台币 60 万元(不计算自己工资)，因此扣除 40 万元左右农事成本，该年利润至少要达到 100 万元。以父亲果园的现行经营方式而言，这是根本不可能达到的目标。接着他又评估了市场前景，发现台湾内需市场狭小，主流水果无不面临生产过剩的窘境，除非开发新的品种，否则很难杀出重围。其中柑橘便于管理，又深获台湾消费者喜爱，应当是可以发展的方向，于是他四处寻访，先后尝试了 10 余种新型柑橘，但都不能完全符合商品化种植的需求。

偶然地，许博邦通过农产运销公司的朋友，辗转得知台大园艺系林朴教授手上有一款来自美国的稀奇品种,名为 Murcott,是宽皮橙和甜橙杂交选育出来的品种,1970 年代即引入台湾,但在亚洲地区还没有成功大规模栽培的例子。(台南农业改良场,2009)Murcott 相对畏寒,结果期又需要日夜温差,许博邦认为东势的环境非常符合其生长条件,希望引进试种。林朴教授虽然没有这么乐观,却也被许博邦的热情打动,遂协助他展开试验。

1983 年,许博邦全力投入他那著名的"豪赌":"一口气就买下二百棵茂谷柑苗,将五分地全种满。"①并且不断摸索、试验,希望找出最适宜的田间管理方式。就这样,果树一天一天茁壮,试种情况非常良好,从此台湾又多了一种柑橘。台大园艺系林朴教授根据英文谐音取名为"茂谷柑",期许这项新品种未来能够"满谷繁茂"。

新品种究竟能否为市场接受。这才是最大考验。1985 年初,许博邦带了 6 箱茂谷柑前往果菜市场,当时椪柑一斤不到 10 元,他却直接开价 60 元一斤。面对前所未见的新品种柑橘,大部分行口都持观望态度,只有一家台北行口抱持尝鲜的心态,愿以每斤 45 元成交。第二天,许博邦就接到电话,台北行口表示市场反应良好,希望派员亲至东势买下所有茂谷柑,收购价一斤 50 元。茂谷柑一夕成名,此后收购价格持续蹿高,许博邦的名声瞬间响亮起来。"第二年卖到 60 几块,第三年卖到 90 块,第四年卖到 120 块,村子都轰动起来!"许博邦至今非常得意。茂谷柑在喜怒无常的台北水果拍卖市场,成交价数度突破每公斤 200 元的关卡,简直已成传奇故事。

---

① 这段话节录自施朝祥等东势社区工作者《老农立传》刊物《石壁坑引入茂谷柑的起始人:许博邦》。详见"人·耕·食共同体",取自 http://cultivator.pixnet.net/blog。

表10　全台茂谷柑产量(1997—2014)

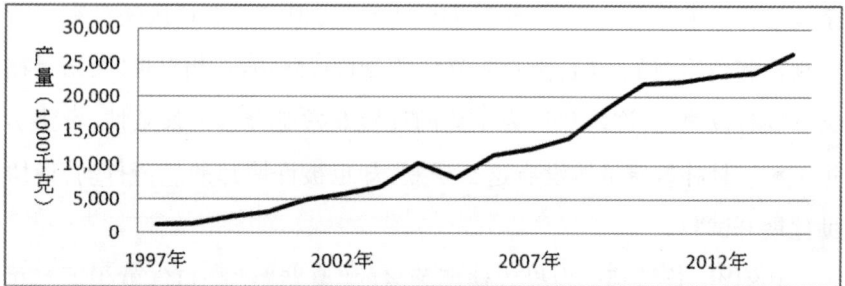

图表为作者自制。原始数据取自台湾"行政院农委会"(无日期)农产品生产量值统计。台湾"行政院农委会"农业统计资料查询网站：http://agrstat.coa.gov.tw/sdweb/public/indicator/Indicator.aspx。

在高昂收购价格的诱惑下,茂谷柑的版图遂以东势为中心,扩散到邻近卓兰、后里、石冈、丰原一带。云林古坑的茂谷柑也崛起了,到了2000年左右,种植面积已与台中不相上下。深谙台湾市场行情的许博邦,非常担忧茂谷柑生产过剩的问题。"明星作物的平均寿命只有8年。"许博邦说。为了分散风险,他将茂谷的种植面积减少到一公顷,剩下两公顷土地种植三月桃、温州蜜柑和椪柑,并着手寻找新的品种。2000年以后,茂谷柑收购价格拦腰砍半,较晚跟进转作的农民不免大感焦虑。

到了2000年中期,茂谷柑逐渐失去"新品种"的光环,价钱总算荡入低谷,一些农民又把果树砍掉了。2010年左右,开始有中国大陆的贸易商前来收购茂谷柑,大笔外销订单让市场价格又好转起来。看来茂谷柑的好前景还能延续一阵子。

(二)草根人情网络

不能孤立地看待农业技术的创新与传播:1980年代前后东势一系列明星作物的技术突破,与小农经济固有的社会条件息息相关。

东势全面转作果树以后,农会等农政单位再也无法负荷农民复杂且庞大的技术指导需求,功能趋向消极。所幸对经验丰富的农民来说,转作虽然困难,倒也不是无法克服。他们非常熟悉农业栽培的原理,只要抓到窍门,就能慢慢掌握新作物生长的习性,甚至自创独门栽培办法。

一位农民告诉我,果园就像一所学校:尽管亦有贤愚勤懒之别,但农民作为学习者,经年累月在此摸索、思考与实践,通常能自行解决问题,并将土地生产力推到极致——迫于养家糊口的家庭责任,他们必须如此。关键是,当他们遇到无法克服的障碍时,是否能有人指点迷津? 事实上在台湾农村中,农民虽坚持以家户为生产单位,他们却非孤立的生产者,而是生活在一个历史悠久的、错综的"草根人情网络"当中,即由宗族、邻里和朋友构成的复杂人际网络,大部分农业生产所需的实作知识都能透过这个网络习得。在东势,农民经常聚在一起讨论如何克服生产技术的难题,往往正是通过这般口耳相传的方法,新的农业技术得以迅速传播。

我并非说东势是一个紧密互助的共同体,情况远非如此:草根人情网络是讲究亲疏远近的私人关系,比较接近费孝通(2012)所谓的"熟人社会"与"差序格局"。人情网络的分布是不均匀的,因此人际关系较为边缘的小农很难获得足够的协助,对于新技术、新品种的反应也比较迟钝。或许可以称此为"技术分享的差序格局":人们更倾向将农业栽培秘诀分享给至亲好友。(杨弘任,2014:145)就此而言,草根人情网络并不如斯科特(2001)所谓的"道义经济"那样紧密与团结,但东势农民也非波普金(1979)所强调的那样全然理性自利。无论如何,草根人情网络促进了农业技术的创新与传播,这是东势水果经济之所以可能频繁转作的重要社会基础。

基本上,东势果农仰赖三种管道解决生产技术的难题。第一,向亲朋好友、街坊邻居请教。这是最主要、也是最自然的管道。农民之间经常私下交流心得,甚至彼此吹嘘、较劲,许多农业技术都是借由泡茶、吃饭等非正式场合四处传播。虽亦不乏道听途说的成分,但更多不符实际的农业技术在这个过程中自然淘汰,或被修正。真正倾囊相授的行为并不多见,但农民一般很难直接拒绝熟人的请托。不只是碍于情面,更因为农业技术精湛与否,涉及社群对一位农民的评价,适度地分享秘诀是必要的。

第二,请教农业资材行①(苗木行、肥料行、农药行等小店铺),这也是十分重要的管道。农民在购买农业资材的时候,势必询问使用办法,而资材行老板为了招揽顾客,也要使出浑身解数分析气候、土壤、植株等自然条件,满足每位农民的特殊需求。农民会视实际种作的情形,再决定来年是否继续光顾该资材行。如果情况顺利,他们通常会和资材行老板建立私人情谊,大小问题都来讨教。小小的东势镇约有 50 间农业资材行,可谓相当密集。这些小店铺代表着一层又一层绵密的商业与人情网络。

第三,向农政单位求助(农会、农改场、农试所、大学农学院等)。事实上农民很少这样做,只有少数农民会积极参与相关课程、座谈会、说明会等活动。除了不愿付出额外金钱与时间成本,长久以来农民对这些活动感到陌生与不信任,他们宁可依赖熟悉的人情网络。此外,学术语言并不符合农民的需求,学院的知识习癖更与实际田间管理需求格格不入。何况农政单位的人力不足,以台中农改场为例,专事果树研究的研究员不到 5 位,不可能应付中部地区复杂多样的需求。诚然,各大农业

① 来自资材行的农业知识比较全面、有系统。基于销售上的需要,资材行必须精通各种田间管理问题,不仅上游的厂商会提供必要信息,他们还能从各式各样的期刊、通讯或专书汲取新知,甚至去阅读专门论文。当然,资材行的农业知识形式与学院不同,更适宜将其视为学院和农业实作的中间环节。资材行和农民之间绝非简单的金钱买卖关系,他们长期协助解决农业生产问题,早已是东势水果经济的有机组成,嵌入复杂的人情网络当中。事实上,不少资材行老板原本就是农民,从未与农村切断联系。许多研究已经注意到农业资材行的关键地位,在传播水果栽培技术中功绩卓著。(陈宪明,2002;谢志一,2002;杨弘任,2014)毫无疑问,这些兼具渊博学识与扎实实务经验的小店铺老板,他们与农民亲密的结合,提升了农村总体的技术水平。

研究、试验单位等公家机关在农业技术的引介和创新方面,的确扮演了无可取代的角色。不过,这些学院研究成果很难直接落实在乡间,新农业技术必须通过人情网络层层筛选、调整和转译,才能产生实质影响。(杨弘任,2014)

本文无意争辩何者才是"真正"的知识,应该将学院的学院知识和农民的实作知识,理解为不同"形式"的知识。农民的实作知识比较接近格尔茨(2002)所谓的"地方知识"(local knowledge),其感觉结构、思维模式和言谈语境,虽与深受严格研究方法控制的学术语言存在难以忽视的鸿沟,但这并不意味着这些知识是无效的。相反地,看似观念陈旧的小农经济,事实上生产效率极高,农民往往比任何专家、学者还要熟悉作物栽培的原理,可以将有限的资源发挥得淋漓尽致。

此外,学院知识和地方知识之间也不是截然对立的,只要通过妥善地转译,双方可以相互回馈,为彼此开拓新的格局与视界。其中,少数杰出农民和资材行扮演了非常关键的角色,在学院知识与地方知识之间搭起桥梁,使其互相激荡。一些草根农业领袖居功甚伟,他们能与学院精英沟通,同时理解田间管理实况,又身处地方人情网络的核心位置,往往扮演着领头羊的角色。每一个台湾农业技术突破的故事,都少不了他们的身影。总而言之,即便缺乏政策积极引导以及官方中间组织传播农业技术,技艺精湛的东势果农仍然凭借生机蓬勃的人情网络,展现出极高的生产力与创新能力。

若无草根人情网络的支持,东势的水果经济将缺乏弹性,无法满足广大小农五花八门的技术需求,也就失去了频繁转作以及适应市场变化的能力。和过去的印象不同,东势果农普遍认为农会等农政单位在技术指导方面,少有实质帮助。事实上,台湾农民本身即具有创新能力,他们或多或少都正在自己果园里尝试某些独家做法。正如杨弘任(2014:118)所言:"很多技术都是农民瞎打误撞先做出来的。"对农民来说,来自人情网络的协助更为快速、可靠与有效,既有的农政机构不但行政效率迟缓,而且不理解农民的真实需求。

家庭责任和人情网络是东势水果经济得以兴起的两大支柱:前者迫使农民想尽办法提高土地收入,后者则为农业技术的创新与传播提供了条件。一些农民投入了新品种的开发工作,忍受资本主义企业不可能接受的巨大风险与亏损,只为摆脱贫困的纠缠。就这个层次而言,通过农民的集体努力,草根人情网络大幅降低了水果技术创新与传播的成本,催生了多样化的水果经济。而水果经济的成功,又反过来保护了农村多样的文化情感和社群网络。只有同时将家庭和社区的向度纳入考虑,我们才能理解为何台湾工业化半个世纪以来,不仅水果的产量和产值高速增长,水果的种类与品种也能够不断增加。台湾的水果产业,不是由大型贸易公司主导的大规模单一外销作物,而是根植于小农经济的多样性水果经济。

历经农村危机的严峻打击,东势小农经济没有就此萧条,反而被逼出了极为惊人的农业技术创新能力,开发出多项明星作物,将东势打造为全台闻名的水果之乡。东势的多样性水果经济,不是"资本主义"下的自然演化,而是在农村危机蔓延、米糖经济解体的宏观背景下,凭借自身固有的社会、文化优势所开创的小农经济出路。我无意夸大东势的经验,无论如何,也许活泼的农村社区、草根社群或合作化组织,都有利于小农经济维持一定的活力与弹性,从而面对商品经济剧烈的挑战。

六、结论

将小农经济简化为某种小规模生产方式,是过于片面的理解。小农经济不是"纯经济"的。也许我们的问题是:怎样的小农经济?其历史与社会内涵为何?尤其在当代,农村的面貌是极为复杂的。拉开历史的纵深,同时考虑经济、社会、文化与政治因素的交互作用,有助于我们更进一步贴近农民的真实生存处境。

受到特定地理与历史条件的影响,台湾小农经济的面貌当然是极为特殊的;与中国大陆有相似之处,也有不同之处。值得注意的是,就社会史的眼光而言,由于没有经历过剧烈的土地革命和集体化农业时期,台湾农村未曾遭遇断裂性的变革。即便历经几个政权的统治与城市工业化的冲击,成形于清代的台湾小农经济仍然绵延至今。我并非说台湾农村毫无变化,相反地,它始终变迁着(缓慢或剧烈)。无论如何,一些关键的特征仍旧顽强地延续下来(或好或坏),诸如浓厚的家庭观念、人对土地的情感、家户生产模式和高度商品化的耕作形态等,不但提供了反思明清社会史争论的绝佳素材,与当代中国大陆农村问题之间更具有丰富的比较意义,协助我们重新理解与想象小农经济与现代经济的关系。

事实上,无论是1960年代的农村危机还是米糖经济体制的瓦解,都没有导致台湾小农经济走向破产与无产化,各地农村反而呈现了多样分歧的发展。在台湾主流的农村史叙事中,由于预设小农经济很难生存于现代资本主义社会,无论是现代化理论还是依赖理论,都没有办法充分解释水果经济的崛起,从而忽略小农经济也可能具有蓬勃生产力和技术创新能力的现实。

东势的经验表明,1960年代以来台湾多样性水果经济发展的原动力,主要不是来自农业的企业化,而是源于农村长期的贫穷压力;推动商品化作物高速扩张的,不是资本主义企业,而是既有的家庭农场。事实上,自"农村危机"以来,即便城市提供了大量非农就业机会,许多农民仍被家庭责任束缚在土地上,尝试透过转作水果来提高家庭收入,结果避免了农村的无产化。我把这个过程描述为"谋生型商品化":农民不断转作市场价值更高的经济作物,更高程度地嵌入市场,基本上不是基于资本主义式的营利精神,而是基于养家糊口的生存压力。

关键在于,城市消费市场的快速扩张提供了经济诱因,农村固有的草根人情网络降低了水果栽培技术传播和创新的成本,小农经济展现出很强的生产与创新能力,不但催生出活泼的多样性水果经济,还陆续开发出寄接梨、甜柿和茂谷柑等"明星作物",大幅提高了农民的收入水平。显然,城市的工业化发展不一定会带动农村的企业化转型,都市多样化的饮食消费需求也可能提供小农经济新的生存空间。东势果农的困难主要来自运销方面,若能获得农政体制和合作化组织的积极协助,也许能够避免产销剥削与生产过剩等难题。

本文希望指出,除了我们过去熟知的劳力密集、惯于自我剥削和单位面积很高等特质以外,小农经济也可能拥有很强的农业技术创新能力,以及多样化的栽培模式。在家庭责任、草根人情网络等农村既有的社会文化基础支持下,小农经济反而有可能在资本主义企业难以生存的高风险、低利润的恶劣条件中生存下来,甚至创造合理的收益。

参考文献:

Popkin, Samuel L. (1979) *The* Rational Peasant: The Political Economy of Rural Society in Vietnam. Berkeley: University of California Press.

于宗先(1975):《台湾农业发展论文集》。台湾联经出版社。

马若孟(1979):《台湾农村社会经济的发展》,陈其南等译。台湾牧童出版社。

毛育刚(1994):《台湾农业发展论文集·续编》。台湾联经出版社。

王作荣(1990):《农业现代化:寻找农业的春天》。台湾《天下》杂志。

王作荣等,(1970):《台湾第二次土地改革刍议》。台湾环宇书局。

王振勋,(2012):《台湾日治时期雾峰地区的香蕉产销研究》。《朝阳人文社会学刊》第四期:1—28。

台南农业改良场(2009):《优质茂谷柑栽培管理技术》。"行政院农委会"台南农业改良场。

叶守礼(2015):《小农经济现代变迁:东势果农的商品化之路》。台湾东海大学社会学研究所硕士论文。

矢内原忠雄(2002):《日本帝国主义下之台湾》,周宪文译。台湾海峡学术出版。

刘龙麟(2010):《东势区寄接梨产业史(一)》。《青芽儿》第 39 期,第 1—11 页。

刘志伟、柯志明(2002):《战后粮政体制的建立与土地制度转型过程中的国家、地主与农民(1945—1953)》。《台湾史研究》第 9 卷第 1 期,第 107—180 页。

刘进庆(1992):《台湾战后经济分析》。台湾人间出版社。

吴田泉(1993):《台湾农业史》。台湾自立晚报。

吴音宁(2007):《江湖在哪里?:台湾农业观察》。台湾印刻出版社。

李国鼎等(1987):《我国经济发展策略总论》。台湾联经出版社。

沈宗瀚(1976):《台湾农业之发展》。台湾商务印书馆。

周宪文(1980,《台湾经济史》。台湾开明书店。

林玉茹(2004):《逐利之风:清代台湾郊商的多元投资策略》。《历史月刊》第 201 期,第 74—81 页。

林满红(1978):《清末台湾与中国大陆之贸易型态比较(一八六〇———一八九四)》。《师范大学历史学报》第 6 期,第 209—243 页。

林满红(2011):《茶、糖、樟脑业与台湾之社会经济变迁(1860—1895)》。台湾联经出版社。

罗桂美(2008):《当代农村政经结构下美浓有机米产销班的实践与困境》。台湾世新社会发展研究所硕士论文。

恰亚诺夫(1996):《农民经济组织》,萧正洪译。北京:中央编译出版社。

柯志明(1988):《原始积累、平等与工业化》。《台湾社会研究季刊》第 1 期,第 11—51 页。

柯志明(2006):《米糖相克:日本殖民统治下台湾的发展与从属》。台湾群学出版社。

柯志明、翁仕杰(1993):《台湾农民的分类与分化》。《"中央研究院"民族学研究所集刊》第 72 期,第 107—150 页。

涂照彦(1999):《日本帝国主义下的台湾》。台湾人间出版社。

高育仁等(1996):《重修台湾省通志:卷四　经济志农业篇》。台湾省文献委员会。

黄宗智（1990）：《中国研究的规范认识危机：论社会经济史中的悖论现象》，载黄宗智（2000），《长江三角州小农家庭与乡村发展》。北京：中华书局。

黄宗智（2010）：《中国的隐性农业革命》。北京：法律出版社。

黄俊杰（1984）：《面对历史的挑战：沈宗瀚与我国农业现代化的历程》。台湾幼狮出版社。

黄树仁（2002）：《心牢：农地农用意识形态与台湾城乡发展》。台湾巨流出版社。

黄富三（2009）：《17世纪台湾农商连体经济的启动》。载陈益源主编，《2009闽南文化国际学术研讨会论文集》。

斯科特（2001）：《农民的道义经济学：东南亚的反叛与生存》。南京：译林出版社。

曾立维（2013）：《日治时期新竹地区的农会与柑橘业之推广》。《台湾文献》第64卷第3期，第185—232页。

舒尔茨（2009）：《改造传统农业》，梁小民译。北京：商务印书馆。

隅谷三喜男、刘进庆、涂照彦（1995）：《台湾之经济：典型 NIES 之成就与问题》。人间出版社。

黄清海（2004）：《台湾甜柿栽培的历史》。载台中改良场，《甜柿栽培技术与经营管理研讨会专辑》。

廖正宏等（1993）：《光复后台湾农业政策的演变：历史与社会的分析》。"中央研究院"民族学研究所。

蔡宏进（2013）：《追忆失落的台湾农业与农家生活：近代台湾农业史》。台湾巨流出版社。

蔡培慧（2009）：《农业结构转型下的农民分化（1980—2005）》。台湾大学生物产业传播暨发展学系博士论文。

谢东华等（2000）：《大甲溪带电奔流》。台湾时报文化。

张汉裕（1974）：《经济发展与农村经济》。张汉裕博士文集出版委员会。

张研田（1980）：《农企业的发展》。台湾联经出版社。

张素玢（2014）：《浊水溪三百年：历史、社会、环境》。台湾卫城出版社。

杨弘任（2014）：《社区如何动起来？黑珍珠之乡的派系、在地师傅与社区总体营造》。台湾群学出版社。

格尔茨(2002):《地方知识:诠释人类学文集》,杨德睿翻译。台湾麦田出版社。

萧国和(1987):《台湾农业兴衰四十年》。台湾自立晚报。

许信良(1995):《台湾社会力的分析》。许信良总统选举后援会。

谢志一(2002):《草根,知识与黑珍珠:屏东莲雾技术发展的脉络式研究》。世新大学社会发展研究所硕士论文。

费孝通(2012):《江村经济》。北京:北京大学出版社。

费孝通(2012):《乡土中国》。北京:北京大学出版社。

赖建图(2001):《日治时期台湾凤梨产业之研究》。台湾师范大学历史研究所硕士论文。

陈孔立(1996):《台湾历史纲要》。台湾人间出版社。

陈玉玺(1995):《台湾的依附型发展》。台湾人间出版社。

陈宇翔(2005):《工业资本主义社会的农业变迁:台湾茶业的社会经济分析》。台湾台北大学社会系硕士论文。

陈希煌(2014):《农业经济情势与政策调适:台湾农业发展研讨》。台湾经济研究院。

陈其南(1989):《台湾的传统中国社会》。台湾允晨出版社。

陈宪明(2002):《由农业资材行的运作看栽培技术的发展与扩散:以屏东平原莲雾产业为例》。台湾师范大学地理研究所硕士论文。

陈绍馨(1979):《台湾的人口变迁与社会变迁》。台湾联经出版社。

约　稿

一、《中国乡村研究》2003 年创刊,是历史学暨社会科学杂志 Modern China(在美国出版)的姊妹刊,也是中文社会科学引文索引数据库(CSSCI)来源集刊。

二、《中国乡村研究》的宗旨:汇集中国乡村研究的优秀人才,提高中国乡村研究的理论和实证水准,促进中外乡村研究的学术交流,推动中国乡村研究的本土化和国际化。

三、《中国乡村研究》竭诚征稿,举凡中国乡村政治、经济、法律、社会、文化、历史等各研究领域的学术性论文均可赐稿。来稿篇幅不限,唯重学术质量和创新见解。

四、《中国乡村研究》采取双向匿名审稿制度。在正文中务请略去作者姓名及其他任何可能显示作者身份的措辞、文献参考(如拙作)等信息。文稿一经收受,即由编辑部向作者复函确认,同时聘请海内外知名专家担任评审工作,一般在两个月之内函告评审结果。

五、文稿请存为 word 文档,并将论文题目、内容摘要、关键词、作者姓名、工作机构、职称职务、通讯地址、联系电话、E-mail 地址等信息列为单独一页,以附件发送至本刊编辑部电子邮箱:ruralchinastudies@gmail.com。

六、文稿摘要篇幅要控制在 300(中文)字左右。双语学者请于修订文稿时提供英文(约 200 字)摘要。

七、文稿引用文献时请采用以下体例:

注释体例一

1.有实质内容的注释一律采用页脚注形式,用阿拉伯数字统一编码。出处注释见七,2。

2.在正文或注释中引用参考文献时,请用圆括号处理,括号内依次写上作者名、出版（或发表）年份及所引页码。作者名与年份之间用逗号相隔，年份与页码之间用冒号相隔，如：(黄宗智，2000：65)。

3.在正文或注释中引用的文献统一在文末的"参考文献"部分详细列出，并采用以下形式：

黄宗智(2000)：《华北的小农经济与社会变迁》。北京：中华书局。

孔飞力(1999)：《叫魂——1768 年中国妖术大恐慌》，陈兼、刘昶译。上海：上海三联书店。

孙立平(2000)：《"过程—事件分析"与当代中国国家　农民关系的实践形态》。《清华社会学评论》第 1 期，第 1—20 页。

程美宝(2001)：《地域文化与国家认同——晚清以来"广东文化"观的形成》，载杨念群编，《空间·记忆·社会转型》，第 387—417 页。上海：上海人民出版社。

Oi，*Jean C.*.1989.State and Prasant in Contemporary China. *Berkeley*：*University of California Press.*

Huang，*Philip C. C.*.2001."*Women's Choices under the Low*：*Marriage*，*Divorce*，*and Illicit Sex in the Qing and the* Repubic."*Modern China*，27，1：3 - 58.(注：27 和 1 分别为该刊的卷号和期号，3-58 为该文在该刊的起止页码)

Whyte，*Martin King.*.1989."Who Hates Bureaucracy?" pp.23 - 66 in Stark，D.& Nee，V.(ed.)，Remaking the Socialist Economic Institutions of Socialism：China and Eastern Europe.*Stanford*：*Stanford University Press.*

注释体例二

无论是解说性注释，还是标记所引文献，全部采用脚注格式。其中每次标记所引文献时，均将文献全部信息书写完整(具体形式同注释体例一种的第 3 点)。文中不使用"夹注"形式，文末亦不列参考文献目录。

公　告

　　《中国乡村研究》已被中国学术期刊(光盘版)电子杂志社"中国知网"(CNKI)全文收录,其作者文章著作权网络使用费与纸质版稿酬按本集刊出版合同约定条款处理。如作者不同意文章被收录,请在来稿时向本刊声明,本刊将做适当处理。